Anne Gabrisch

In den Abgrund werf ich meine Seele

Die Liebesgeschichte von
Ricarda und Richard Huch

Nagel & Kimche

Aktuelle Informationen
Dokumente über Autorinnen und Autoren
Materialien zu Büchern:

Besuchen Sie uns auf Internet: www.naki.ch

© 2000 Verlag Nagel & Kimche AG, Zürich
Alle Rechte der Verbreitung, auch durch Film, Funk und Fernsehen,
fotomechanische Wiedergabe, Tonträger, elektronische Datenträger
und auszugsweisen Nachdruck, sind vorbehalten.
Umschlag: Hauptmann und Kampa, Zug, unter Verwendung
eines Ricarda-Huch-Porträts von Sophie von Scheve,
Schiller-Nationalmuseum, Deutsches Literaturarchiv, Marbach a. N.
Herstellung: Die Buchherstellung, Tatiana Wagenbach-Stephan, Zürich
Druck und Bindung: Pustet, Regensburg
ISBN 3-312-00264-8

Inhalt

Braunschweig und der Skandal 7
Zürich – «der Ort dahin unsereins gehört» 26
Salomé und der «Rachedolch» 50
Fräulein Dr. phil. Ricarda Huch 65
Der erste Roman 79
Das dreißigste Jahr 107
«Ich habe Zürich ganz ausgequetscht» 121
Das Phantom eines Mädchengymnasiums 146
Bremen 159
Der Abschied von Richard und die heimliche Verlobung in Bremen 172
Ermanno Ceconi 191
Ricarda Ceconi-Huch in München 202
Das Wiedersehen mit Richard 217
«Ach, wär ich nur sein Hündlein klein» 223
Als geschiedene Frau in Zürich 245
Wenn abends der Hahn kräht – die letzten Monate in Grünwald 267
Die Ehe mit Richard Huch 277
Die Scheidung von Richard Huch 291

Personenregister 306
Quellennachweis 319
Bildnachweis 320

Braunschweig und der Skandal

Als die zweiundzwanzigjährige Ricarda Huch am Silvestertag 1886 Braunschweig verließ, um in Zürich zu studieren, war sie bereits seit einigen Jahren die Geliebte von Richard Huch, dem Ehemann ihrer Schwester Lilly. Und es mögen weniger die Verführungskünste des um vierzehn Jahre älteren gutaussehenden Rechtsanwaltes gewesen sein, welche sie in dieses Verhältnis gebracht hatten, als vielmehr ihr Temperament und die Langeweile ihres Daseins als höhere Tochter. Der Braunschweiger Klatsch wertete die überraschende Abreise als Flucht aus dem einen in den anderen Skandal: die Bezeichnung «Studentin in Zürich» deutete ebenfalls auf Anstößiges.

Die Familie Huch galt dem Braunschweiger Bürgertum von jeher als zumindest exzentrisch. Daß sie «außerhalb der sogenannten besseren Gesellschaft» standen, erzählt Ricarda Huch in den ‹Jugendbildern› und macht für die Mißbilligung, gar Ablehnung, die man ihnen entgegenbrachte, den «Gegensatz von Freiheit und Spießbürgerlichkeit» verantwortlich. Den «Abenteurer» nennt sie ihren Großvater Heinrich Huch mit deutlicher Sympathie.

Heinrich Huch war, nach unsteten Wanderjahren, aber immerhin mit einer Hamburger Patriziertochter als Ehefrau, um 1818 in der Stadt aufgetaucht, hatte die Hagenschänke gekauft und eine Zeitlang unter regem Zuspruch betrieben. Er erfand das «Huchsche Pulver», mit dem er die Bauern der Umgebung kurierte (auch umsonst, wenn es not tat), und begründete in Braunschweig das «Feuerlöschwesen». Doch bereits ihm erging es wie vielen seiner

Nachkommen: auf den anfänglichen Erfolg seiner Unternehmungen folgte nach kurzer Zeit der Niedergang, schließlich der finanzielle Ruin. Er starb verarmt und in geistiger Verwirrung bei seinen Kindern, die im brasilianischen Porto Alegre vorübergehend ihr Glück gemacht hatten. Studieren lassen konnte er nur den ältesten seiner vier Söhne.

William Huch wurde ein bekannter Anwalt in Braunschweig. Seine erste Frau Agnes, geborene Schwerin, war Jüdin. Sie hatten fünf Kinder, drei Töchter und zwei Söhne, einer davon ist Richard, der «Held» unserer Geschichte. Nach dem Tode von Agnes heiratete der fünfzigjährige William Huch die sechzehnjährige Marie, eine Tochter des Schriftstellers Friedrich Gerstäcker. Mit ihr hatte er noch einmal sechs Kinder: darunter die Schriftsteller Friedrich und Felix Huch. Der Advokat William Huch, gerngesehener Gast bei den literarisch angeflogenen Stammtischen der Residenz- und Kaufmannsstadt und Anwalt des Braunschweiger Hoftheaters, galt als Bonvivant, als witziger und brillanter Gesellschafter, aber dahinter verbargen sich Depressionen. Auch er erwarb, unter anderem durch Teilhabe an wirtschaftlichen Unternehmungen der Gegend, ein Vermögen, das sich im Besitz eines alten Palais – des verwunschenen Schauplatzes von Friedrich Huchs Roman ‹Mao› – am Braunschweiger Hagenmarkt zeigte, und verlor es noch zu Lebzeiten wieder. 1888 erschoß er sich.

Die drei anderen Söhne des Hagenschänkenwirts – Eduard, Ferdinand und Richard – wurden in die Kaufmannslehre getan, ob ihnen das nun lag oder nicht – und das Kaufmännische lag ihnen wohl eher nicht. Eduard Huch übernahm 1846 gemeinsam mit einem Franzosen eine Firma im brasilianischen Porto Alegre, die mit Tuchen handelte und für eine Weile zu einer wahren Goldgrube wurde. Er holte seine beiden kaufmännisch ausgebildeten Brüder nach und beteiligte sie am Geschäft. Bereits 1852 kehrte Eduard Huch als «Particulier» nach Braunschweig zurück; mit dreizehn Kindern und zahlreicher, zum Teil exotischer Dienerschaft residierte er auf einem pompösen Anwesen, dem «Zuckerberg», nahe der Stadt. Sein aufwendiger Lebensstil hinderte ihn nicht daran, für die Sozialdemokraten einzutreten, die damals vom Bürgertum noch ungefähr wie Verbrecher betrachtet wurden; einen seiner Söhne taufte er auf den Namen Garibaldi. Er hatte nicht nur den «Hang zur Menschenbeglückung», sondern auch die Entdeckerfreude seines Vaters geerbt und vertat sein beträchtliches Vermögen und zum Teil auch das seiner Brüder mit allerlei Spekulationen und dubiosen «Erfindungen». Möglicherweise war auch sein Tod (1875) ein von den Angehörigen kaschierter Selbstmord.

Alleiniger Geschäftsführer der Firma Huch & Co., mit Niederlassungen in Hamburg und Porto Alegre, war seit etwa 1878 Richard Huch, der Vater von Ricarda Huch. Von den Kaufleuten Huch scheint er der am wenigsten unternehmungslustige gewesen zu sein, ein Bücherwurm, der sein Leben wohl lieber als stiller Gelehrter verbracht hätte. Als er 1887 überraschend starb, vermuteten manche Selbstmord, denn sein melancholisches Temperament hatte sich in den Jahren vor dem Ruin der Firma mehr und mehr verdüstert. – Anzumerken ist, daß der dritte Teilhaber der Firma Huch & Co., Ferdinand Huch, sich 1899 das Leben nahm, weil er, arm geworden, nicht von seinen Kindern abhängig sein wollte wie ehedem der Hagenschänkenwirt. Und auch dessen Tochter Bertha, eine verheiratete Sommermeyer, litt an Depressionen und versuchte zweimal den Selbstmord. Man sieht, das erhaben düstere Panorama von ruinösen Phantasien und Leidenschaften, Bankrott und freiwilligem Tod, als das Ricarda Huch in ihrem Erstlingsroman ‹Erinnerungen von Ludolf Ursleu dem Jüngeren› die eigene Familiengeschichte entwarf, ein Buch, mit dem sie in Braunschweig zum dritten Mal Skandal machte, hat durchaus Erfahrungshintergrund.

Der Kaufmann Richard Huch heiratete 1858 Emilie Hähn aus Braunschweig, sie war damals sechzehn Jahre alt. Die beiden Geschwister von Ricarda Huch kamen in Porto Alegre zur Welt, 1859 Lilly und 1862 Rudolf. Nach Ricardas Geburt, 1864 in Braunschweig, blieb Emilie Huch kränklich und ging nicht mehr mit ihrem Mann nach Brasilien zurück. Richard Huch erwarb ein Haus an der Hohethorpromenade in Braunschweig, wo sie und die drei Kinder von nun an lebten, mit ihnen die Eltern seiner Frau. Die Leitung des Haushalts, auch die Fürsorge für die Enkelkinder, übernahm Emilie Hähn, die Großmutter, eine so kluge wie herrschsüchtige, so fromme wie zugleich wißbegierige und belesene, in mancher Hinsicht sogar unkonventionell denkende Frau, eine beeindruckende und drückende Persönlichkeit. Emilie Hähn, nach dem Urteil der Enkelin «in Liebesdingen eher kalt», führte das eigentliche Regiment im Hause Huch, ihr Einfluß auf Ricarda Huch war nachhaltig. Die bekennt in ihren ‹Jugendbildern›: «Das Gefühl, das man zu einer Mutter hat, gehörte, wenigstens was mich betrifft, meiner Großmutter.» Die Mutter, ruhe- und pflegebedürftig, war selbst wieder zum verhätschelten Kind geworden, «unsere jüngste Schwester». Und die Großmutter scheint nur allzu zufrieden damit gewesen zu sein, ihre Tochter zurückbekommen zu haben: «In gewisser Weise hatte meine Großmutter gesiegt», heißt es in den ‹Jugendbildern›. In diesen Erinnerungen wird die Mutter als schön, klug, musisch begabt geschildert, als heiter und ausgeglichen, eine «harmonische

Natur», die der lastenden Melancholie und dem politischen Konservatismus ihres Mannes mit ironischer Opposition begegnete. Die Erinnerungen an die Mutter verraten aber auch überlegene Nachsicht mit der stets Müßigen, vornehmlich mit sich selbst Beschäftigten; eine Nachsicht, die bereits Ricarda Huchs Kinderbriefe an den häufig abwesenden Vater spüren lassen. Die Erinnerungen verraten sogar Groll auf die Mutter, von der sich die Jüngste nicht genug geliebt fühlte, von der sie ganz offen und verletzend als häßlich bezeichnet wurde, als linkisch und langweilig im Vergleich mit der lebhaften, älteren Schwester. Die Gefühle, die Emilie Huch ihrer jüngsten Tochter entgegenbrachte, mögen tatsächlich zwiespältig gewesen sein: diese Tochter hatte sie nicht nur ihre Gesundheit gekostet, sie war ihr auch – anders als Lilly – so ganz und gar nicht ähnlich. Eine Fotografie von Emilie Huch mit ihren drei Kindern zeigt das: Lilly ist ganz das Abbild der Mutter, nur selbstsicherer, der Betrachter vermag sie sich als gesellschaftlich gewandt vorzustellen; die im Hintergrund stehende Ricarda sieht dagegen trotzig und verschlossen aus, der Bruder Rudolf neben ihr mürrisch.

Marie Huch hat in ihren Lebenserinnerungen Emilie Huch nicht so heiter, gar kindlich verträumt gesehen, wie die Erinnerungen der Tochter sie uns darstellen möchten; als «hervorragend klug aber kühl», charakterisierte sie die Schwägerin. Das klingt, als sei sie ihr ungemütlich gewesen. Es ist auch nicht sonderlich freundlich, was Marie Huch als mütterliches Urteil über die schüchterne Ricarda zitiert: «Dem Kind fällt nie etwas ein!»

Der Verzug der Mutter und lange Zeit auch der Großmutter war der Sohn. Der junge Rudolf Huch galt als das «Genie» der Familie. Er war musikalisch begabt, aber ein schwieriger Schüler. Während seines Studiums der Jurisprudenz in Göttingen und Heidelberg tat er sich vor allem auf dem Mensurboden und in Kneipereien mit seinen Corpsbrüdern hervor, leistete sich wohl auch einige skandalöse Amouren. Er machte Schulden und wurde vom Vater noch zu dessen Lebzeiten enterbt. Während seiner Referendarsjahre in Braunschweig entwickelte er literarische Ambitionen, wenn auch vorerst nur im Stammtischverkehr mit anderen jungen «Genies». Mit seiner späteren Schriftstellerei hatte Rudolf so wenig Erfolg wie als Anwalt.

Lilly Huch galt als außerordentlich hübsch, als intelligent und ehrgeizig; nach einer privaten höheren Töchterschule besuchte sie das Lehrerinnenseminar, eine Möglichkeit der erweiterten Schulbildung, die damals auch von Mädchen (für die es noch keine Gymnasien gab) genutzt wurde, die gar nicht Lehrerin werden wollten. Lilly war zwanzig, als sie 1879 ihren um neun Jahre älteren Vetter Richard Huch heiratete – die Heiraten innerhalb der Familie sind bei den Huchs und Hähns häufiger als zu der Zeit ohnehin üblich und wohl eine Folge ihrer Außenseiterstellung im Braunschweiger Bürgertum. Es war eine Liebesheirat. Die Verwandten, die das junge Paar beobachteten, wollten sogar ein Zuviel an Leidenschaft entdecken. Marie Huch zitiert eine skeptische Stimme: «Was *so* heiß beginnt, hält nicht an.» Auch was sie von der Hochzeit der beiden erzählt, läßt nichts Gutes hoffen: «Während der Trauung erhob sich ein Unwetter mit so furchtbaren Donnerschlägen, daß der Prediger, der sie anfangs ignorieren wollte, endlich gar nicht umhin konnte, sie zu erwähnen, und sie mit einem geschickten Salto zu Gunsten des jungen Paares auslegte.» 1880 bekam Lilly ihr erstes Kind: Roderich Huch, dem wir später in München-Schwabing wiederbegegnen werden; 1882 wurde Agnes geboren; als 1884 Käte zur Welt kam, war die Ehe bereits gebrochen und geriet bald in eine Dauerkrise.

Emilie Huch mit ihren drei Kindern, Lilly, Rudolf und Ricarda Huch, vermutlich 1878

Richard Huch war wie alle Huchs kein richtiger «Bürger», er liebäugelte sein Leben lang mit dem Abenteuer, konnte sich aber nie richtig dazu entschließen. Er hatte das depressive Temperament von seinem Vater und dessen drei Brüdern; auch sein Verhältnis zu Ricarda Huch war begleitet von ständigen Selbstmorderwägungen, gar -drohungen. Doch irgend etwas in ihm hielt seiner labilen Veranlagung die Waage; als «jüdisch-praktisch angehauchten Geist» bezeichnete er sich einmal vor Ricarda Huch, was die entschieden zurückwies, sie verklärte ihn gern zur vorwiegend musischen, gar etwas weltfremden Natur: weniger Geschäftsmann als edler Mensch. Eine gewisse «Anlage zum Bourgeoisen» wollte sie erst später wahrnehmen. Im Gegensatz zu den meisten Huchs war Richard nicht nur anfangs in seinem Beruf erfolgreich – er blieb es auch. Und wurde damit in der ständig von geschäftlichen Zusammenbrüchen und finanziellen Krisen bedrohten Familie zum Rettungsanker; er hat immer wieder Darlehen gegeben, Schulden bezahlt, Bürgschaften geleistet, Unterhalt bestritten – Marie Huch glaubte lange, vom Restvermögen ihres Mannes zu leben, in Wahrheit wurde sie von Richard Huch unterstützt, bis eine Erbschaft sie sicher stellte. Beruflich war Richard Huch das stabile Moment in dieser überaus unstabilen Familie, und es ist durchaus vorstellbar, daß ein Teil der Anziehungskraft, die von ihm auf die junge Ricarda Huch ausging, in dieser Stabilität bestand; sie war das Stück Sicherheit, das ihr der spürbar von Sorgen geplagte Vater schon lange nicht mehr vermittelte.

Richard Huch hatte nach dem Wunsch seines Vaters eine Kaufmannslehre in Bremen begonnen und nach der Teilnahme am deutsch-französischen Krieg von 1870 in Berlin fortgesetzt. Schließlich hatte er die Genehmigung erreicht, Jurisprudenz zu studieren. Er absolvierte das Studium, in

Leipzig, Berlin und Göttingen, wo er 1875 zum Dr. jur. promovierte, in nur zweieinhalb Jahren. Er arbeitete zunächst in der Kanzlei des Vaters; erst Anfang 1887 eröffnete er eine eigene Kanzlei in Braunschweig, im Jahr darauf erhielt er das Notariat. Es scheint, sein Berufsethos unterschied sich wesentlich von dem des Anwalts William Huch, dem nachgesagt wurde, daß er auch Unrecht zu Recht mache, und möglicherweise war gerade das der Grund für Richard Huchs solideren und damit anhaltenden Erfolg. Wie sein Schwager Rudolf Huch war er ein passionierter und begabter Klavierspieler, der sich bis ans Ende seines Lebens durch Unterricht zu vervollkommnen suchte und in Braunschweig gelegentlich öffentlich auftrat. Zu seinen Liebhabereien gehörte die Geologie, er sammelte Steine nicht nur im nahen Harz. Er reiste überhaupt gern, eine Leidenschaft, der er ausgiebig frönen konnte, da er als Syndikus für Banken auch in anderen Städten arbeitete. Als eifriger Museumsbesucher eignete er sich mit der Zeit solide Kunstkenntnisse an. Freilich blieb sein Geschmack immer sehr konservativ. Konservativ waren auch seine politischen Überzeugungen, er war kaisertreu, ein Anhänger von Bismarcks Politik gegen die Sozialdemokratie. Und konservativ waren auch seine Ehevorstellungen. Eine gute Ehe war für ihn die, in der die Frau ihrem Herrn «gehorsam» wie ein «Hundchen» folgte. Und damit scheint Lilly Schwierigkeiten gehabt zu haben.

Die lebhafte und geltungsbedürftige Lilly liebte es, Feste zu veranstalten, ein offenes Haus zu führen, zu repräsentieren, Neigungen, die anfangs die finanziellen Möglichkeiten des jungen Anwalts überschritten haben dürften. Der enge Alltag mit Haushalt und Kinderstube aber wurde ihr wohl bald langweilig, machte sie ungeduldig und launisch, sogar schnippisch ihrem Ehemann gegenüber – eine

Richard Huch um 1875

unverzeihliche Sünde in den Augen der Großmutter. In deren Briefen ist auch zu lesen, daß Lilly nicht imstande gewesen sei, ihrem Mann ein gemütliches Heim zu schaffen. Und Marie Huch registriert Ähnliches, sie mag von Lilly gedacht haben, was sie schon von deren Mutter dachte: «hervorragend klug aber kühl».

Als das Verhältnis zwischen Ricarda Huch und dem Mann ihrer Schwester in Braunschweig Getuschel zu machen begann, war es Ricarda Huch, die die allgemeine Verachtung zu spüren bekam, während Richard sich nach wie vor des allgemeinen Wohlwollens erfreute, selbst in der Familie nicht an Beliebtheit verlor. Und es könnte sein, daß das nicht nur der Doppelmoral geschuldet war: sein Fehltritt mag auch wegen des allgemeinen Vorurteils gegen die so wenig schmiegsame Lilly mit Nachsicht betrachtet worden sein. Ganz sicher von der Großmutter, die allerdings diplomatisch genug war, so etwas nicht direkt zu Papier zu bringen. Emilie Hähn machte sich zwar über die Situation der Frau nicht viel Illusionen, aber diese Situation war von Gott gegeben und mußte daher akzeptiert werden – zumal vor der Öffentlichkeit. Nicht nur Ricarda war schuld, auch Lilly war es: die oberste Pflicht der Frau ist es nun einmal, hingebend zu beglücken.

Die Liebesgeschichte zwischen Richard Huch und seiner Schwägerin bahnt sich bereits Anfang 1883 an. Ricarda Huch hat sich in einen jungen Referendar verliebt, der sie nicht wiederliebt – das «erlösende Wort», wie Emilie Hähn nennt, worauf die jungen Mädchen alle so dringend warten: den Antrag eines ihnen und der Familie genehmen Verehrers, bleibt aus. Das ist eine Situation, in der Ricarda Huch viel Zuspruch braucht. Auch Richard nimmt sich auf Zureden Lillys der betrübten Schwägerin an. Und anfangs mag ihm der unbeabsichtigte Erfolg seiner tröstenden Worte und Gesten noch gar nicht bewußt geworden sein: als Ricarda Huch seinen Arm um ihre Schultern spürt, wird das bisherige Objekt ihrer Verliebtheit uninteressant, dieser Verliebtheit, die vielleicht nur eine ziellose Sehnsucht war und sich an das heftete, was gerade zur Verfügung stand. Viel Auswahl scheint es im damaligen Braunschweig für eine literarisierende höhere Tochter nicht gegeben zu haben: auch die Freundin Anna Klie schwärmt für den blonden Referendar Mädge.

Im Sommer 1883 reisen Lilly und Richard in die Schweiz; um sie von ihrem Kummer abzulenken, nehmen sie Ricarda mit. Und während dieser Reise merkt Richard, daß er mit dem Feuer spielt. Aber wie es scheint, erschreckt ihn das nicht, wahrscheinlich schmeichelt es ihm sogar, er ist süchtig nach weiblicher Anbetung – Ricarda Huchs spätere Briefe an ihn verraten es. Erschrocken mag allerdings Lilly gewesen sein, als sie entdeckt, daß die von ihr stets etwas begönnerte kleine Schwester sich in den Kopf gesetzt hat, ihr Konkurrenz zu machen. Die Situation mag sie sogar überfordert haben. Richard, ein Courmacher gleich seinem Vater, verlangt ihr einiges an Toleranz ab, und die kluge kühle Lilly zeigt sich der Rolle der überlegen lächelnden Ehefrau für gewöhnlich gewachsen. Aber dies ist nicht mit ein paar schnippischen Bemerkungen abzutun, denn es ist mehr als ein Flirt, noch nicht von seiten Richards, aber von seiten Ricardas. Lilly fährt allein nach Braunschweig zurück, während die beiden die Schweizerreise noch für einige Tage fortsetzen.

An diese ihre erste gemeinsame Reise, Auftakt einer langen Reihe von kürzeren oder längeren heimlichen Reisen, von denen sich ihre Liebe über Jahre hin fristen wird, erinnert Ricarda Huch in ihren Briefen an Richard immer wieder. In Thusis sind sie gewesen und – zu ihrem 19. Geburtstag am 18. Juli – in Bregenz, wo er ihr das Armband gekauft hat, das sie auf dem in München aufgenommenen Bild trägt. Es ist ein Zusammensein noch ohne körperliche Intimität, wenn auch schon mit einiger Spannung aufgeladen. In Thusis will sie ihm aus Schillers Wallenstein zitiert haben: «Ja, wer durchs Leben gehet ohne Wunsch, / Sich jedem Zweck versagen kann, der wohnt / Im leichten Feuer mit dem Salamander / Und hält sich rein im reinen Element ...» Zu diesem Zitat, das von Wissen zeugt, paßt schlecht, wenn sie ihn Jahre später daran erinnert, wie naiv sie damals noch gewesen sei, so ahnungslos, daß sie nach seinem brüderlichen Gutenachtkuß angstvoll überlegt habe, ob sie nun vielleicht ein Kind bekäme, um sich dann damit zu beruhigen, das könne nicht sein, der edeldenkende Richard hätte solche Folgen sicher bedacht.

Reisende aus Braunschweig haben Gelegenheit, das Paar zu beobachten – damals traf sich eine gewisse Schicht unweigerlich an den gleichen Ferienorten. Was später, wenn die beiden ihre heimlichen Urlaube planen, zu umständlichen Erwägungen führen wird, in welchen abgelegenen Nestern, auf welchen wenigbefahrenen Routen sie einigermaßen sicher vor Bekannten sein dürften. Man will Anstößiges im Benehmen der beiden entdeckt haben. Ja, diese ganze Reise ohne Lilly wird als anstößig empfunden. Sie geraten ins Gerede, das heißt, vor allem Ricarda Huch tut es. Sogar Anna Klie, Studentin der Braunschweiger Kunstgewerbeschule und Ricarda Huchs engste Freundin in jenen Jugendjahren, glaubt ihr mitteilen zu müssen, daß ihr Verständnis Grenzen habe, und die liegen da, «wo das Urteil der Welt beginnt». Es ist durchaus denkbar, daß dieses Klima des Tadelns und Mißbilligens das rebellische Temperament der Neunzehnjährigen, ihre Provokationslust erst recht reizt.

Das Gerede wird schlimmer, als im Herbst 1883 ihre Mutter stirbt. Wie einst Gottfried August Bürger mit seiner Schwägerin, so will Anna Klie die Freundin mit ihrem Schwager am Grabe haben erscheinen sehen – das Interessante an dem Vergleich ist, wem Anna Klie die männlichen Rolle bei dem Auftritt zuteilt: für sie (das beweisen auch andere Beobachtungen von ihr) ist Ricarda Huch die Verführerin, die Stärkere in dem Duo: «Wärst Du ein Mann, ich würde Dir bis ans Ende der Welt folgen, als Frau wird Dir Deine Natur zum Verhängnis.» Anna Klie glaubt, nicht mehr mit ihr befreundet sein zu dürfen. Das gibt sich freilich nach einer Weile wieder, Anna Klie, die selber Verse schreibt, ist die erste, die dem Roman der Freundin nicht widerstehen kann, die ihn so anteilnehmend wie angstvoll miterlebt.

Im Mai des darauffolgenden Jahres werden Ricarda und Richard Huch ein Liebespaar, Ricarda Huch hat den «Tag unserer Liebe» oder «unseren Hochzeitstag» in ihren Briefen mehrfach benannt. In den Erinnerungen an ‹Richard› schildert sie die nächtlichen Zusammenkünfte mit dem Geliebten in einem während der Abwesenheiten des Vaters unbenutzten Zimmer des Hauses. Diese Treffen sind hochriskant, das Verbotene und Gefährliche schlechthin – also die Liebe schlechthin, eine Liebe, von der die Neunzehnjährige bislang nur bei Stendhal oder im Märchen gelesen hat. Der Zauber dieser frühen Braunschweiger Abenteuer wird sich ihrer Erinnerung unauslöschlich einprägen, und er wird sie auf lange an Richard binden, trotz allem, was folgen soll.

Obwohl die Treffen so ganz verborgen vermutlich nicht bleiben, vor allem Ricarda Huch ihre Gefühle nur allzu deutlich anzumerken sind, kommt es merkwürdigerweise lange Zeit nicht zu Auseinandersetzungen in der Familie –

vermutlich, weil alle ratlos sind und nicht wissen, was danach zu geschehen habe. Vermutlich hat einzig Ricarda Huch eine feste Vorstellung von der Zukunft, und die heißt: Heirat mit Richard Huch. Und gerade mit dieser Vorstellung, die der Liebe als Abenteuer zuwiderläuft, wird sie sich ihr Märchen ruinieren.

1886 treffen sich die beiden heimlich auf einer zweiten Schweizerreise, die von der Familie wohl vorerst unentdeckt bleibt; immerhin mag die Großmutter geahnt haben, daß die Enkelin, der sie in jenem Sommer Briefe an wechselnde Adressen in der Schweiz schrieb, nicht mit der alten, zerstreuten, ihr ärgerlicherweise immer wieder abhanden kommenden Bekannten unterwegs war, mit der sie hätte unterwegs sein sollen.

Spätestens im Sommer 1886 – wahrscheinlich ist sie damals mit Richard sogar in Zürich gewesen – steht für Ricarda Huch fest, daß sie nach Zürich gehen will, um dort zu studieren. Und Richard muß eingeleuchtet haben, daß das der eleganteste Ausweg war. Zumal die sich immer mehr verschlechternde finanzielle Situation der Familie auch ihm ein Studium inzwischen weniger ridikül als vielmehr angeraten sein läßt; seit einiger Zeit ist zu befürchten, daß Ricarda Huch sich ihren Lebensunterhalt einmal selbst wird verdienen müssen. Es gibt kein Vermögen mehr, von dem sie leben könnte, bis ihre Dichtungen sie berühmt und damit unabhängig gemacht haben werden, und daß sie einmal eine berühmte Dichterin sein wird, davon ist schon die junge Ricarda Huch in Braunschweig überzeugt. Sie hat früh zu schreiben begonnen, Geschichten voller fabulöser Abenteuer und «wilder Leidenschaftlichkeit» zunächst, von denen nur die vermutlich zahmste, ‹Die Goldinsel›, durch einen pseudonymen Abdruck im ‹Sonntagsblatt des Berner Bund› von 1888 erhalten geblieben ist. Und – nach der Begegnung mit Richard – schon schöne Gedichte.

Ja, sie hat, in der Gewißheit, zum Schreiben berufen zu sein, ein Studium lange überhaupt nicht in Betracht gezogen. Auf diese Art «der Emanzipation eine Gasse zu machen», war eher nach dem Geschmack ihrer Schulfreundin Etta, die Braunschweiger Arzttochter hätte vielleicht studiert, wenn sie nicht den Gymnasialprofessor Alexander Wernicke geheiratet hätte. Doch je unhaltbarer die Situation in Braunschweig für Ricarda Huch wird, desto plausibler werden ihr auch die Argumente für ein Studium.

Im Herbst 1886 nimmt sie Kontakt mit einer in Zürich lebenden deutschen Lehrerin, Schriftstellerin und Frauenrechtlerin auf und läßt sich von ihr über die Zürcher Möglichkeiten und Bedingungen unterrichten. Den erhaltenen Briefen von Juliane Engell-Günther an Ricarda Huch ist in etwa abzulesen, was ihr die «junge Freundin» schrieb von den in Braunschweig umgehenden Vorstellungen über studierende Frauen, vom Widerstand der Familie gegen ihre Pläne und daß sie wegen dieses Widerstands bedauerlicherweise auf keinen Fall werde Naturwissenschaften studieren können.

Was Ricarda Huch, während sie mit Engell-Günther über das Zürcher Fremdenabitur, über Zürcher Logis und die Kosten für das Studium briefwechselt, allerdings überhaupt nicht weiß, das ist, wie sie den Vater dazu bewegen soll, ihr die Erlaubnis, will auch heißen das Geld für das Studium, zu geben. Für den Vater ist selbst noch mit dem drohenden Ruin vor Augen unvorstellbar, daß eine seiner Töchter eine Berufsausbildung aufnehmen, gar studieren könnte. Als sie am Silvestertag 1886 Braunschweig verläßt, geschieht das ohne sein Wissen, er ist in Porto Alegre.

Der Zufall ist ihr zu Hilfe gekommen – vielleicht hat sie ihn sogar provoziert. In den Weihnachtstagen 1886 muß Lilly, die zwar alles mögliche ahnt, wahrscheinlich sogar weiß und nur nicht auszusprechen wagt, eine Entdeckung gemacht haben, über die sie nicht mehr zu schweigen gesonnen ist – möglicherweise hat sie ganz unvorbereitet von der Schweizerreise im vergangenen Sommer erfahren? Jedenfalls ist es zu erregten Auseinandersetzungen in der Familie gekommen, Lilly hat die sofortige Abreise der Schwester verlangt, und die Großmutter hat sich gezwungen gesehen, ihre vorläufige Erlaubnis für den Aufenthalt in Zürich zu geben. Ricarda und Richard Huch haben ihr Wort geben müssen, ein Jahr lang einander auch nicht zu schreiben.

Zürich –
«der Ort dahin unsereins gehört»

Es ist anzunehmen, daß es Ricarda Huch vor der Fremde und den Fremden einigermaßen bange war; so leidenschaftlich, trotzig, entschlossen, zielstrebig sie auch sein mag, so bedenkenlos in ihrem Benehmen, wenn eine philiströse Umwelt sie herausfordert, so schüchtern ist sie doch auch. Sie hat von früh an alle möglichen Strategien entwickelt, um ihre Schüchternheit zu verbergen, die zeremoniöse Haltung, in der sie auf Fotografien vornehmlich posiert, gehört dazu. Die einzige, die sich davon nicht täuschen läßt, ist die Großmutter, sie registriert jede Befangenheit, jedes verkrampfte Mienenspiel, jedes gequälte Dastehen auf den Bildern, die ihr geschickt werden; das «arme Kind in der Fremde» nennt sie die Enkelin mitleidig.

Doch Zürich ist für Ricarda Huch sehr bald keine Fremde mehr, mit einer großen Stadt hätte sie es sicher schwerer gehabt. Zürich ist damals noch ein überschaubarer, kleiner Ort, das mittelalterlich verwinkelte, von zahlreichen Kirchtürmen überragte Stadtbild mag sie sogar an Braunschweig erinnert haben, auch das festliche Geläut der vielen Glocken mutet heimatlich an. Und sie hat Glück mit ihrer ersten Wirtin in Zürich: die Frau Wanner in der Gemeindestraße in Hottingen ist ebenfalls ein wenig aus dem bürgerlichen Tritt geraten, sie lebt in Scheidung mit ihrem Mann, dem Gymnasiallehrer Stefan Wanner, führt einen unkonventionellen Haushalt, zu dem neben vier Buben noch jeweils drei Untermieter gehören; sie ist so umgänglich wie bei aller Teilnahme auch diskret und wird bald zur Vertrauten der jungen Norddeutschen werden, deren Konsequenz und Arbeitsvermögen sie beeindrucken.

Ricarda Huch verliert keine Zeit, sie hat sich vorgesetzt, Ostern 1888 das Abitur zu machen – für dieses reichliche Jahr hat ihr die Großmutter vorläufig Urlaub gegeben, auch Geld aus der Haushaltskasse zugestanden. Die ersten Wochen läßt sie sich vom Sohn der Juliane Engell-Günther unterrichten, aber der ist ihr «unausstehlich», was dazu führt, daß sich die Bekanntschaft mit der Mutter nicht fortsetzt. Reinhold Günther finanziert sein eigenes Studium und das seiner Frau, einer jungen Polin, nicht nur mit Stundengeben, sondern auch mit einem «Literarischen Correspondenzbureau», liefert Übersetzungen und journalistische Auftragsarbeiten. Offenbar mißtraut Ricarda Huch seinen allzu vielen Talenten, und vermutlich hat sie auch das Milieu erschreckt, mit dem sie durch Günther erstmals konfrontiert wurde: die jungen Eheleute und ihr Baby hausen in einem Zimmer mit Gaskocher. Sie sucht sich andere Lehrer, einen Seminaristen vom Polytechnikum für den Nachhilfeunterricht in Mathematik, den angehenden Pädagogen Wilhelm von Beust für die naturwissenschaftlichen Fächer, einen alten Gymnasialprofessor für Latein. Die Fächer, in denen sie bis zum ihren sechzehnten Jahr auf der privaten höheren Töchterschule des Fräulein Morich in Braunschweig unterrichtet worden ist, Englisch, Französisch, Literatur und Geschichte, repetiert sie ohne Nachhilfe. Sie hat in Braunschweig nicht viel gelernt, aber sehr viel, wenn auch unsystematisch, gelesen, dank der Bibliothek des Vaters auch viel geschichtliche Werke. Und die Großmutter, deren größtes Lob über einen Menschen hieß, «der will etwas», hat ihr neben ein paar anderen ehernen Lebensregeln eingeprägt, daß man seinen Tag einteilen, ihm ein Gerüst geben müsse, wenn man etwas leisten wolle. Ricarda Huch bringt mit ihrer Disziplin sogar den Wannerschen Haushalt in einige Ordnung, indem sie die küchenunwillige und regelmäßigen Mahlzeiten abgeneigte Frau Wanner dazu bewegt, für sie zu kochen. Sie schließt Freundschaft mit einem der anderen Untermieter von Frau Wanner, einem etwas verbummelten Jurastudenten, der sie auf langen Spaziergängen begleitet und mit dem nötigen Maß an Anbetung versorgt. Sie pflegt losen Kontakt mit der Medizinerin Klara Wildenow, an die Bekannte sie empfohlen haben, und die wieder macht sie mit noch ein paar anderen Studentinnen der Medizin bekannt – eine von ihnen hat ein menschliches Skelett in ihrem Zimmer stehen, wie Ricarda Huch der Großmutter berichtet, wohl wissend, daß die fromme Emilie Hähn, der sie hat versprechen müssen, nichts Naturwissenschaftliches zu studieren, ein solcher Umgang ängstigt. Als sie sich endlich für ein Fach zu entscheiden hat, werden noch andere Rücksichten sie zwingen, auf so unpassenden Wissensdrang zu verzichten: das Medizinstudium ist für sie zu teuer.

Es ist, obwohl die Berge von Lernstoff sie manchmal zu entmutigen drohen, ein angenehm «regsames Leben», sie kann bald nicht mehr begreifen, wie sie ein Dasein im «Braunschweiger Genre» – was hieß, «mit Grazie nichts zu tun» – und die «furchtbare Kleinlichkeitsduldung» in Braunschweig je hat ertragen können. Wenn sie an Richard denkt, die familiären und gesellschaftlichen Zwänge, in denen er steckt, so tut er ihr leid. Sie hat vorerst auch keinerlei Sehnsucht nach bürgerlichem Verkehr. Vermutlich von Alexander Wernicke ist sie ins Haus des Philosophen Richard Avenarius empfohlen. Die erste Einladung schwänzt sie, um statt dessen Schlittschuh zu laufen, die zweite nimmt sie an – eine dritte ist offenbar nicht erfolgt. Franz Blei hat uns die Atmosphäre im Hause Avenarius in seiner Autobiographie beschrieben: die steife Hausfrau, deren Repräsentationskekse nie jemand anzurühren wagt, das gelehrte Gespräch – in solchen Runden, noch dazu ihr bislang ganz unvertrauten, benimmt Ricarda Huch sich linkisch. In Frau Wanners Gesellschaft dagegen fühlt sie sich wohl, in deren etwas schlampigem, aber gemütlichem Pensionsbetrieb, den Anna Klie nach den Schilderungen in der Freundin Briefen eine «Räuberhöhle» nennt. Ricarda Huch ist damals nach Räuberhöhle zumute, der «himmlischen Freiheit» wegen. Und auch aus Trotz. «Dies Hundchen bin ich und zwar Deins», beginnt der erste Brief, den sie vermutlich noch am 1. Januar 1887 aus Zürich an Richard Huch schreibt. Doch schon im nächsten Brief schilt sie ihn wütend einen «süßen kleinen Trottel», weil sie bei ihm zu lesen meint, daß er sie nicht genügend verteidige gegen die Anwürfe, die gegen sie, die «Versucherin», im Braunschweiger Bekanntenkreis erhoben werden.

Im März hat auch der Vater, von der Großmutter ins Bild gesetzt, aus Porto Alegre geschrieben, aber nicht etwa – wie man in Braunschweig erwartet –, um sie wieder zurückzuordern aus diesem Zürich mit dem ihm «widrigen Emanzipationsausdruck»; er hat ihr im Gegenteil den Verbleib dort geradezu befohlen, bis ihm etwas anderes für sie eingefallen sei, er sie vielleicht zu sich nach Porto Alegre holen könne. Von daheim jedenfalls muß sie fern gehalten werden, der armen Lilly wegen. Seine Briefe mögen sie ebenso verletzt wie vorerst auch erleichtert haben – vorerst, denn sie stellen sie vor eine ausweglose Situation: er fordert ihr Versprechen, daß sie Richard entsagen wolle, doch das Versprechen kann und will sie ihm nicht geben. – «Du mußt!» schreibt er ihr. Diesen Streit werden sie nicht mehr austragen: im Juni 1887 stirbt der Vater in Hamburg an einer Venenentzündung, die er über seinen geschäftlichen Schwierigkeiten vernachlässigt hat. Ricarda Huch wird vom Bruder Rudolf nach Hamburg gerufen, um dort von dem Toten Abschied zu nehmen, am Begräbnis des Vaters in Braunschweig nimmt sie nicht teil, sie fährt von Hamburg sofort nach Zürich zurück; in Hannover kommt es zu einem kurzen Wiedersehen mit Richard.

In den darauffolgenden Briefen an ihn wird das für sie vermutlich Bedrückendste in der Zeit unmittelbar nach dem Tode des Vaters nur wie nebenbei erwähnt: die gehässige Stimmung, die sich in Braunschweig gegen sie breitmacht. Der Vater ist, bevor er von Hamburg aus wieder nach Porto Alegre zurückreisen wollte, in Braunschweig gewesen; sein Aufenthalt daheim stand ganz unter dem Kummer um die verlorene Tochter, ein Kummer, für den er in der Familie und unter den Bekannten der Familie unablässig Mitgefühl forderte. Der plötzliche Tod des so sichtlich gebrochenen Mannes wird zu einem weiteren Beweis gegen Ricarda Huch, sogar eine Freundin wie Etta Wernicke, die sie in ihren Studienplänen unterstützt hatte, verurteilt jetzt die Rücksichtslosigkeit, mit der sie ihre Pläne verfolgt habe, ihren Mangel an Pietät, «bricht» vorübergehend sogar mit ihr. Und aus den Briefen der Großmutter spricht ein geradezu biblischer Zorn; der Schrecken über den unerwarteten Tod des Schwiegersohnes, dessen grämliche Autorität sie zu seinen Lebzeiten eher zu untergraben versucht hatte, läßt sie jede Rücksichtnahme auf die Gefühle der Enkelin vergessen, «Unglückselige» nennt sie sie, «schuldig», «verbannt». Es ist anzunehmen, daß es auch diese Töne aus Braunschweig sind, die ein Übermaß an Trauer bei Ricarda Huch nicht aufkommen lassen:

Ricarda Huch in Zürich 1887

Wenn Papa am Leben geblieben wäre – die Kämpfe wären furchtbar geworden, schreibt sie an Richard.

Wichtiger als ihre ambivalenten Tochtergefühle werden auch bald die Überlegungen, die sich auf die nächste Zukunft richten. Die Firma Huch & Co. steht, wie sich nach dem Tode des Vaters herausgestellt hat, kurz vor dem Ruin – im März 1888 wird das Konkursverfahren gegen sie eingeleitet. In der Familie setzt man voraus, daß Ricarda Huch nun ihre Studienpläne aufgeben und schnell Geld verdienen werde, beispielsweise indem sie eine Gouvernantenstelle in England annimmt. Ein Ansinnen, das sie empört zurückweist: im äußersten Notfall sei sie bereit, statt der Universität das Lehrerinnenseminar in Zürich zu besuchen. Sie beauftragt Richard mit der Wahrnehmung ihrer Interessen, der Regelung der Finanzen. Er rettet das Haus, das zu zwei Dritteln Ricarda gehört, zu einem Drittel Lilly, vor dem Anspruch des Firmenmitinhabers in Hamburg und verkauft es schließlich. Der Erlös, an dem Rudolf, trotz der Bitten der Großmutter, des Vaters Testament zu vergessen, nicht beteiligt wird, langt aus, um Ricarda Huchs Studium zu finanzieren. Sie erhält einen Vierteljahreswechsel von 600 Mark, was, gemessen an weit geringeren Bezügen sehr vieler ihrer Kommilitoninnen mehr als ausreichend ist. Zumal die Großmutter einen Teil des ihr aus dem Hauserlös zugestandenen Unterhalts für die Garderobe der Enkelin verwendet, üppige Wurst- und Kuchenpakete nach Zürich schickt. Das Geld langt gerade, um schließlich auch noch den Druck der Dissertation zu bezahlen. Schon während der Studienjahre werden die ständigen Überlegungen ums Geldverdienen zur Manie; Ricarda Huch glaubt, jede Aussicht auf ein Honorar wahrnehmen zu müssen.

Die Familie wird ihr die Rigorosität nicht vergessen, mit der sie Richard die vom Vater verbrieften Ansprüche des

Firmenmitinhabers auf das Haus zurückweisen läßt (was, wie einige Familienmitglieder fürchten, dem Ansehen des toten Vaters schaden könnte), mit der sie auf ihrem ungeschmälerten Erbe besteht, Rudolf keinen Anteil gewährt (der freilich fair genug ist, zuzugestehen, daß *sein* Studium bereits finanziert wurde). Als 1901 die Großmutter stirbt, fallen die Reste ihres und des elterlichen Hausrates an Lilly und Rudolf, für Ricarda Huch bleibt nicht einmal ein Andenken. Heimlich aufgerechnet mag Lilly wohl auch haben, was die Schwester von Richard erhielt, die Geschenke an Kleidung, Schmuck und Büchern, die Druckkosten für ihre ersten Veröffentlichungen, die vermutlich nicht unerheblichen Reisekosten, denn bis 1896 werden die beiden in fast jedem Jahr ein paar gemeinsame Urlaubswochen verbringen. Zwar dringt Ricarda Huch darauf, ihren Anteil an den Kosten für diese Ferien zu tragen, doch letzten Endes wird er sich auf nicht mehr als auf den Preis für das jeweilige Rundreisebillett belaufen haben. Richard liebt den Komfort: «Du paßt so prima in 1. Klasse und wirklich erstklassige Hotels», schreibt sie ihm später einmal.

Bereits im Sommer 1887 verbringen sie einen kurzen Urlaub miteinander, in Bad Urach, wo das erste jener vielen Bilder von ihnen beiden entsteht, die Ricarda Huchs Briefe an Richard so ausführlich bereden, die ihr in den langen Monaten des Alleinseins zum Ersatz für seine Gegenwart werden, auf denen er sich immer wieder auch von anderen bewundern lassen muß, da mit diesen Bildern vor den Freundinnen in Zürich ein schwärmerischer Kult getrieben wird – und die sich zuallermeist nicht erhalten haben. Bei dem verschollen geglaubten «Urach-Bild» handelt es sich möglicherweise um jene Aufnahme aus Hechingen, in der Ricardas Gesicht unkenntlich gemacht ist – vielleicht von ihrer eigenen Hand, denn sie will darauf

Ricarda und Richard Huch, vermutlich während ihrer kurzen Urlaubsreise nach Bad Urach im Sommer 1887

häßlich ausgesehen haben, wie sie an Richard schreibt, «aber gell, das macht nichts?»

Sie ist es, die diese Reise eingefädelt hat. Ganz sein gehorsames Geschöpf, fragt sie bei ihm an, ob er etwas dagegen habe, wenn sie mit einem jungen Geologen, mit dem sie bereits einmal auf dem Glärnisch war, eine weitere Bergtour unternähme. Zwar koste es etwas, und so ganz unbedenklich für ihren Ruf sei es vielleicht auch nicht ... Im nächsten Brief folgt ihr Versprechen, nicht mit dem jungen Zürcher in die Berge zu gehen, und die zunächst noch zögerliche Zusage, statt dessen Richard treffen zu wollen. Falls er jemals die Absicht haben sollte, mit einer Dame auf den Brocken zu steigen, solle er ihr das auf keinen Fall schreiben, bittet sie ihn, denn sie würde sofort eifersüchtig werden, er natürlich, er habe für so etwas keinen Anlaß.

Diese Briefe gehören neben denen vom Januar 1887 und denen unmittelbar nach dem Tod des Vaters zu den ganz wenigen von 1887. Nach den Tagen in Bad Urach wird das der Familie gegebene Versprechen wieder eingehalten. Ricarda Huch könnte sich dieses Versprechens sogar ganz entbunden fühlen. Lilly hat es ihr – auf einer offenen Postkarte – zurückgegeben: sie will mit einer, die ihr so schnöde die Treue gebrochen hat, nicht einmal durch ein Versprechen verbunden sein. Über diese Postkarte Lillys fällt in den Briefen an Richard kein Wort, überhaupt wiegelt sie ab, wenn er von Streitereien mit Lilly berichtet hat: Lilly reagiere, wie eine Frau in einer solchen Situation eben reagiert. Seit sie sich von Richard geliebt fühlt, weiß sie sich der hübschen, von jeher vorgezogenen Lilly überlegen. So überlegen, daß es für sie ein Gebot der Fairneß gewesen sein mag, der Schwester nicht auch noch mit kleinlicher Nachrede zu schaden.

Was Ricarda Huch von Lilly dachte, hat sie nie genau gesagt. Wie übrigens auch andere nicht. Lilly wird erst später kenntlicher werden, als sie selbst zu handeln beginnt, und doch nie richtig kenntlich. Es gibt von keinem der Beobachter dieses Ehedramas wirklich anschauliche Züge zum Porträt von Lilly Huch. Ihre Energie ist sicher nicht geringer ist als die von Ricarda, doch Lillys Energie fehlt zunächst ein Ziel; Richard behalten zu wollen ist zu wenig. Ricarda verfolgt dasselbe Ziel, aber darüber hinaus immer noch ein anderes: ihre Karriere.

Sie setzt ihren Ehrgeiz auch darein, Richards folgsames Hundchen zu sein. Ihr Überlegenheitsgefühl jedoch resultiert daraus, daß sie nicht nur folgsames Hundchen ist. Die Großmutter, die gern nach Zürich schickt, was die Enkelin an die Realität der Ehe von Richard und Lilly gemahnen könnte, hat eines Tages auch einen Brief des jungen Richard Huch an seinen zukünftigen Schwiegervater gefunden, in dem er sein Ideal von einer zukünftigen Ehefrau darlegt und die ihm anverlobte Lilly an diesem Ideal mißt, das «vollständige Hingebung» und zugleich «Selbständigkeit» heißt. Was die Hingebung anlangt, so genüge ihm Lilly bereits, ihre Selbständigkeit indessen müsse noch gefördert werden, schreibt Richard. Ricarda Huch, weit entfernt davon, seine Vorstellungen anmaßend zu finden, hat in diesem Brief entdeckt, was sie liebenswerter als Lilly macht: sie ist ganz Hingebung (meint sie) und zugleich auf dem besten Wege, ganz selbständig zu werden.

Es darf vorausgesetzt werden, daß Lilly, die aus Liebe geheiratet hat, ihre Ehe mit Richard nicht nur aus Gründen des Besitzes verteidigt, sondern auch, weil sie ihn weiterhin liebt. Und das ist etwas, was Ricarda Huch nie in Rechnung zu stellen scheint. Als Anna Klie ihr berichtet, Lilly habe auf einer Gesellschaft geäußert, eine geschiedene

Frau sei eine ruinierte Frau, gesellschaftlich unmöglich, schreibt sie an Anna Klie von Lillys mangelnder Würde und meint, Liebe, einmal so gekränkt wie die von Lilly, höre auf Liebe zu sein, werde zum bloßen Besitzanspruch. Sie übersieht all die Jahre hinweg beharrlich, daß auch ihre Liebe zu Richard trotz aller Kränkungen nicht aufhören will, Liebe zu sein. Daß auch sie nicht frei von Besitzansprüchen an Richard ist, es vermutlich von Anfang an nicht war. Ob es jemals wirklich geleistet wurde oder auch nicht – sie lebt im Bewußtsein seines Heiratsversprechens.

Virginia Woolf beschreibt in ‹Eine Skizze der Vergangenheit› das Erlebnis ihrer ersten «Vision» von Liebe zwischen Mann und Frau: es war für sie mit der offiziellen Verlobung ihrer Halbschwester Stella verbunden. Das Gefühl, Zeuge einer echten Liebe zu sein, komme immer wieder, wenn sie von «einer Verlobung», aber nicht, wenn sie von «einer Liebesaffäre» höre, schreibt Woolf. Auch Ricarda Huchs erste Vision von der Liebe mag mit dem Erlebnis der Verlobung von Lilly und Richard verbunden gewesen sein. Daß mit ihrem Verhältnis zu Richard diese Vision zerstört war, hat sie nie wahrhaben wollen. Sie hat, im Unterschied zu Virginia Woolf, das Viktorianische dieser «Vision» nicht einmal ironisch in Frage stellen können. Das zeigen ihre seltsam bigotten Urteile über die Liebesgeschichten in ihrer Umgebung, wenn sie irgendwie der Norm widersprechen, die Norm heißt Ehe und heterosexuell. Das zeigen auch die tiefen Selbstzweifel, wenn sie ihre als ewig vorausgesetzten Gefühle für Richard in Gefahr sieht. So unerlaubt weit sie auch geht, so viel Tabus sie verletzt, Konventionen sie in den Wind schlägt, letztlich gelangt sie doch nicht über die Vorurteile ihrer Erziehung hinaus, und die besagen, Liebe ist nur dann echte Liebe, wenn sie in die Ehe mündet. Nur die feste, wenn auch ganz unvernünftige Überzeugung, irgendwann einmal mit Richard verheiratet zu sein, läßt sie der Familie trotzen, läßt sie ihre Liebesgeschichte so selbstbewußt im Zürcher Freundinnenkreise zelebrieren. Wohl lebt sie momentan unbürgerlich, sie fühlt sich aber nicht so; sie fühlt sich verlobt.

Ostern 1888 besteht Ricarda Huch ihre Maturitätsprüfung mit der Note 1 in allen Fächern, was ihr eine in der Zürcher Presse zitierte Lobrede des Vorsitzenden der kantonalen Prüfungskommission einträgt, die vor Beginn eines jeden Semesters das «Fremdenabitur» abnimmt. Sie läßt sich im Mai 1888 immatrikulieren und belegt eine überwältigende Anzahl von historischen, literaturhistorischen, kunsthistorischen und anderen Vorlesungen; in den folgenden Jahren wird sie besonnener vorgehen und sich auf das Zweckdienliche beschränken. Das heißt, sie bereitet sich auf eine Promotion in Geschichte und die Prüfungen fürs höhere Lehramt in Deutsch und Geschichte vor. Zwar hofft sie, der Lehrerinnenberuf werde ihr erspart bleiben, aber sie hat sich doch dafür zu rüsten: ihr Studium hat auch Brotstudium zu sein. Geschichte als Hauptfach wählt sie nicht nur aus Vorliebe, sondern auch aus der Überlegung, daß sie die historischen Kenntnisse später schreibend nutzen, eventuell sogar in einem Redakteursberuf verwenden könnte.

Sie lernt neue Leute kennen, darunter den Rostocker Hans Müller, Student der Nationalökonomie und einer der «Sozialistenhäuptlinge» Zürichs. Sie sieht ihn regelmäßig im Colleg über ‹Geschichte der Entstehung der kommunistischen Ideen›, das der aus Österreich kommende Nationalökonom Julius Platter am Polytechnikum hält, und auch privat des öfteren; der umgängliche, gern Kuchen essende und daher für nachmittägliche Teestunden bestens geeignete Hans Müller wird zum Mittelsmann zwischen dem Kreis ihrer Freundinnen und den Sozialdemokraten unter den deutschen Studenten und Literaten in Zürich, wie Karl Henckell und Maurice Reinhold von Stern, auch Frank Wedekind, später Franz Blei. Und sie ist nahe daran, sich in einen alten, häßlichen, so arroganten wie brillanten Professor zu verlieben, den gewesenen Theologen und nunmehrigen Kunsthistoriker Salomon Vögelin, auch er ein Sympathisant der Sozialdemokratie, ein Außenseiter unter den Professoren. Die Faszination, die von Vögelin ausgeht, bei dem sie einige Vorlesungen hört und an einem Seminar über Hans Holbein d.J. teilnimmt, ist beträchtlich. Als er, zur Zeit, da sie ihn kennenlernt, schon schwerkrank, im Herbst des Jahres 1888 stirbt, verstört sie das spürbar mehr, als der Tod des Vaters sie verstört hatte. Die Freundschaft mit Hans Müller und die Begegnungen mit dem Gelehrten und Rebellen Vögelin werden Ricarda Huch in Gedanken bestätigen, auf Gedanken bringen, die sie für eine Zeitlang in offenen Widerspruch zu den glatten Überzeugungen des kaisertreuen, bismarckbegeisterten Richard Huch geraten lassen. Gleich nach der Immatrikulation ist sie dem 1887 gegründeten ‹Studentinnenverein Zürich› beigetreten und bald darauf zu dessen Vizepräsidentin gewählt worden. Als sie das Richard mitteilt, schreibt sie, daß sie es leicht auch noch zur Vorsitzenden eines «socialdemokratischen Clubs» bringen könnte, denn die «dynamitartigen» Vorstellungen, die man sich in Deutschland, speziell in Braunschweig, von der Sozialdemokratie mache, habe sie in Zürich revidieren müssen – ohnedies wirke das Studium der Geschichte nicht beruhigend auf sie, wie er gehofft habe, eher im Gegenteil.

Eines der Gedichte in Karl Henckells ‹Amselrufen›, die 1888 erscheinen und ihr gleich darauf von Hans Müller zu

Weihnachten geschenkt werden, ist den Zürcher ‹Studentinnen› gewidmet:

> Das mag die Ochsen kränken
> Im Stall Germania,
> Die sich das Weib nur denken
> Als Milchkuh und Mama:
> Die Mädchen auf den Bänken
> Der Wissenschaft – Hurra!
> Hier laßt den Hut mich schwenken,
> Die neue Zeit ist da.

Noch in ihren Erinnerungen ‹Frühling in der Schweiz› zitiert die alte Huch Karl Henckells Verse mit spürbarem Vergnügen, wenn sie auch die beiden Zeilen vom Weib als «Milchkuh und Mama» nun wegläßt. Damals in Zürich dürften sie ihr keine Schwierigkeiten bereitet haben. Die deutschen Studentinnen betonen zwar das Damenhafte in Auftreten und Kleidung, das einzige äußerliche Attribut der «Emanzipierten» bleibt das bei Ausflügen getragene schwarze Wachstuchhütchen; sie leben zu allermeist auch so keusch und sittsam, wie man es von einer jungen Dame erwartet – Ricarda Huchs heimliche Liaison dürfte durchaus eine der Ausnahmen gewesen sein, und es war wahrscheinlich dieser Ausnahmehintergrund, der ihr schon früh einen gewissen Nimbus unter ihren «Colleginnen» verschaffte. Aber sie nehmen sich die Freiheit zu theoretisieren, wie es einer Studiosa zukommt, ja, sie reden wie die gewiegten Zyniker. Daß die Liebe eine bloße Begierde sei, ein Trieb, der mit der Sättigung erlischt, verkündet die Medizinstudentin Anna Eysoldt, die, behütet von ihrer Mama, in Zürich Wohnung bezogen hat.

Und ausgerechnet in jenem Jahr, in dem sich für Ricarda Huch das Leben so noch mehr weitet, wird ihr die «himmlische» private Freiheit wieder um ein Stück beschnitten. Die Großmutter, auch den stets ein wenig um ihren Umgang besorgten Richard, erfüllen die Berichte über die großzügige Frau Wanner mit Mißtrauen. Die Großmutter mutmaßt sogar, es sei der wenig respektable Ruf dieser Wirtin, der honette Leute, wie das Ehepaar Avenarius, davon abhalte, die Enkelin einzuladen, und bittet eine entfernte Verwandte, die durch Zürich kommt, um einen Kontrollbesuch. Es wird befunden, Ricarda sei «nicht passend» untergebracht und gleich auch noch ein neues Zimmer, diesmal mit Pension und Familienanschluß, im Haushalt eines Theologieprofessors ausfindig gemacht. Der Umzug wird schließlich zur mindesten Rücksichtnahme, die Ricarda Huch der besorgten Großmutter im fernen Braunschweig schuldig ist. Und da auch Richard darauf besteht, bleibt ihr nichts weiter übrig, als sich zu fügen. Gleich nach dem bestandenen Abitur wechselt sie das Quartier. Sie wird in den nächsten Jahren noch oft umziehen. Und jedesmal, wenn sie eine neue Unterkunft suchen muß, fällt ihr als erstes die Frau Wanner wieder ein, die noch lange ihre Vertraute, ihre Post- und Nothelferin bleibt. Doch jedesmal – sie hat den Einfall noch gar nicht geäußert – kommt aus Braunschweig der Befehl, sie möge sich nicht etwa die Frau Wanner einfallen lassen.

Die Monate im Hause Fritzsche in der Dufourstraße werden zur Tortur. Der aus Deutschland kommende Herr Professor ist ein Erzkonservativer, und seine Damen sind dementsprechend; sie wagen zwar nicht geradeheraus zu tadeln, was ihre neue Pensionärin bei Tische gelegentlich vorbringt, doch schon ihr Mienenspiel und daß sie «ideale Ansichten» nennen, was sie zutiefst schockiert, ist enervierend genug. Um sich für jede Art von Ketzerei und Sittenverstoß im vorhinein Ablaß zu verschaffen, belegt Ricarda Huch eine Vorlesung über Kirchengeschichte bei dem Herrn Professor und versucht im übrigen, sich so wenig als irgend möglich in ihrem Zimmer aufzuhalten, was der vielen Arbeit wegen etwas unpraktisch ist. Der «Theologenkeller» heißt das Quartier unter ihren Kommilitonen bald. In einem Brief von Hans Müller an sie lesen wir von ihrer Verzweiflung, gar ihrem Lebensüberdruß. Doch wie entkommt sie diesem spießbürgerlichen Kerker, ohne die Leute zu verärgern und wenn schon keinen Skandal, dann zumindest doch üble Nachrede zu riskieren, etwa der Art, es sei ihr bei ihnen «zu gediegen»? Und wie kann sie der Familie in Braunschweig begreiflich machen, daß sie von dort wieder weg muß, wenn sie nicht ersticken will? Nach der Sommerreise mit Richard an den Rhein, die zu arrangieren einiges Kopfzerbrechen erfordert, weil nachprüfbar brave Ferien für die Wirtsleute erfunden werden müssen, verbringt sie einige Wochen arbeitend in einer Familienpension im Berner Oberland, bis sie zu Semesterbeginn wieder in Zürich sein muß. Weihnachten macht sie noch gute Miene zum bösen Spiel und gibt das «Christkindchen» für die Kinder der Familie Fritzsche. Zum Jahreswechsel schreibt sie dann einen langen Brief an Richard, der all ihr privates Unwohlbefinden und all ihren politischen Dissens mit dem Geliebten enthält, einen Dissens, der noch verschärft wird durch das derzeit ungemütliche politische Klima in Zürich: Spannungen zwischen dem Deutschen Reich und der Schweiz haben zu erhöhter Wachsamkeit der Fremdenpolizei gegenüber den in der Stadt lebenden deutschen Sozialdemokraten geführt. Der ohnedies schon sehr lange Brief wäre noch viel länger, wenn Richard Huch nicht einige Seiten davon vernichtet hätte, die besonders brisante (private oder politische?) Details enthalten haben müssen. Er ist so verzweifelt und so ketzerisch, daß sie im darauffolgenden Brief um Verzeihung bittet für all ihr Gejammere und Aufbegehren.

Doch im März explodiert etwas in ihr. Was Braunschweig sagt, auch die Familie Fritzsche, wird ihr plötzlich egal, plötzlich ist sie schlimm krank und vorläufig in der Pension einer ihr bekannten alten englischen Dame untergebracht, während die Freundinnen aus dem Studentinnenverein ihre Sachen aus dem verhaßten Quartier räumen. Von einer Rauchvergiftung, einem schadhaften Ofen bei den Fritzsches ist die Rede. Aber vielleicht hat der Ofen gar nicht gequalmt, oder nur ein wenig, und damit eine willkommene Ausrede geliefert, vielleicht hat sie sogar ein wirklicher Anfall von Lebensüberdruß im Theologenkeller überkommen – das ist nicht mehr so recht zu rekonstruieren nach Ricarda Huchs von Richard sorgsam gerupften Briefen aus jenem Jahr. Und die vermutlich erschrockene Großmutter hält sich merklich zurück in ihren Briefen, zeigt Einsicht in die Gefährlichkeit qualmender Öfen, besteht nicht mehr auf dem ehrbaren Familienanschluß, bittet die Enkelin nur, sie möge darauf achten, bei den Fritzsches «besuchsfähig» zu bleiben. In Braunschweig nämlich ist etwas passiert, was nicht mehr hätte passieren dürfen, was alle Luftschlösser einer gemeinsamen Zukunft mit Richard jäh zum Einstürzen gebracht hat: Lilly erwartet ein viertes Kind.

Einen verzweifelten Moment lang mag das Ricarda Huch in dem bedrückenden Parterrezimmer bei der bedrückenden Familie Fritzsche wie das Ende erschienen sein, aber es ist nicht das Ende. Immerhin hat sie diese Situation schon einmal erlebt, 1884, da war sie bereits Richards Geliebte, kam seine jüngste Tochter Käte zur Welt. Es ist bloß wieder einmal das vorläufige Ende ihrer Hoffnung, eines Tages könne Richard sich doch scheiden lassen, könne wahr sein, was er unentwegt beteuert: daß er sich nicht wohl fühle in dieser Ehe, die keine richtige Ehe mehr sei. Er mag sich in der Tat nicht wohl fühlen zwischen Lilly und Ricarda und vor allem nicht bei dieser neuen Schwangerschaft. Ricarda Huch aber fühlt sich miserabel bei der Entdeckung, daß sie eher bereit ist, die allgemeine Heuchelei mitzumachen und das vierte Kind hinzunehmen, «mit den Wölfen zu heulen», wie sie schreibt, als Richard aufzugeben. Nicht ihm sei sie böse, versichert sie, nein, sich selber grolle sie wegen der Rolle, die sie in dem Verhältnis spielt, zu spielen bereit ist. Und dann weicht sie in Zynismen aus und «piquante Bemerkungen», erzählt ihm vom alten Herrn Stierlin, ihrem neuen Wirt, und dessen Haushälterin, die sie wegen ihrer gefärbten Haare anfangs für Herrn Stierlins Geliebte gehalten habe, weswegen sie beinahe nicht in das Quartier gezogen wäre, «denn einen solchen Skandal wollte ich doch nicht mit meiner Anwesenheit sanctioniren». Und sie erzählt ihm von dem Buch, in dem Herr Stierlin nachgeschlagen hat, um ihrem Feuersalamander zu helfen, der gerade in den Wehen liegt …

Wie weit sie in der Schilderung der Geburtsqualen eines Feuersalamanders gegangen ist, wissen wir nicht, Richard Huch hat die Hälfte von diesen Brief abgerissen. Er hat Ricarda Huch wohl auch um etwas mehr Contenance gebeten, ist schließlich eisig geworden. Denn sie bekommt es auf einmal mit der Angst, Richard könnte ihr nicht bloß diese Torturen der Eifersucht, des Selbstekels bereitet haben, er könnte gar noch, gekränkt durch ihr Aufbegehren, ihre «piquanten Bemerkungen», auf die Idee kommen, dieses Jahr keine Sommerreise mit ihr machen zu wollen. Und das, ganz bestimmt, das hält sie nicht aus! Und so folgt denn auf die sich so resigniert, so lebenseinsichtig, so zynisch gebärdenden Briefe einer, in dem sie wieder zu Kreuze kriecht, um Verzeihung bettelt, es auf sich nimmt, all ihre Zerknirschung, ihre Reue, ihre Verzweiflung, ihre demütige Liebe – all das «hinzuschreiben mit der armen Feder». Wenn er ihr nur wieder gut sein will! «Oh Gott, wenn ich denke, daß Du jetzt ein gleichgültiges kaltes Gesicht machst, dann könnte ich Dich auf der Stelle zerreißen! Aber mich auch. Deine arme Ricarda».

Als Anfang einer abgerissenen Randzeile des Briefes taucht die Vokabel vom Hündchen wieder auf: «Ach wär ich nur sein Hündlein klein!», diese Vokabel des Kleistschen Käthchens, der ganz vorbehaltlosen weiblichen Liebe, der Unterwerfung.

Er ist ihr wieder gut gewesen. Im Sommer machen sie gemeinsam Ferien in Süddeutschland, unter anderem in Rothenburg. Als Richard nach Braunschweig zurückkehrt, hat Lilly gerade eine Fehlgeburt gehabt. Die Großmutter berichtet Ricarda davon, schildert effektvoll Lillys blasse Traurigkeit bei der Heimkehr Richards vom Steinesammeln irgendwo in Bayern; Richard Huchs geologische Exkursionen lieferten manchmal eine Ausrede vor der Familie. Weiß sie, daß Ricarda und Richard sich getroffen haben? Sie argwöhnt so was wohl immer. Aber das Kontrastbild vom ausgeruhten, braungebrannten Wandersmann und seiner mitgenommenen Gattin könnte ebenso ganz allgemein anklagend auf das kummervolle Dasein der Frauen und die Rücksichtslosigkeiten der Männer zielen. Auch das gehört zur Braunschweiger Großmutter.

Freilich mag der scharf beobachtenden und scharfzüngigen Emilie Hähn nie recht bewußt geworden sein, daß ihre Briefe nach Zürich, die ausgiebig Braunschweiger Klatsch reportieren, fortwährend Geschichten von frustrierten Frauen erzählen. Sie alle sind nicht glücklich, aus deren Kreis die Enkelin, das «losgerissene Blatt», sich so unklug ausgeschlossen hat. Lilly nicht. Anna Klie nicht, die aus finanziellen Gründen ihren Plan, sich in München zur Kunstgewerblerin auszubilden, aufgeben und in Braunschweig Handarbeitslehrerin werden mußte, die, vermögenslos, wie sie ist, lange unverheiratet bleibt und schließlich dick und philiströs wird. Selbst Etta Wernicke nicht, die ihren beträchtlichen Ehrgeiz in der Rolle der intellektuellen Gefährtin eines erfolgreichen Schulmannes zu befriedigen sucht, aber rebelliert, als sie Mutter wird, sich in Hysterie und Depressionen flüchtet und langsam wieder «zur Vernunft», das heißt zum Akzeptieren ihrer Rolle, gebracht werden muß.

Lillys Fehlgeburt wird in Ricarda Huchs Briefen an Richard nicht erwähnt. Allerdings gibt es auch kaum Briefe von ihr nach der gemeinsamen Sommerreise; vielleicht nur keine erhaltenen, vielleicht aber hatte Richard, erschöpft von den Auseinandersetzungen, die während dieses Urlaubs stattgefunden haben mögen – die ergebene, demütige Rolle zu spielen gelang der Geliebten nie lange und auch nur auf dem Papier –, sogar Briefdiät verordnet, das ist eine seiner Waffen in diesem Verhältnis. Doch am 30. Dezember 1889 schreibt sie, betont munter, dazu eilig vor Beschäftigtsein und den Anforderungen der «neuen Freundschaft mit Salomé», von seinen Briefen halte sie nicht viel, würde sich aber freuen, ihn zu sehen, allerdings «wenn Du mich nicht liebst wie ein Teufel ist es nicht der Mühe werth …»

Sie waren damals für ein Wochenende zusammen auf dem Rigi. Anschließend hat Richard sie sogar nach Zürich begleitet und gemeinsam mit ihr bei Salomé Neunreiter

Tee getrunken. Möglicherweise hatte er in Zürich zu tun: im Verlag Orell Füssli erschien, von ihm finanziert, 1890 Ricarda Huchs Lustspiel ‹Der Bundesschwur›. Aber vielleicht wollte er auch nur diese neue Freundin einmal in Augenschein nehmen.

Salomé und der «Rachedolch»

Die Medizinstudentin Salomé Neunreiter lebt damals in Zürich-Unterstraß in einer eigenen Wohnung, Nordstraße 10; sogar ein Dienstmädchen kann sie sich leisten, ihre Mutter besitzt eine Weinhandlung in Straßburg. Salomé fühlt sich als «Pionier» des Frauenstudiums, 1887 gehört sie zu den Mitbegründerinnen des ‹Studentinnenvereins Zürich›. Ricarda Huch ist für eine Weile überaus beeindruckt von der resoluten Kollegin, ihrem Engagement, ihrer Unternehmungs- und Redelust. Sie hatte Salomé bereits im Frühjahr 1887 flüchtig kennengelernt; seit sie 1888 ebenfalls Mitglied des Studentinnenvereins geworden ist, haben sie sich mehr und mehr befreundet; nach ihrer Befreiung aus dem «Theologenkeller» duzen sie sich. Salomé Neunreiter und dem Verein verdankt Ricarda Huch die Bekanntschaft mit den Medizinerinnen, mit denen sie während ihres ersten Studienjahres vorwiegend umgeht und die mit ihr auf einem Gruppenbild posieren, das sie im Frühjahr 1889 für die Braunschweiger Großmutter aufnehmen läßt. Auch mit zwei älteren Damen, in deren Gesellschaft sie sich wohl fühlt, der Engländerin Miss Davies und ihrer deutschen Freundin, einem Fräulein Schottky, hat Salomé sie bekannt gemacht; die beiden, die 1890 von Zürich nach Straßburg gingen und dort wenig später gemeinsam gestorben sind, waren vermutlich ein Paar. Salomé scheint tolerant gewesen zu sein gegenüber lesbischen Beziehungen in ihrer Umgebung, und auch Ricarda Huch war unter ihrem Einfluß offenbar vorurteilsloser, als sie sich später gab.

Gruppenbild von 1889 – Ricarda Huch erzählt in ihrem ‹Frühling in der Schweiz› davon. Die Namen der Studentinnen, die sie dort nennt – Clara Neumann, Molly Herbig, Fräulein von Rosenzweig, Anna Eysoldt, Emma Rhyner, Agnes Bluhm – stimmen indes nicht ganz. Nach Emilie Hähns Briefen, die das Bild am 9. Mai erhielt (und den «Totenkopf» sofort durch einen «dicken Dintenklex» unsichtbar machte!), gehörte Salomé Neunreiter zu den Porträtierten – vermutlich ist sie die Kleine, die hinter dem Tisch sitzt: von ihren unhübschen, doch charaktervollen Zügen spricht die Großmutter, die in den nächsten Monaten wiederholt auf das Bild zurückkommt. Auch Hans Müller erwähnt in einem Brief an Ricarda Huch vom April 1889, daß «Frl. Neunreiter & Rosenzweig» ihr auf dem Bild für die Großmama als «Relief» dienten. Eindeutig zu identifizieren ist nur noch die rechts neben der sitzenden Salomé stehende Anna Eysoldt.

Vielleicht hatte auch Salomé eine lesbische Komponente? Das würde einiges vom Explosiven im Verhältnis zwischen ihr und Ricarda Huch erklären: aus dem innigen Freundschaftsbund, in dem anfangs Salomé die dominierende Rolle spielt, wird bald eine Abfolge von heftigen Krächen, gefühlvollen Wiederversöhnungen, erneuten Krächen. Das Gezänk kommt wohl aus der Eifersucht, doch die muß nicht unbedingt erotisch begründet gewesen sein. Die «allgemeine Misere von Zürich», wie Ricarda Huch den Mangel an gleichaltrigen und gleichwertigen (d. h. nicht philiströsen) Männern nennt, auch das Vorurteil des Zürcher Bürgertums gegenüber studierenden Frauen lassen die Studentinnen vor allem aufeinander angewiesen sein; ihre Freundschaften sind durchweg von rigorosem Anspruch, empfindsam verschwärmt und zugleich burschikos. «Salomé Neunreiter und ich fassen gewissermaßen gleich nach dem Schwertgriff, sowie wir uns sehen», schreibt Ricarda Huch der Großmutter im Dezember 1888.

Der Geliebte dürfte Salomé kaum gemocht haben, schon wegen ihres frauenrechtlerischen Engagements nicht, das er sich zudem nach männlichem Vorurteil erklären konnte: Salomé ist nicht hübsch, sie hat unregelmäßige Gesichtszüge, ist klein, gedrungen, keine damenhafte Erscheinung; auf dem Gruppenbild für die Großmutter wirkt sie unscheinbar neben den anderen Medizinerinnen. Und ihm mag der Kult mißfallen haben, den die Großmutter mit dieser neuen Freundin trieb, die ihr wie ein Glücksfall für das «arme Kind in der Fremde» erschien: die lebenstüchtige, weltgewandte Ergänzung zur unpraktischen, schüchternen Enkelin; «charming girl» heißt die auf dem Foto so wenig anziehende Salomé in den Briefen der Großmutter bald. Vorstellbar, daß die «reizende Liebesgeschichte», wie Emilie Hähn die heftige Freundschaft zwischen Ricarda und

Salomé nannte, Richard sogar mit einiger Eifersucht erfüllte: er spürte, daß Salomé einen Einfluß besaß, der dem seinen Konkurrenz machte. Doch wie es scheint, hat er seine Vorbehalte gegenüber Salomé vorerst für sich behalten. Er hat abgewartet, bis Ricarda in Distanz zu Salomé geriet.

Er ist überhaupt klug im Entschärfen der Konflikte, die sich seit 1888 zwischen ihm und Ricarda Huch angehäuft haben. Er nimmt sich ihres Lustspiels ‹Der Bundesschwur› an, über das sie ihm in den Briefen von 1889 ein paarmal Andeutungen gemacht hatte, immer mit der Versicherung, daß *er* es auf gar keinen Fall lesen dürfe. Den Stoff dafür hatte sie in Flugschriften aus der Zeit der Französischen Revolution gefunden, die sie 1889 für die Stadtbibliothek katalogisierte: Als einer ihrer Professoren unter den Studenten für die unentgeltliche Arbeit warb, drückte ihr gerade der Kummer über Lillys Schwangerschaft das Herz ab – und Kummer versucht sie stets mit einem Übermaß an Arbeit zu begegnen. Was sie im ‹Bundesschwur› dialogisiert, das sind nicht nur die Auseinandersetzungen zwischen Patriziern und «Patrioten» im Gründungsjahr der Helvetischen Republik, zwischen einer Befürworterin und einem Gegner der Französischen Revolution, es sind auch die politischen Auseinandersetzungen zwischen ihr und Richard. «Elisabeth, die Jakobinerin von 1798 würde 1891 eine Sozialdemokratin sein; die in dem Lustspiel zum Austrag kommenden Probleme sind die heutigen», schrieb Joseph Viktor Widmann vom Berner ‹Bund› in seiner Rezension.

Als sie Richard zum Jahresende trifft, hat sie ihn das Stück inzwischen doch lesen lassen, schon weil sie viel zu entzückt davon ist, um es ihm lange vorenthalten zu können; sie bekennt, daß sie wie auf «Rosen- und Schlagsahnewolken» schwamm, während sie daran schrieb. Und dann will sie ihm wohl auch begreiflich machen, daß noch anderes zwischen ihnen steht als Lilly. Richard findet das Lustspiel zwar etwas «possenhaft» (wie die meisten Kritiker nach ihm), aber er läßt es auf seine Kosten beim Verlag Orell Füssli in Zürich erscheinen, unter dem Pseudonym Richard Hugo, das er sich für sie ausgedacht hat und in dem auch sein Name aufgehoben ist. Er beruhigt sie damit nicht nur über die politischen Zwistigkeiten zwischen ihnen beiden (auch den Konflikt des Lustspielpaares löst ja am Ende die Liebe), die erfreuliche Aussicht auf eine erste Buchveröffentlichung lenkt sie auch ab von ihren ständigen Erwartungen an seine Person. Ihren Ehrgeiz anzustacheln wird sich für eine Weile als geschickte Strategie von ihm erweisen.

Zunächst haben seine Ermunterungen zu ihrer Schriftstellerei einen ihm eher unangenehmen Erfolg. Gemeinsam mit Salomé beginnt Ricarda Huch im Februar 1890 einen Briefroman über Zürcher Studentinnen zu schreiben. Die Idee dazu kommt von Salomé, deren Empörung nach einem Ventil sucht: ihr Professor für Gynäkologie äußert seine Abneigung gegenüber studierenden Frauen in besonders rüder Weise. «Ich sage Dir, Richard, Salomé und ich, wir schreiben jetzt an einem Werke, damit werden wir Furore und Geld machen! Es wird offiziell heißen: Modern. Ein Briefwechsel zweier Studentinnen. Unter uns heißt es ‹Der Rachedolch›, weil wir alle Schlechtigkeiten und Schwächen der Männer, die wir hier zu beobachten täglich ausgiebig Gelegenheit haben, darin aufdecken. Es ist einfach eine Correspondenz, die wir eventuell wirklich untereinander führen könnten, nur mit einigen auf den Effect berechneten Zuthaten.» Die effektvollen Zutaten bestehen aus den Liebesgeschichten, die die Schreiberinnen sich erfunden haben.

Die Arbeit macht den beiden Spaß, während der gemeinsamen sonntäglichen Spaziergänge bereden sie den

Inhalt der jeweils nächsten Briefe – «Wir schmieden dir den Rachedolch», singt Salomé auf die Melodie von «Wir winden dir den Jungfernkranz». Richard scheint nicht einmal Lust gehabt zu haben, das Manuskript zu lesen. Nach allem, was er von der Geliebten darüber zu hören bekam, war ihm dieses respektlose Vorhaben wohl zu «modern». Daß Ricarda Huch hoffte, damit Geld zu verdienen, mag ihn wenig interessiert haben. Ihr Studium in Zürich wußte er gesichert, und irgendeine Anstellung hinterher würde sich schon finden. Er hatte nichts gegen Veröffentlichung, schmückende versteht sich – auch ihn in seiner Rolle als Mäzen, Rat- und Geldgeber schmückende –, sehr wohl aber etwas gegen eine Veröffentlichung, die Skandal verursachen konnte, die Geliebte in die ihm mißliebige Gesellschaft der «Emanzipierten» brachte. Und ‹Modern› hätte vermutlich Skandal verursacht: Ricarda Huch bedauert, daß das Buch nicht zu ihrem literarischen Ruhm werde beitragen können, «im Gegentheil könnte es mir schaden, da sehr stark darin auf Universitätsverhältnisse geschimpft wird ... Also das muß streng anonym bleiben.»

Die beiden haben das Manuskript tatsächlich vollendet, anschließend in Reinschrift gebracht – «ich denke, die Frankfurter nimmt es», teilt Ricarda Huch Richard am 5. Dezember 1891 mit. Doch das ist die letzte Erwähnung des ‹Rachedolchs› in ihren Briefen. Ob die Autorinnen ihn damals überhaupt angeboten haben, bleibt ungewiß. Es könnte sein, daß es auch wegen dieses Romans zu einem der bereits erwähnten Kräche zwischen ihnen gekommen ist, die ihre anfangs enge Freundschaft mehr und mehr erschüttern und allmählich ganz abkühlen lassen – 1894 reagieren sie nur noch unduldsam aufeinander, ist in den Briefen der Großmutter nur noch von der «treulosen» Salomé die Rede. Das einander Fremdwerden wird begleitet von sehr unterschiedlichen Entwicklungen. Die als Studentin so tüchtige Salomé, der eine glänzende berufliche Karriere vorausgesagt wurde, besteht, nachdem sie sich in den um sechs Jahre jüngeren Chemiestudenten Gottlieb Diesser verliebt hat, Anfang 1892 überraschenderweise ihre Examina nicht, verliert die Unterstützung von daheim (daß sie von der Mutter «verstoßen» wurde, berichten Ricarda Huchs Briefe, «ganz wie in Romanen») und geht für eine Weile aus Zürich fort, wohin ist bislang unbekannt. Sie scheitert, nachdem sie von 1894 bis 1896 noch einmal in Zürich studiert hatte, offenbar auch bei einem zweiten Promotionsversuch, gibt die medizinische Laufbahn auf und heiratet 1897 Gottlieb Diesser, dem sie bei der Leitung eines chemischen Laboratoriums in Zürich assistiert. Die Ehe wird – wenn wir Ricarda Huchs Jugenderinnerungen ‹Frühling in der Schweiz› glauben wollen – unglücklich. Ricarda Huch dagegen beendet wie vorgesehen (und trotz aller privaten Wirren) 1891 eine umfangreiche Dissertation über ‹Die Neutralität der Eidgenossenschaft, besonders der Orte Zürich und Bern, während des Spanischen Erbfolgekrieges› und ihre Promotion, erhält eine Anstellung an der Stadtbibliothek und später auch als Lehrerin an der höheren Töchterschule der Stadt Zürich. Möglich, daß beide die Prioritäten unterschiedlich setzten. Der erfolgreichen Akademikerin und seit 1891 auch von der Kritik wahrgenommenen Schriftstellerin Ricarda Huch kommt das frauenrechtlerische Engagement mehr und mehr abhanden, ja, ein solches Engagement wird ihr schließlich suspekt. Und Salomé Neunreiter überrascht 1893 (ziemlich zur gleichen Zeit, da Ricarda Huchs erster Roman erscheint) mit einer kenntnisreichen und witzigen Broschüre: ‹Die Frauenbewegung als Ergebnis des Culturfortschritts nebst einer physiologisch-medizinischen Kritik der weiblichen Inferiorität›, in der sie sich mit den von Gegnern des Frauenstudiums damals noch vielzitierten Thesen des Münchner Mediziners Theodor Bischoff über die «geistige Inferiorität des Weibes» auseinandersetzt. Salomés Aufsatz enthält den Seitenhieb, daß gerade die (zur Anpassung genötigten und bereiten) Akademikerinnen nicht zu den «Emanzipierten» gehörten – das könnte durchaus auch an Ricarda Huchs Adresse gerichtet gewesen sein.

Die beiden Freundinnen hatten einen ganz intensiven Anspruch aneinander, der von beiden doch fortwährend verletzt wurde, auch durch das ausgeprägte Dominanzstreben beider. Zudem wurde jeder Dritte in diesem Freundschaftsbund als Eindringling empfunden, Richard von Salomé, Salomés junger Freund von Ricarda. Salomé war Ricarda Huchs erste enge Freundin in Zürich, aber sie ließ es an der vorbehaltlosen Anbetung fehlen, die fast alle ihre Nachfolgerinnen, angefangen bei Marianne Plehn, Hedwig Waser, Marie Baum, der Dichterin wie der Liebenden Ricarda Huch so bereitwillig spendeten. Es ist anzunehmen, daß Salomé in dem Verhältnis mit Richard eine Affäre sah und nicht ein schicksalhaftes Ereignis gleich dem zwischen Tristan und Isolde, als welches die so unbedenklich auf das Gefühl setzende wie insgeheim doch von konventionellen Skrupeln geplagte Ricarda Huch ihre so vielfach gefährdete Liebesgeschichte gerne gewertet haben wollte. Und Ricarda Huch knüpft an die Beschreibung von Salomés «Diesserchen» einmal die Bemerkung, daß Männer oft so puppenartige, spielzeugartige Frauen liebten und daß diese Richtung nun auch umgekehrt aufkommen würde, was sie ihrer Überzeugung nach als durchaus berechtigt anerkenne, doch sei sie froh, diese neue Richtung nicht repräsentieren zu müssen.

Die Zwistigkeiten zwischen den beiden beginnen bereits,

während sie noch an ihrem Briefroman schreiben. Im Spätsommer 1890 geht Salomé für einige Wochen mit nach Bern, Ricarda Huch hat im dortigen Staatsarchiv für ihre Dissertation zu recherchieren. Vielleicht haben sie vor, an ‹Modern› zu arbeiten, vielleicht fällt es ihnen in dem Sommer einfach schwer, sich zu trennen, wollen sie doch sogar vom kommenden Semester ab zusammen wohnen: Ricarda Huch hat vor den Ferien bereits ihr bisheriges Quartier gekündigt. Am Ende des Berner Aufenthaltes aber teilt sie Richard mit, daß sie nicht mit Salomé zusammenziehen könne – «Die Mama wollte es so», kommentiert sie lakonisch. Vielleicht mißfiel Salomés Mutter die Schwärmerei der beiden füreinander; vielleicht auch hatte sich die Geschäftsfrau über die Monatsbezüge der Braunschweigerin informiert und festgestellt, daß sie für den Lebensstandard, den sie ihrer Tochter in Zürich ermöglichte und aus Gründen der Respektabilität für unerläßlich hielt, keineswegs langen würden. Als sie hört, daß Salomé ihr Dienstmädchen entlassen hat, verfügt sie, daß die Tochter ein neues zu nehmen habe, engagiert es für sie in Straßburg – was vermuten läßt, daß dies Mädchen auch als Anstandsdame gedacht war. Also selbst Salomé ist nicht gar so unabhängig in Zürich. Dafür, daß der Mutter an der Freundschaft zwischen Salomé und Ricarda etwas nicht paßte, spricht auch, daß einige Male Ricarda Huch während der Weihnachts- oder Osterfeiertage mit Salomé nach Straßburg fahren sollte, und dann jedesmal nichts daraus wurde.

Aber vielleicht war dieses «die Mama wollte es so» von Salomé auch nur vorgeschoben, vielleicht war sie nach den Berner Wochen so ärgerlich auf Ricarda, daß sie einfach keine Lust mehr hatte, mit ihr gemeinsam zu hausen. Ricarda ist nach der Sommerreise mit Richard nach Bern gekommen, Deggendorf heißt diesmal der in der Erinnerung immer wieder verklärte Urlaubsort, auch in Prag sind sie gewesen, Salomé trifft auf eine Freundin, die ganz erfüllt ist von Richard, von Erinnerungen und wohl ebenso von Selbstvorwürfen: denn jedes Zusammensein mit Richard mißlingt auch ein wenig, nie kann sie es unterlassen, ihm Vorhaltungen, Szenen zu machen, und hinterher dann bereut sie das bitterlich, bezichtigt sich, den Geliebten nicht genug geliebt zu haben – also Richard und kein Ende! Zudem hat Richard dafür gesorgt, daß auch nach dem Abebben von Trennungsschmerz und Selbstvorwürfen nicht viel Zeit für die Freundin bleibt. Er hat sich entschlossen, nach dem ‹Bundesschwur› noch die ‹Gedichte› von Ricarda Huch zu finanzieren (da Orell Füssli diesmal ablehnte, beim Kommissionsverlag von Piersons in Dresden), diese Gedichte, die fast nur von ihm reden, «Deine Geige, lieber Meister, bin ich, spiele mich getreu», und die wieder unter dem Pseudonym Richard Hugo erscheinen werden. Ricarda Huch ist an den Berner Abenden vollauf beschäftigt, sie schreibt Gedichte ab, verfaßt seitenlange Erörterungen zu den ihr von Richard gemachten Änderungsvorschlägen, korrigiert in den ihr von Richard geschickten Druckfahnen. Salomé beschwert sich, daß die Freundin sie vernachlässige, und reist schließlich noch vor dem geplanten Ende des Berner Aufenthalts nach Straßburg ab. Und nun fühlt Ricarda Huch sich im Stich gelassen, auch deshalb, weil ihr von Salomé die gemeinsame Wohnung aufgekündigt worden ist und sie wieder einmal unabsehbare Scherereien vor sich sieht, bis sie in Zürich ein neues Quartier gefunden hat.

Sie nimmt zwei Zimmer in Salomés Nähe, in der Nordstraße 34, Unterstraß, denn zumindest gemeinsam bei Salomé essen wollen sie. Nur stellt sich dann heraus, daß das neue Mädchen, eben mehr Anstandsdame als Magd, nicht für drei kochen könne, und es gibt wieder einen Krach, Briefe wie «spitzige Pfeile» werden gewechselt. Erst nach einer gründlichen Aussprache ist das Einvernehmen wiederhergestellt und in Zürich für eine Weile auch alles wie früher – bis sich Richard erneut als Rivale bemerkbar macht; in den Gesprächen der Freundinnen mag er ohnehin präsenter gewesen sein, als es der ungeduldigen Salomé lieb war, denn er hat sich einen heftigen Flirt mit der Konzertsängerin Margarethe Gerstäcker aus Hannover geleistet, von dem die Großmutter natürlich ausführlich nach Zürich berichtet. Im Dezember wird Salomé ernstlich krank, und Ricarda pflegt sie, auch das Weihnachtsfest verbringt sie bei Salomé. Allerdings wagt sie erst kurz vor ihrer Abreise nach Freiburg der hitzigen Freundin zu sagen, daß sie sich in den letzten Dezembertagen mit Richard treffen will. Und als sie am Silvestertag wiederkommt, findet sie Salomés Wohnung in der Nordstraße 10 leer: Salomé hat sich ganz plötzlich dazu entschlossen, in eine Pension zu ziehen, die näher bei der Universität liegt. – So geht das, Zug um Zug.

In der Pension einer Frau Sutermeister in der Nägelistraße 3 in Fluntern wird sich Salomé dann wenig später in Gottlieb Diesser verlieben. Zwar nimmt sie dadurch beträchtlich an «Verständnis für Liebe» zu, hat aber, wie Ricarda Huch auch schreibt, nur noch Augen für den «dummen Jungen». Salomé kümmere sich nicht richtig um sie, klagt Ricarda, räumt aber ein, daß die Freundin sicher anders wäre, wäre sie «hingebender» gegen sie. Auf jede Enttäuschung folgt vorerst noch eine neue Gemeinsamkeit. Und ‹Modern› schreiben sie trotz aller Zwistigkeiten fertig. Doch als sie es beendet haben, reagieren sie bereits derart allergisch aufeinander, daß sie sich möglicherweise nicht mehr darüber einigen können, wie viel an Wagnis sie mit der Veröffentlichung der Universitätsgeschichte einzugehen bereit sind. Vielleicht aber haben sie das Manuskript auch eingereicht, eine Ablehnung erhalten, und Ricarda Huch verlor das Interesse an dem Roman, an dem Richard so deutlich nicht gelegen war. Da inzwischen andere, nicht einmal mehr pseudonyme, Veröffentlichungen für literarischen Ruhm sorgten, konnte sie auf etwas, was «streng anonym» zu bleiben hatte, leichter verzichten.

Erst 1914 versuchte Ricarda Huch (vermutlich aus Geldgründen), ‹Modern› doch noch an den Verlag zu bringen, allerdings an den denkbar ungeeignetsten: Anton Kippenberg vom Insel-Verlag fand die Thematik des Studentinnenromans inzwischen völlig veraltet. Seitdem ist das Manuskript verschollen. In Ricarda Huchs ‹Frühling in der Schweiz› von 1938 wird es unter dem Titel ‹Der Rachedolch› noch einmal erwähnt. Sie erzählt in diesen Erinnerungen an Zürich überraschend ausführlich und mit überraschend viel Sympathie von Salomé, über die sie sich in ihren Briefen ab 1892 vorwiegend mit Groll geäußert hatte – wobei sie gelegentlich auch einräumte, daß Salomé immer zu den interessantesten und eigenartigsten Menschen gehörte, denen sie begegnet sei. Es war eben doch auch eine Liebesgeschichte. Die Enttäuschung mag beiderseits gewesen sein und – Ricarda Huchs Briefe verraten es – so schmerzhaft wie noch jede Liebesenttäuschung.

Als sie am Silvestertag 1890 aus Freiburg zurückkommt und feststellen muß, daß Salomé sie weder erbost noch geduldig erwartet, sondern ganz einfach weggezogen ist, kann sie das Richard gegenüber nur wie beiläufig erwähnen. Ihr langer Silvesterbrief an ihn klingt ohnedies betreten genug. Richards Flirt mit der Sängerin macht ihr noch immer zu schaffen und hat ihr wohl auch die Tage in Freiburg verdorben – und die einzige, die ihr helfen könnte, das zu vergessen, hat sich ihr wieder einmal entzogen! Das macht sie doppelt unsicher. Sie fühle sich «ganz als Katzengold und Kaninchenpelz», gesteht sie Richard. Und daß sie ihn neuerdings mit Angst und Herzklopfen liebe, «wie ein armer kleiner Teufel einen Engel im Paradiese, den er doch nie bekommen kann. Natürlich setzt sich der großmütige Engel ab und zu auf den Rand des Höllenkessels und streut einige Handvoll Seligkeit aus, was man dann eine Reise nach Freiburg oder ähnlich nennt».

In dieser Neujahrsnacht entsteht ein merkwürdiges Gedicht, das Ricarda Huch in keine ihrer Sammlungen aufgenommen hat, es ist so epigonal der Isolde Kurz nachgeschrieben (deren Gedichte gerade erschienen und viel gelobt sind) wie zugleich ganz eigen in seiner wilden Ekstatik, seinem unbedingten Besitzanspruch. Ein «Schöner Heil'ger» wird dort angeredet, der nur ihr gehören soll:

> …
> Gieb dich, gieb dich mir alleine,
> Lass in einem Heil'genschreine
> Dich verpacken und vergittern,
> Daß sie deinen Glanz nicht wittern,
> Nicht mehr sehn die Aureole,
> Nicht mehr küssen deine Sohle.
>
> Bange nicht um Opfergaben,
> Sollst sie doppelt, dreifach haben,
> Erd und Himmel will ich plündern,
> Will die Schuld von allen Sündern
> Auf mich laden, daß ich büßen
> Ewig kann zu deinen Füßen.

Will mich ganz vor dir verschwenden:
Doch wenn dich nach andern Spenden
Je verlangt, nach anderm Glücke,
Sieh, so brech ich dich in Stücke,
Erdenplump dich Himmelswesen!
...

Zur Abgötterei und Gewalttätigkeit dieser Strophen paßt der kleine Revolver, den sie am übernächsten Tage hervorkramt, als Marianne Plehn, zu der Zeit noch das «Frl. Plehn», kommt und sie einlädt, mit ihr Revolverschießen üben zu gehen. Daraus wird nichts, denn es stellt sich heraus, daß die Waffe erst zum Büchsenmacher gebracht werden muß, sie ist ganz verrostet seit dem Sommer 1889; Richard hatte sie ihr damals gekauft, weil sie unbedingt etwas haben wollte, mit dem sie sich umbringen könnte, sollte er einmal unerwartet sterben, vielleicht gar eine seiner Selbstmorddrohungen wahrmachen. Er hatte ihr schon das Fläschchen Gift besorgt, das sie auf ihrer Reise von Braunschweig nach Zürich am Silvestertag 1886 begleitete.

Und zur Theatralik der Huchschen Liebesgeschichte gehört als Komplement die so ganz andere, nüchterne, ehrgeizige Ricarda Huch, die am Morgen nach ihrer einsamen Neujahrsnacht feststellt, daß sie keine Zeit mehr habe, sentimental zu sein, sich hinsetzt und eine Seite ihrer Dissertation in Schönschrift bringt, weil sie glaubt, «es wäre gut und wirkungsvoll, das neue Jahr damit anzufangen».

Fräulein Dr. phil. Ricarda Huch

Ricarda Huch ist noch lange nicht fertig mit ihrer Dissertation, da beginnt die Frage sie zu beschäftigen, was nach der Promotion werden solle. Über den Vorarbeiten für die Dissertation hat sie mit einem gewissen Vergnügen entdeckt, welch «eingefleischte Historikerin» sie doch auch ist. Und während der Recherchen in Bern ist ihr eine tollkühne Idee gekommen: vielleicht sollte sie sich um eine Archivstelle bemühen? Das Berner Staatsarchiv wird seit langem provisorisch geleitet, personelle Veränderungen stehen bevor, möglicherweise wird ein Gehilfe eingestellt. Sie trägt ihren Einfall dem Historiker Alfred Stern vor, der eine Professur in Bern hatte, ehe er nach Zürich berufen wurde. Professor Stern kann nur nachsichtig lächeln: Als Frau – beim «Brotneid der Männer»! Als Fremde – gegenüber dem «Schweizer Vetterschaftswesen»! Diese Idee solle sie sich nur schnell wieder aus dem Kopf schlagen! Er rät ihr, das deutsche Lehrerinnenexamen zu machen, das schweizerische Staatsexamen würde in Deutschland nicht anerkannt, und in der Schweiz fände sie doch keine Stellung. Er kennt ein paar deutsche Damen, die Pensionate leiten, höhere Töchterschulen führen, und will ihr Empfehlungen an sie geben. Er ermuntert sie auch zur Gründung eines eigenen Mädcheninstituts – in Braunschweig zum Beispiel. Ricarda Huch fühlt sich ziemlich «zerrüttet» nach diesem Gespräch, wie sie Richard gesteht, schreibt aber, den Empfehlungen des Herrn Professors folgend, an einige deutsche Schuldamen, dazu an den ‹Allgemeinen deutschen Frauenverband›, den ‹Deutschen Lehrerinnenverein›, die beide Stellenvermittlungen führen, beginnt auch, mit einer ehemaligen Kommilitonin aus Zürich zu korrespondieren, einer Historikerin, die es ans Bryn Mawr, ein Mädchencollege in Pennsylvania, verschlagen hat. Die Nachrichten aus Deutschland sind, wie ihr der Herr Professor vorausgesagt hatte: wenn sie in Deutschland eine Stelle haben will, muß sie in Deutschland Examen machen, nach Besuch eines deutschen Lehrerinnenseminars. Es gibt Ausnahmen von dieser Regel, doch die sind selten und setzen Beziehungen voraus. Aus den Antworten wird ihr ein Groll auf das «mangelnde Entgegenkommen» der «deutschen Frauenführerinnen» bleiben, ein Groll auf die deutschen Frauen- und Lehrerinnenvereine, die sie für eine Situation verantwortlich macht, welche diese Vereine gerade abschaffen wollen: daß es in Deutschland noch keine gymnasiale Mädchenausbildung gibt, keine weiblichen Oberlehrer.

Wie intensiv Ricarda Huch die Schulstellensuche betrieben hat, läßt sich, da dazu keine Briefe erhalten sind, nicht mehr beurteilen; wahrscheinlich ist es bei wenigen Anfragen geblieben. Denn sie mag ihre Archividee nicht so schnell aufgeben. Da der Professor Stern ihr so eindringlich vom «Schweizer Vetterschaftswesen» gesprochen hat, besinnt sie sich auf das Wohlwollen, das die beiden Bibliothekare der Zürcher Stadtbibliothek ihr entgegenbringen, nachdem sie die Flugschriftensammlung aus der Zeit der Französischen Revolution für die Bibliothek katalogisiert hat. Beim zweiten Bibliothekar, Wilhelm von Wyss, der auch alte Sprachen am städtischen Gymnasium und Latein an der höheren Töchterschule unterrichtet, hat sie seit dem Sommer 1889 Privatunterricht im Griechischen genommen, der junge Mann scheint ein wenig mit ihr zu flirten: «Kätzchen» nennt sie ihn in den Briefen an Richard und «niedlich». Auf seine hagestolzige, umständliche Art macht ihr wohl auch Dr. Escher, der erste Bibliothekar, den Hof. Sie erzählt also diesen beiden ebenfalls von ihren Absichten, und sie reagieren verständnisvoller als der ob ihres Größenwahns entsetzte Professor Stern. Die Stadtbibliothek plant seit einiger Zeit, ihren vierbändigen Katalog um einen weiteren Band zu ergänzen – warum also nicht, wenn es denn dazu kommen sollte, das anstellige und gewissenhafte Fräulein Huch als Hilfskraft vorschlagen und sich damit einmal mehr als «moderne» Menschen erweisen. Als «modern» verstehen sich die beiden gern, obwohl Ricarda Huch das späterhin etwas anders gesehen hat. Jedenfalls machen sie ihr einige Hoffnungen. So geistert denn eine mögliche «1000 Franken Stelle» durch Ricarda Huchs Briefe des nächsten halben Jahres, und Dr. Escher avanciert zu «mein Escher», was die in derlei Dingen leicht mißverstehende Großmutter auf die Idee kommen läßt, er sei so etwas wie eine Neuauflage des «kleinen Müller». Doch dies «mein Escher» in Ricarda Huchs Briefen signalisiert wohl die Gewißheit, gemocht zu werden, nicht auch persönliche Sympathie. Im Gegenteil, der Umgang mit Dr. Escher ist für sie schwierig, strengt sie an. Er muß ein sehr gehemmter Mann gewesen sein, ein Sonderling, launisch, früh voller Schrullen. Aber der Zürcher Patrizier Hermann Escher war auch ein vorzüglicher Bibliothekar, dazu jemand, der seine Stellung zu nutzen wußte, ebenso wie sein Vetter und Intimus Wilhelm von Wyss, ein Neffe des Historikers Georg von Wyss, dem Ricarda Huch ihre umfangreiche, gründlich gearbeitete Dissertation einreicht. Der Professor Georg von Wyss ist nicht nur Mitglied der Bücherkommission (der beratenden und exekutiven Instanz vor dem Bibliothekskonvent), er ist zugleich der derzeitige Präsident des Konvents. Mitglied des Konvents wie der Bücherkommission ist auch Professor Meyer von Knonau, Ricarda Huchs zweiter Doktorvater, der sich über ihr «flottes Examen» freuen wird. Sie hat also Fürsprecher in allen drei Bibliotheksinstanzen, und als im Oktober endlich die Wahl einer neuen Hilfskraft für die Bibliothek beschlossen ist, gibt es laut Protokoll nur einen einzigen Kandidaten dafür: das Fräulein Dr. Ricarda Huch. Was sollte die Bürgervertretung dagegen einzuwenden haben.

Hätte sie ganz sicher sein können, die so sehr erhoffte Stelle zu erhalten, sie hätte die Prüfungen für das höhere Lehramt nicht gemacht – um dem verhaßten Schulberuf gar nicht erst eine Chance einzuräumen. Aber sie macht sie dann doch, aus Vorsicht. Irgendein Minimum muß sie haben, um schreiben zu können, und das ist es, was sie vor allem will. Schon während der Examensvorbereitungen beginnt sie ihr Drama ‹Evoë!›.

Ostern beendet Ricarda Huch ihre Dissertation, und bald darauf hört sie von Richard, Lilly sei wieder einmal schwanger. Die Nachricht führt diesmal zu keinem «Aufbäumungsparoxismus». Sie hat dafür einfach keine Zeit, und sie hat aus den Erfahrungen von 1889 gelernt – damals hatte sie Richard schließlich wieder um gut Wetter bitten müssen. Sie vermeidet, ausführlich auf seine fatale Mitteilung einzugehen, schreibt, sie müsse sich erst besinnen ... Und Richard, durch das Ausbleiben von Briefszenen und «piquanten Bemerkungen» erleichtert (vielleicht auch beunruhigt), taucht zu Pfingsten in Zürich auf, um sie zu einer Kurzreise abzuholen; ein paar Wochen darauf treffen sie sich noch einmal auf einige Tage.

Schwieriger steht es mit der diesjährigen gemeinsamen Sommerreise und einem Aufenthalt in Braunschweig, dem ersten seit ihrem Weggang. Die Großmutter, des Glaubens,

Ricarda Huch habe sich die Hoffnungen auf Richard inzwischen aus dem Kopf geschlagen, will die Enkelin wiedersehen. Auch Ricarda Huch hat Sehnsucht nach der «Grom», die sie mehr liebt, als das die anderen Familienmitglieder tun, die ihre Fuchtel nicht nur brieflich zu spüren bekommen. Einmal nach Braunschweig zu fahren, scheint ihr noch aus einem anderen Grunde notwendig – in Zürich fällt auf, daß sie so ganz heimat- und familienlos ist. Aber für Lilly ist der Gedanke unerträglich, geradezu «demütigend», daß die Schwester wieder in Braunschweig auftauchen könnte, und ihre Schwägerinnen, Richards Schwestern, fühlen und reden ihr das nach. Die Familie fügt sich in das Kommen endlich wohl nur deshalb, weil ein Nichtkommen der nun promovierten und also gewissermaßen berühmten Ricarda Huch – damals war noch jeder weibliche Doktorhut einige Zeitungsmeldungen wert – noch mehr Aufsehen gemacht hätte.

Sie schreibt ihre Klausuren: «nicht halb so aufregend wie die Reise in die himmlische Hölle Deiner Arme!», wie sie Richard versichert, mit dem sie zwischendurch ihre Sommerreise verhandelt: Vor Braunschweig? Nach Braunschweig? Sie wäre auch noch kurz vor den Examina für längere Zeit mit ihm verreist. Nachdem sie am 18. Juli, ihrem siebenundzwanzigsten Geburtstag, die letzte mündliche Prüfung abgelegt hat, fährt sie sofort los, überläßt es sogar Frau Wanner, die freudige Nachricht nach Braunschweig zu telegrafieren. Sie treffen sich für zwölf Tage am Rhein. Dann reist Richard mit der schwangeren Lilly nach Bayreuth und Ricarda Huch über Pyrmont, wo die Kusinen Hähn zur Kur weilen, nach Braunschweig. Anschließend verbringt sie ein paar Tage mit Rudolf in Bad Harzburg, um von dort aus nach Zürich zurückzufahren. Nicht ohne Richard ein zweites Mal zu treffen: in Börßum, wo sie aus der Harzbahn in den Schnellzug nach Basel umsteigt, sitzt er bereits im Coupé. Dies «Börßum, wo Du mit so brennenden Augen in der Coupéecke saßest» wird von ihr später des öfteren erinnert werden. Das Treffen muß von einer ungeheuer erleichternden Wirkung auf sie gewesen sein. Denn in Harzburg war ihr das Herz so schwer, wie in einem Briefe steht, den sie hastig mit Bleistift kritzelt (und gleich noch zum Briefkasten trägt), während Rudolf Mittagsruhe hält. Wieder einmal hat sie ein schlechtes Gewissen, wenn sie an die Tage am Rhein mit Richard denkt. Kalt sei sie zu ihm gewesen, schreibt sie, gekränkt habe sie ihn, aber sie konnte nicht anders: sie sei so unglücklich gewesen.

Es hat keine Ferienbesuche in Braunschweig mehr gegeben. Die Großmutter verbat sie sich regelrecht, als sich im folgenden Jahr herausstellte, daß das Verhältnis zwischen Richard und Ricarda eben doch nicht beendet war. Und Ricarda Huch bestand auch nicht mehr darauf – trotz der gelegentlichen Furcht, in Zürich als «Vagabundin» angesehen zu werden. Wieder in Zürich zu sein, das erfüllte sie nach den Tagen in Braunschweig und Bad Harzburg geradezu mit einem Glücksgefühl – wie hatte sie diese «furchtbare Kleinlichkeitsduldung» in Braunschweig jemals ertragen können!

Es kommen dennoch ein paar ungemütliche Wochen in Zürich, die sie mit dem Durchsehen ihrer Dissertation für den Druck und mit Arbeiten an ‹Evoë!› und ‹Modern› ausfüllt. Erhält sie nun die Stelle, auf die sie all die Monate über heimlich gehofft hatte, oder muß sie sich doch noch eine Lehrerinnenstelle suchen? Wieder schreibt sie an Schulinhaberinnen und Vereine, sogar an eine Stellenvermittlung für deutsche Lehrerinnen in Amerika.

Doch im November 1891 wird sie als Halbtagskraft an

der Stadtbibliothek Zürich angestellt, mit einem Jahresgehalt von 1500 Franken. Professor Stern ist so beeindruckt, daß er erklärt, diese Stelle sei für eine Frau etwas Außerordentliches, es müsse in den Zeitungen publiziert werden. Das wird es denn auch und macht Aufsehen. Joseph Viktor Widmann ernennt Ricarda Huch zur «Muse der Stadtbibliothek». Doch die sieht sich bald nüchterner als «Mädchen für alles». Zwar war sie die Favoritin für diese Stelle gewesen, die durch die Katalogerweiterung notwendig wurde, aber ihre voraussichtliche Tätigkeit wird in den Bibliotheksprotokollen ausdrücklich als die einer Hilfskraft beschrieben, nicht direkt an der Katalogisierung sollte sie beteiligt sein, sondern nur an den Zuarbeiten, eben als «Sekretär», ein Beruf, den es damals mit weiblicher Endung noch nicht gab. Die Stelle war nur bis einschließlich 1895 genehmigt, und sie wird vorzeitig wieder gestrichen, als Ricarda Huch sie Ende 1894 aufgeben muß, da ihr die Lehrtätigkeit an der höheren Töchterschule der Stadt Zürich, die mehr Zukunft verspricht, keine Zeit mehr dafür läßt.

Obwohl es vor allem die Protektion von Dr. Escher war, die den Einzug einer ersten Akademikerin in die heiligen Hallen der Stadtbibliothek ermöglicht hatte, kann sich Ricarda Huch, als sie erst einmal da ist, des Gefühls nicht erwehren, daß ihm ihre Anwesenheit eher peinlich sei, daß man sich ihrer schäme und sie vor dem Publikum zu verstecken trachte oder glaube, ihr, einer Dame, den Umgang mit dem Publikum nicht zumuten zu können – die persönliche Behandlung sei natürlich exquisit, beruhigt sie Richard. Sie wird vor allem mit Schreibkram beschäftigt, turnt während der Bestandsaufnahme für den Katalog auf drei Meter hohen Leitern herum, um dem zweiten Bibliothekar, der unten bequem an einem Tischchen sitzt, die einzelnen Buchtitel vorzulesen. Kurz, sie ist genau das, als was Dr. Escher sie in seinem humoristisch-gravitätischen Gratulationsschreiben zu ihrer Anstellung bezeichnet hatte, die «Schriberin und Gehilfin derer Schaffner der Liberei».

Trotz alledem genießt sie die Bibliothek, die damals noch in der alten Wasserkirche an der Limmat untergebracht ist, den ihr gelegentlich gestatteten Umgang mit dem Publikum, die «unbeschreibliche Wollust», von so vielen Büchern umgeben zu sein. Genießt auch das neue Ansehen, das die Stelle ihr verschafft. Und doch – an der Eingeschränktheit ihres Verkehrs ändert sich nichts, die Familien, zu denen sie Zutritt hat, bleiben die nämlichen, die schon die Doktorandin einluden: das aus Deutschland kommende Ehepaar Stern, Meyer von Knonau, der eine deutsche Frau hat. Mit dem jungen Ehepaar von Wyss scheint sie keinen Umgang gehabt zu haben, sie hätte Richard sicher davon berichtet. 1890 hatte sie ihm geschrieben, wie erleichtert sie darüber sei, daß der frischverheiratete Wilhelm von Wyss einen kurzen Besuch bei ihr gemacht habe, um ihr seine Frau vorzustellen – «weil es doch eine Ungezogenheit gewesen wäre, wenn er es nicht getan hätte». Sie vermag Richard, der sich wegen ihrer mangelhaften, ihm auch zu einseitigen gesellschaftlichen Kontakte sorgt, nie recht begreiflich zu machen, warum sie so fast ausschließlich auf den Umgang mit Studentinnen angewiesen ist, daß es eine Kommunikation zwischen den Zürcher Bürgern und den Frauen, die in ihrer Stadt studieren, nicht gibt, daß das Vorurteil gegen die Studentinnen unter ihnen nicht weniger ausgeprägt ist als in Braunschweig, daß in Zürich eben nur viel mehr auf ihrer Seite sind und daß es innerhalb des offiziellen Zürichs ein zweites Zürich gibt, das studentische – das sich dann freilich noch einmal in ein männliches und ein weibliches trennt.

Salomé ist auch nicht damit einverstanden, daß Ricarda manchmal in Professorengesellschaft geht, sie argwöhnt Sympathie mit den Professorengattinnen, Verrat an der Sache der Studentinnen. Und mit derlei geht Salomé ihr auf die Nerven; Ricarda Huch sieht das humoristischer, genießt solche Abende wie eine Art komischer Darbietung: «Mittwoch Abend war ich in Gesellschaft bei Meyer von Knonau, lauter Professoren mit ihren Weibern, es war eine Studie, drei Feuilletons könnte ich darüber schreiben. Frauen sagten nichts aus Respekt vor den Professoren, kein Professor wagte über etwas zu sprechen, was das Fach des andern anging, und da nun Professoren der Geschichte, Literatur, Kunstgeschichte und Theologie vertreten waren, blieb bedenklich wenig von allgemeinem Interesse übrig. Ich sagte zwar sowieso nichts, weil die andern Damen alle nichts sagten, die doch verheirathet und älter als ich waren. Bemühte mich aber die ganze Zeit aus allen Poren zu lächeln.»

Vielleicht ist ihr Salomé inzwischen auch zu tollkühn in ihrer Nichtbeachtung der Anstandsregeln, zu sehr aufs Provozieren aus. In der Pension, in der sie Gottlieb Diesser begegnet war, hat es bald Kräche gegeben. Möglicherweise droht ähnliches auch in der neuen Pension, die Salomé sich inzwischen gesucht hat. Und da Ricarda Huch des Alleinhausens und ihrer abgelegenen Wohnung leid ist, tauschen die beiden, die immer noch Freundinnen sind, die Quartiere: Salomé zieht ab 1. November zu den freundlichen Gärtnersleuten in die Nordstraße 34 und Ricarda in die Pension von Sophie Walder, die sich damals ganz in der Nähe der Stadtbibliothek befindet, im Haus «Zum Meerfraueli», Untere Zäune 11. Sophie Walder hat eine Kosthalterei, also relativ viele Gäste zum Mittags- und Abendtisch und eine beschränkte Anzahl von Pensionären. Das Logis, das 125 Franken im Monat kostet (als Pensionärin bei den Fritzsches hatte sie 90 Franken bezahlt), ist eigentlich zu teuer für Ricarda Huch - es frißt ihren gesamten Bibliotheksverdienst. Aber vielleicht glaubt sie sich etwas gönnen zu dürfen nach all den ausgestandenen und bei all den noch zu erwartenden Strapazen. Und Richard, dem sie vom Wohnungstausch mit Salomé erst berichtet, als er beschlossene Sache ist, kann ihr Umzug nur recht sein: in einer Pension weiß er sie unter Leuten.

Vielleicht glaubt Ricarda Huch damals auch noch, sie könne mit Schreiben schnell Geld verdienen. Joseph Viktor Widmann, der Feuilletonredakteur vom Berner ‹Bund›, hat bereits im Frühjahr ihre unter Pseudonym erschienenen ‹Gedichte› überaus beifällig rezensiert, wenig später auch, mit einigen Abstrichen, ihr Lustspiel ‹Der Bundesschwur› - eine Weile hofft sie tatsächlich auf dessen Aufführung. Im November 1891 hat sie Widmann zum ersten Mal in Bern besucht, schrecklich aufgeregt und verlegen vor dem einflußreichen Manne, von dem sie sich dann doch wie ein «regelrechter Dichter» behandelt fühlt. Er hat ihr sogar versprochen, nach Weihnachten ihr noch ungedrucktes Stück ‹Evoë!› zu lesen, zu dem Richard nur ein halbes Zutrauen hat (Widmann wird es Wilhelm Hertz in Berlin zum - honorarfreien - Druck empfehlen). Auch zur Mitarbeit an seinem Sonntagsblatt des ‹Bund› ist sie aufgefordert. Und dazu kommt damals noch die Hoffnung auf ‹Modern›, mit dem sie zwar leider nicht berühmt werden kann - aber vielleicht reich?

Bereits zu Ostern 1892 wird sie eine ihr angebotene kleine Stelle an einer privaten Mädchenschule, die sie erschrocken erst abgelehnt hatte, annehmen: sie braucht noch ein sicheres Einkommen neben dem halben an der Bibliothek. Und: Quo dii vocant eundum – zu gehen, wohin der Tag dir sagt, gehörte zu den Devisen der Zürcher Studentinnnen. An der (von ihr ironisch so genannten) «Dreifräuleinschule» der Schwestern Wetli in Hottingen wird sich sehr schnell herausstellen, daß sie – wie bei ihrer Schüchternheit vorauszusehen – für den Lehrerinnenberuf keinerlei Talent hat und also kreuzunglücklich dabei ist. Trotzdem läßt sie sich ein Jahr darauf von der höheren Töchterschule der Stadt Zürich engagieren.

Doch am Ende des Jahres 1891 ist sie in einer gewissen Hochstimmung – überall Verheißungen und neue Anfänge. Sie genießt ihre teure Wohnung, die, wie sie an Widmann schreibt, «ziemlich viel individuellen Reiz» hat, «es ist so eine altertümliche mit ungeheurem Ofen und merkwürdigen Fenstern». Ebenso wie sie den Pelzmantel genießt, den Richard ihr geschenkt hat – er hatte schon im vergangenen Jahr versucht, sie mit einem Pelz über ihre Katerstimmung wegen seines Flirts hinwegzutrösten, damals hatte sie ihm das Geschenk als doch zu unpassend für ihre Verhältnisse ausgeredet, nun nimmt sie es ganz selbstverständlich an, als Belohnung für ihre errungenen Erfolge. Oder für ihre Tapferkeit im Ertragen privater Unbill? Nach Jahren erhält Richard am 1. Dezember wieder einmal ein poetisches Geschenk: «12 verliebte Reime zu Deinem Geburtstag». Und hatte der Silvesterbrief vom vergangenen Jahr bänglich geklungen, so liest sich der, den sie ihm diesmal schreibt, als sei zwischen ihnen beiden alles in bester Ordnung. Der Bruder Rudolf hat ihr, wie Weihnachten üblich, ein Geldgeschenk gemacht, und sie hat sich dafür eine kleine verschließbare Truhe gekauft, ein «Liebesarchiv», in dem Richards Briefe und die Fotos von ihren gemeinsamen Reisen aufbewahrt werden sollen, kurz «Ackten Richard».

Davor sitzt sie nun, nachdem sie, gemeinsam mit Marianne Plehn und Frau Wanner, bei der Plehn derzeit wohnt, am See dem Neujahrsläuten der Zürcher Glocken zugehört hat. Von Lilly und dem erwarteten Familienzuwachs kein Wort, aber Freude über seine Freude an ihren zwölf Reimen – «das mit dem Lebensbaum» findet sie besonders hübsch; in ihre Gedichtsammlungen hat sie den Reim mit dem Titel ‹Wenn er schläft› nie aufgenommen:

    Ihr seid das Paradiesesthor,
    Geschlossne Augenlider.
    Voll Ungeduld steh ich davor,
    Ach, öffnet euch doch wieder!
    Ich steh' davor und wage kaum
    Am Gitter sacht zu rütteln.
    Da rauscht's in meinem Lebensbaum!
    Wer mag sich Äpfel schütteln?

Sie treffen sich im Januar, wo ist nicht bekannt, für ein paar Tage, nachdem in Braunschweig alles ausgestanden ist, Lilly wieder einmal eine Fehlgeburt gehabt hat, die von der Großmutter so kommentiert wird, daß man annehmen darf, ein Kind wäre unerwünschter gewesen.

    Nur: so in Ordnung, wie die Briefe glauben machen möchten, ist mitnichten alles zwischen ihr und Richard. Bei Frau Walder logieren und essen vorwiegend Damen, ab und an jedoch verirrt sich auch ein Mann in das Etablissement, das Vetter Hans Hähn ironisch «euer Kloster» nennt. Im Januar 1892 zieht dort der Chemiestudent Edouard Marmier ein. Er kommt aus Sévaz in der welschen Schweiz, ist streng katholisch und sechs Jahre jünger als Ricarda Huch, spielt Geige, spricht wenig, hat aber dunkle lebhafte Augen in einem sonst eher häßlichen

Gesicht und wohl gerade durch seine Schweigsamkeit einen etwas rätselhaften Charme, der Ricarda Huch sofort gefangennimmt. Die Sache wird spannend, als Frau Walder auf die Blickwechsel bei Tische aufmerksam wird, aus Eifersucht, wie Ricarda Huch meint. Aber es wird wohl eher die Aufmerksamkeit der erfahrenen Pensionswirtin gewesen sein, die darauf achten muß, daß sich keine Skandale in ihrem ehrbaren Hause anbahnen – vielleicht hatte es ja kurz zuvor wirklich Ärger mit dem Fräulein Neunreiter gegeben.

Als Ricarda Huch Richard zum ersten Male von dem «kleinen Marmier» erzählt, geschieht das in humoristischem Ton, sie will Richard unterhalten, und natürlich will sie ihn auch ein wenig eifersüchtig machen. Doch sie verliebt sich rasch in die Idee von ihrer Liebe zu dem kleinen Marmier, zumal der junge Mann ihr rätselhaft bleibt: interessiert er sich nun eigentlich für sie oder nicht? Und ob nun echte Anziehung oder nur ein Spiel ihrer Phantasie – die «Geschichte mit dem kleinen Marmier» hat von Anfang an mehr Bedeutung, als sie sich und Richard eingestehen möchte, aus einem ganz einfachen Grunde: Richard ist fern, und der andere ist nah. Welche Faszination der junge Westschweizer auf sie ausübt, verrät schon der geheimnisvoll schweigende Mönch mit den dunklen brennenden Augen, der ihrer ‹Haduwig im Kreuzgang› begegnet; im Manuskript trägt die im August 1892 im Sonntagsblatt des ‹Bund› veröffentlichte Erzählung den Untertitel ‹Eine Geschichte zum Katholischwerden›. – Es ist dies der erste von mehreren Auftritten des Edouard Marmier in ihrer Prosa, er hat Ricarda Huchs Phantasie noch beschäftigt, als er bereits tot war, im märchenhaften Städtebild ‹Estavayer› (1932), und als sich längst herausgestellt hatte, daß sein Geheimnis eben nur das anhaltende Schweigenkönnen war. Das freilich muß zauberisch genug gewesen sein; Marie Baum hätte sich, ehe sie Zürich verließ, fast mit dem jungen Chemiker verlobt.

Der kleine Marmier liefert Ricarda Huch 1892 Anlaß für allerlei Nachdenklichkeiten: was wäre, wenn in ihre Liebe zu Richard, die sie immer für schicksalhaft, für unauflöslich gehalten hat, ganz unerwartet ein Dritter träte. An dieser Idee baut sie herum, sie soll im Mittelpunkt ihres nächsten Dramas stehen – damals gerät ihr noch fast jeder größere Einfall zum Entwurf für ein Stück. Sie hat gleich nach ‹Evoë!› an zwei andere Dramen gedacht, einen ‹Jeremias›, für den sie ausgiebig das Alte Testament studierte («ich könnte jederzeit Cicerone in Jerusalem werden») und einen ‹Heinrich der Löwe› aus dem braunschweigischen Sagenkreis. Die Geschichte von der Gefährdung der Liebe durch eine neue Liebe ist zum ersten Mal kein historischer Stoff.

Der erste Roman

Als sie Richard im Sommer 1892 in Regensburg trifft, wird das «Drama aller Dramen» eifrig erörtert. Und Richard, noch weit davon entfernt, den Pensionsflirt seiner Geliebten mit einem kleinen Studenten für mehr als eine Kaprice zu nehmen, bestärkt sie in diesem Dramenplan. Er ist nur allzu froh darüber, sie wieder mit einem größeren dichterischen Vorhaben beschäftigt zu wissen. Und damit abgelenkt von zuviel Aufmerksamkeit auf seine Person, von den Erörterungen darüber, was denn werden solle mit ihnen beiden – insgeheim ist er vermutlich längst zu dem Schluß gekommen, daß er sich überhaupt nicht scheiden lassen kann, ein Skandalprozeß würde das Ende seiner respektablen und beruflich erfolgreichen Existenz in Braunschweig bedeuten.

Ricarda Huchs Briefe verraten uns nicht, wie weit das «Drama aller Dramen» gedieh, nur daß sie im Spätsommer 1892 eifrig daran arbeitete. Doch dann verschmolz sein Thema plötzlich mit einem anderen Stoff, es ging ein in die ‹Erinnerungen von Ludolf Ursleu dem Jüngeren›. Einen «angefangenen Roman» hatte sie Richard gegenüber bereits im Januar 1888 erwähnt: es war zweifellos ihr eigener Roman, den sie schreiben wollte, die Geschichte ihrer komplizierten Liebe, und vorerst offenbar nicht schreiben konnte – in den Briefen der nächsten Jahre, in denen viele literarische Pläne erörtert werden, ist von dem «angefangenen Roman» keine Rede mehr. Im September 1892 schickt ihr Richard Huch einen Zeitungsausschnitt: der ein Jahr zuvor gegründete Verein für Bücherfreunde in Berlin (ein Vorläufer späterer Buchgemeinschaften) hat die damals beachtliche Summe von 5000 Mark als Preis für ein Romanmanuskript von 16–23 Bogen Umfang ausgesetzt, einzureichen bis zum 1. Januar 1893. Richard weiß, daß so etwas sie stets interessiert, ihre historische Novelle ‹Die Hugenottin›, die durch Widmanns Vermittlung gerade in der ‹Schweizerischen Rundschau› erscheint, verdankt ihr Entstehen dem Preisausschreiben eines schweizerischen Familienwochenblattes. Und es ist diese Annonce des Vereins für Bücherfreunde, die Ricarda Huch wieder an das alte Romanvorhaben erinnert; sie erkennt, daß das «Drama aller Dramen» ihrem Roman eine Struktur, einen Rahmen gibt, und beginnt tatsächlich ohne langes Überlegen die ‹Erinnerungen von Ludolf Ursleu dem Jüngeren› zu schreiben. Es erweist sich, daß sie Distanz zu ihrer Geschichte gefunden hat, die wegen allzu großer Nähe bislang nicht erzählbar war. Das Nachdenken über die formale Gliederung des ursprünglich geplanten Dramas mag diese Distanz befördert haben. Dazu hat das Marmier-Erlebnis ihre Gefühle für Richard zumindest eine Zeitlang relativiert. Ihr vorerst noch unbewußt, mag auch die Lektüre Nietzsches, den sie 1891 zuerst mit dem ‹Zarathustra› und gleich darauf mit der ‹Geburt der Tragödie› kennengelernt hatte, von einigem Einfluß gewesen sein. Überflüssig zu sagen, daß sie sich durch Nietzsche in ihrer Ausnahmesituation bestätigt fühlte; wichtiger noch war, daß seine Prosa sie in ihrer Abneigung gegen die naturalistische Schreibweise bestätigte, ihrer Vorliebe für dichterische Überhöhung, ihrem Bemühen um eine «untriviale Sprache».

Den Namen Ursleu hat sie in alten braunschweigischen Denkwürdigkeiten gefunden, in denen von einem Cord Ursleue erzählt wird, der seinen Vater erschlug, weil der ihm nicht so viel Geld gab, wie er gefordert hatte – das ist nicht ohne Bezug auf die Kämpfe in der eigenen Familie. Dem Wunschdenken entspringt die Erhebung der außenseiterischen, abenteuernden Familie der Huchs, deren Mitglieder den Ursleuen des Romans Modell gestanden haben, ins hanseatische Patriziat. – Es ist diese Stilisierung des (bereits für die Zeitgenossen unverkennbar) autobiographischen Materials, welche die Legende von der großbürgerlichen Herkunft der Autorin Huch hat entstehen lassen.

Zum Vorbild für ihre Erzählerfigur Ludolf Ursleu wird der Bruder Rudolf, der ihr einmal sehr nahestand, ihr mit seiner Lebensungeschicklichkeit und seinen Depressionen inzwischen aber lästig zu werden beginnt. Ihm leiht sie die eigene Studienzeit in Zürich, gibt ihm anschließend eine Zuflucht im stillen Kloster Einsiedeln und läßt ihn dort die Chronik der Familienereignisse rekapitulieren, jene ängstigende Folge von finanziellen Zusammenbrüchen und jähen Todesfällen. Ihre Kindheits- und Jugenderinnerungen, die in dem Roman einen breiten Raum einnehmen, haben sich während der Jahre in Zürich längst zu blanken Anekdoten und Bildern geformt. Auch die Sprache, in der sie Ludolf erzählen läßt, lebt von Reminiszenzen: an die stark sentenziös und redensartlich geprägte Familiensprache der Huchs. Sie macht sich selbst zur schönen, klugen Galeide, die in Genf Musik studiert und eine berühmte Geigerin wird, macht Richard zum edlen Patrizier Ezard, der sich in der Wahl seiner Ehefrau geirrt hat, macht aus der Schwester Lilly eine Erzieherin aus der Westschweiz, die zum Unterricht der jungen Galeide ins Haus Ursleu gekommen war, und gibt dieser Lucile Züge von Salomé Neunreiter, an der sie in letzter Zeit enttäuscht beobachten will, was sie nun als den Fehler von Lucile beschreibt: daß sie sich in der Liebe nicht festzuhalten vermochte, ihr Selbst an den geliebten Mann verlor. Sie gibt Lucile einen Bruder, der Gaspard heißt, und zeichnet ihn nach dem Modell des Edouard Marmier. Da sie Ludolf-Rudolf erzählen läßt, darf sie im Roman den Aufstand gegen seinen Zauber proben, ihn respektlos Kasper nennen und aus der abgeklärten Sicht des Bruders Psychologie an seinen und ihren eigenen Gefühlen treiben. Die Cholera, die 1892 in Hamburg wütete, gibt, einmal ins Romangeschehen transponiert, die Möglichkeit, Ricarda-Galeides Nebenbuhlerin wenigstens in der Phantasie endlich aus dem Wege zu räumen: Lucile stirbt, zur unverhohlenen Erleichterung des sündigen Paares. Statt sich aber nun Ezards zu freuen, verliebt sich Galeide bald darauf in Gaspard und endet ihre Verwirrung, indem sie sich aus dem Fenster stürzt. Ezard übt sich in Resignation und Pflichterfüllung. Gaspard wird, was sein Vorbild in der Phantasie der Autorin von jeher am besten kleidete: Mönch. Und, seinem Beispiel folgend, tritt auch der weltmüde Ludolf Ursleu zum Katholizismus über und geht ins Kloster.

Als tragisch, als schicksalhaft wurde ihre Familiengeschichte von den Huchs gern begriffen und wiedergegeben, wie die melodramatische Schilderung des Hochzeitsfestes von Lilly und Richard in Marie Huchs Lebenserinnerungen zeigt. Ob denn wohl ein «Fluch» auf ihrem Geschlecht liege, hat auch Ricarda Huch sich gelegentlich gefragt. Doch trotz der Häufung von verhängnisvollen Ereignissen und Todesfällen und einiger Unwahrscheinlichkeiten in der Handlungsführung kommt die Spannung ihres Romans nicht aus dem rätselhaften Dunkel einer Schicksalstragödie; das Geschehen entwickelt sich aus den einzelnen Charakteren, und deren Zeichnung verrät – mit Ausnahme der allzu edlen Konturen des Paares Ezard-Galeide – eine scharfe, sogar boshafte Beobachtungsgabe und den Mut zum Unkonventionellen. Die Schilderungen und Eingeständnisse von Gefühlen des Hasses, der Leidenschaft, der Rache und der Genugtuung sind ganz unverbrämt in diesem Roman: wo die Pietät Trauer vorschriebe, da steht Erleichterung, wo Mitleid, da Erbarmungslosigkeit, eine kühle Einsicht ins Folgerichtige. Ohne Scheu wird auf die labile psychische Konstitution der Familie verwiesen, der 1887 gestorbene depressive Vater erscheint im Roman so, wie ihn seine Kinder erlebten: als eine Bedrückung. Sein Tod wird zum Selbstmord.

Der Roman entsteht schnell, als wäre alles längst bereit gewesen, das Gewebe aus Erinnerungen und Familiengeschichte, die Sprache, die Erzählperspektive. Wenn die Niederschrift einige Male für ein paar Tage stockt, dann nicht, weil der Stoff sich sperrte, die Handlung sich verknotete, sondern weil es Störungen von außen gibt, Gezänk mit Salomé zum Beispiel, die die Selbstgewißheit der Schreibenden stören. Richard, dem sie das Manuskript stückweise in hastig vollgekritzelten Schulheften schickt, ist beeindruckt. Er begreift den Roman als einen neuen Werther und meint bald, daß er für das triviale Programm des Vereins für Bücherfreunde viel zu schade sei. Sich abermals zu Ricarda Huchs Agenten machend, schlägt er ihn Wilhelm Hertz vor. Der Berliner Verleger zeigt sich tatsächlich interessiert; Ricarda Huchs Schauspiel ‹Evoë!› war von ihm 1892 vor allem aus Gefälligkeit gegenüber Widmann verlegt worden, honorarfrei, vermutlich sogar mit einem Druckkostenzuschuß durch Richard Huch, ein Roman der nun eingeführten Autorin verspricht vielleicht sogar ein Geschäft zu werden.

Anfang Dezember 1892 ist der Roman fertig – sie sei ordentlich froh gewesen, als sie endlich alle tot hatte, schreibt Ricarda an Richard Huch. Dann bringt sie, den Tag durch verfrühtes Aufstehen und verspätetes Zubettgehen streckend, das Manuskript in Reinschrift, und noch vor Weihnachen schickt sie es zur Durchsicht nach Braunschweig und Anfang Januar 1893 nach Berlin an den Verlag von Wilhelm Hertz.

Richard Huchs Freude an dem Manuskript trübt sich, als er den Schluß liest, ja dieser Schluß stürzt ihn geradezu in Verzweiflung: er nimmt ihn als Beweis dafür, daß Ricarda das Vorbild für den Gaspard mehr liebt als ihn. Ricarda Huchs Bitten, der Geliebte möge den Roman nicht mit dem Leben verwechseln, haben wenig Erfolg. Sie hat alle möglichen «Verbesserungsattentate» abzuwehren, Richard schlägt ein Duell zwischen Gaspard und Ezard vor, meint auch, Ezard müsse aus Verzweiflung über Galeides Tod am Schluß ebenfalls sterben, schließlich denkt er gar an einen guten Ausgang der Geschichte. Vetter Hans Hähn, der in München Jura studiert, im Laufe der letzten beiden Jahre zum Vertrauten des heimlichen Paares geworden ist und die Weihnachtstage in Zürich verbringt, muß bemüht werden, um Richard nicht nur klarzumachen, daß beispielsweise ein glückliches Ende unkünstlerisch wäre, sondern auch, daß der «kleine Marmier», den er in der Pension kurz kennengelernt hat, als Rivale ganz ungefährlich ist. Dafür hat Hänschen Hähn seinerseits Einwände: die Figur der Lucile im Roman mißfällt ihm, Lilly sei in Wahrheit sympathischer, meint er, und Ricarda möge bitte Lilly schildern. Gerade das nun wollte oder konnte die Autorin aus begreiflichen Gründen nicht, allerdings hält auch sie die Figur der Lucile inzwischen für verfehlt: Salomé passe eben nicht für die Rolle. Andere Charaktere scheinen ihr zu wenig ausgearbeitet, sie merkt auch, daß einige Verkürzungen in der Romanhandlung noch die ursprüngliche

Dramenkonzeption verraten. Doch, auch wenn sie allen möglichen Beanstandungen recht gibt und selbst welche hat: sie erklärt, sie könne nun nichts mehr ändern, alles müsse so bleiben, wie es halt sei. Und davon geht sie nicht ab. Sie hat abgeschlossen mit der Geschichte. Diese Einstellung gegenüber ihren Arbeiten wird der Prosaautorin Huch bleiben. Sie wird weiterhin schnell schreiben und das einmal Geschriebene nicht mehr ändern mögen. Der Roman hat sie auch erschöpft, so erschöpft, daß sie krank wird, sie bekommt Gerstenkörner – ein Übel, das sich all die Jahre, die sie noch in Zürich lebt, wiederholen wird, nach einem Jahr exzessiven Arbeitens kommen Weihnachten die schlimmen Augen.

Und gleich Anfang Januar muß sie schon wieder an eine neue Arbeit gehen, sie ist aufgefordert worden, für das nächste Kränzchenfest des Lesezirkels Hottingen im kommenden März eine kleine szenische Dichtung zu schreiben, die sich von Lothar Kempter, dem Kapellmeister des Zürcher Stadttheaters, gefällig in Musik setzen läßt. Der Lesezirkel Hottingen, 1883 von den Brüdern Hans und Hermann Bodmer gegründet, ist inzwischen ein in Zürich hochangesehener literarischer Verein, die jährlichen Kränzchenfeste mit einer musikalisch-dramatischen Aufführung durch Laiendarsteller und darauffolgendem Ball gehören zu den gesellschaftlichen und kulturellen Ereignissen der Stadt. Es steht für Ricarda Huch ganz außer Frage, daß sie, koste es, was es wolle, der ehrenvollen Einladung nachkommen wird; eine Singspielfassung des Märchens ‹Dornröschen› will sie schreiben.

Sie ist so in Hektik und Arbeitsnöten, daß ihr auch für ein paar Tage mit Richard keine Zeit bleibt – das zu lesen muß für ihn eine Ungeheuerlichkeit gewesen sein. Ist sie doch sogar während der Examensvorbereitungen mit ihm gereist, wann immer und wohin immer er gewollt hatte. Zum ersten Male fühlt er sich verletzt durch ihren Ehrgeiz, der ihm sonst so gelegen kam – die renitente Verfasserin des Urslëu-Romans ist nicht mehr nur sein «Violinchen», das ihm, dem «Meister», zum Lobpreis Verse geigt. Ja, er fühlt sich ihr unterlegen und sagt ihr das auch – zu ihrem Kummer, sie will ihren Gott behalten. Doch um ihn seiner Herrlichkeit so recht überzeugend zu versichern, fehlt ihr momentan die Zeit. Ihre hastigen Briefe erschrecken ihn, er schlägt ihr wieder einmal vor, sie sollten sich seltener schreiben. Das allerdings erweist sich diesmal als ein Fehler; was als Strafmaßnahme gegen sie gedacht war, wendet sich gegen ihn: in den Verhandlungen mit Hertz wird er nicht mehr um Rat gefragt werden und verliert damit auch den Einfluß, den er bislang als ihr literarischer Agent gehabt hatte und den er, so sehr der Roman ihn nach wie vor auch irritieren mag, gern behalten hätte.

Ricarda Huch, betroffen von seinem Betroffensein und der neuen Entfremdung, spürt nicht nur seine Eifersucht nun auch noch auf ihr Schreiben, sie ahnt auch, daß er inzwischen Angst vor dem Effekt hat, den der Roman in Braunschweig machen wird. Sie fühlt sich scheußlich – hat sie sich zu weit vorgewagt? Aber zurücknehmen kann sie nichts mehr, ist sie doch selbst ganz überrascht, daß sie etwas, was sie so lange schon zu schreiben vorhatte und nicht schreiben konnte, «jetzt schon» hat schreiben können. Die Zoologin Marianne Plehn, der es als Kostgängerin der Pension Walder seit nunmehr einem Vierteljahr beschieden ist, die Euphorien und Verzweiflungen der Freundin um diesen Roman mitzuerleben, nimmt die zu erwartenden Empfindlichkeiten im fernen Braunschweig nicht sonderlich tragisch. Insgeheim mag ihr Braunschweig ohnedies etwas eng vorgekommen sein. Marianne Plehn ist zwar durchaus konservativ und weiß mit den Emanzipierten vom Schlage des ihr unsympathischen Fräulein Neunreiter wenig anzufangen, doch in der westpreußischen Gutsbesitzerfamilie, aus der sie kommt, denkt man nicht nur liberal genug, um Söhnen und Töchtern gleiche Ausbildungschancen zuzubilligen, Mariannes Schwester Rose hat in München Malerei studiert, auch eine gewisse Liberalität im Umgang miteinander scheint in der Familie selbstverständlich zu sein – daß Mimi von Geyso, Roses Studienkollegin, ganz offenkundig auch deren Lebensgefährtin ist, wird von Marianne und ihren beiden Brüdern stillschweigend toleriert. Was Braunschweig sagt, kümmert Marianne Plehn also vermutlich wenig, sie meint aber, die Freundin auf eine andere Enttäuschung vorbereiten zu müssen: der Roman werde nicht sonderlich viel Erfolg haben, prophezeit sie, er sei viel zu apart und heikel für ein an herkömmlichere Kost gewöhntes Publikum.

Und tatsächlich kommt Anfang Februar 1893 das Manuskript aus Berlin zurück, mit einem seltsamen Brief von Hans Hertz, dem Sohn und Kompagnon von Wilhelm Hertz. Der Brief, dem man anmerkt, wieviel Mühe seine Abfassung gekostet hat, enthält kein Wort zum Lob des Manuskriptes, wohl aber die Mitteilung, «daß es nach unserer Überzeugung nicht den allgemeinen Eingang finden möchte, den wir dem ersten Auftreten einer Arbeit Ihres Talents und Ihres Geistes wünschen müßten. Von einer schriftlichen Begründung dieser Ansicht werden Sie uns gewiß entbinden, sie wurzelt in der Erfahrung und in einem Gefühl, das wir für sicher ansehen; daß wir sie unbefangen aussprechen, werden Sie unserem aufrichtigen Interesse an Ihrer Person und Arbeit zu Gute halten. Aber der gerechte Zweifel, ob wir recht thun, ein Gewicht auf die Richtigkeit jenes Eindrucks zu legen, läßt uns den Vorschlag und die Bitte stellen Ihr Werk und unser Wort einem Dritten vorzulegen, etwa dem verehrten Herrn Dr. Widmann und von ihm ein Votum zu fordern, ob er mit uns glaubt, daß es zweckmäßig erscheine, die Publikation zur Zeit noch zurückzustellen.»

Ricarda Huch braucht einige Tage, dazu die tröstlich nüchterne Betrachtungsweise des Frl. Plehn, um zu begreifen, daß der Brief noch keine endgültige Absage bedeutet. Als sie es begriffen hat, ist es ihr peinlich, Widmann schon wieder in Anspruch nehmen zu müssen; sie tut es aber schließlich doch.

Widmann liest das Manuskript und versteht die Bedenken des Goethe- und Bettina-Verehrers Hertz nicht so recht – Widmann weiß damals noch nicht, was Wilhelm Hertz weiß, daß Ricarda Huch ihre eigene Geschichte erzählt hat (die Familie Hertz hat Verwandtschaft in Braunschweig). Widmann ist begeistert, wenn auch gleich zu Anfang der Lektüre etwas erschrocken über die Episode mit dem Studentenliebchen Georgine – wie kommt eine junge Dame zu Kenntnissen dieser Art? Aber hat nicht auch Schiller den Tell erfunden, ohne je in der Schweiz gewesen zu sein? Als ihm das eingefallen ist, schickt er ihr schnell ein Postkärtchen, auf dem er sie erleichtert zu ihrer «Phantasie Nr. 1» beglückwünscht, liest weiter und bleibt beeindruckt bis zum Schluß, wenn auch ein wenig in Sorgen um ein junges Menschenkind, das die Figur einer Galeide in sich getragen hat.

Er schreibt Hertz einen langen Brief, in dem er die Veröffentlichung des Romans enthusiastisch befürwortet. «Mein Eindruck nun geht dahin, daß es ein Werk ist, das, wie man so sagt ‹Staub aufwirbeln› wird. Mit manchen andern führenden und – ich gebe zu – verführenden Geistern unserer Zeit wie Nietzsche, gewisse Norweger und andere, hat es gemein das ehrliche muthige Eintreten für die so komplizierte menschliche Natur auch nach ihrer sinnlich instinktiven Seite. Freies Menschenthum, das über alle Gewohnheitspferche der Sitte hinweg setzt, ist selten stärker zu Wort gekommen wie in dieser für eine junge Dame ganz erstaunlichen Leistung. Aber gegenüber so vielen Andern, die ähnliche Ideen heute brutal verkünden, kommt diese Schöpfung schön, sanft und biegsam wie ein Schwan dahergezogen. Hier kann man Nietzsches Wort wirklich zitieren: ‹Das Gute ist leicht, alles Göttliche läuft auf zarten Füßen.›»

Widmann ist der naturalistischen Romane, die er unentwegt zu rezensieren hat, überdrüssig (wenn er sich auch, aufgeschlossen wie er ist, alle Mühe gibt, ihnen gerecht zu werden). Der Roman Ricarda Huchs fasziniert ihn nicht zuletzt deshalb, weil er eine Geschichte erzählt, die wohl im Trend der Liebes- und Ehegeschichten der Zeit liegt und doch ganz anders ist – romantischer. «Ich muß immer wieder an Bettina denken. Was hätte die an ihrer Schwester Ricarda für eine Freude gehabt!» schreibt Widmann; mit dem Hinweis auf die Verwandtschaft zur Romantikerin Bettina hatte er Wilhelm Hertz bereits ‹Evoë!› empfohlen. «Vielleicht aber wäre es gut, der Roman erschiene erst in einer großen Revue. Vielleicht, da sie Braunschweigerin ist, in Westermanns Monatsheften, wenn die den Muth dazu haben und auch nicht zu knapp im Honorar sind … Meine Zeitung könnte ihr zu wenig bieten und dann weiß ich nicht, ob unsre biedern Berner ihn verstehen würden. Das Gefühl aber habe ich deutlich, daß er dem besten belletristischen Verlag nur Ehre machen wird. Es ist auch Gottfried Kellersche Wahrheitsliebe darin und mit einem Wort – da wäre wieder einmal ein Roman, der wirkliche Poesie ist.»

Über die Anregung eines Vorabdrucks ausgerechnet in einer Braunschweiger Zeitschrift mag Wilhelm Hertz nur den Kopf geschüttelt haben, doch auf das Gutachten des damals einflußreichen Widmann hin muß er sich wohl oder übel für den Roman entscheiden. Hans Hertz, der nach Zürich gereist kommt, versucht das Zögern des Verlages mit einem Geschmacksurteil zu erklären: das Manuskript gefiele ihnen ganz einfach nicht so recht, da Ricarda Huch aber ihretwegen auf die Preisbewerbung verzichtet habe, wollten sie es nun auch drucken. Er läßt keinen Zweifel daran, daß er um die Modelle für den Roman weiß, benimmt sich der Autorin gegenüber jedoch «tadellos», wie sie Richard glaubt mitteilen zu müssen. Er bietet ihr ein Honorar von 600 Mark für die erste und jede weitere Auflage von 1000 Exemplaren, das ist ein Bogenhonorar von 26 Mark und, gemessen an den damals üblichen Beträgen, niedrig, andere Autoren von Hertz erhielten etwa das Doppelte. Ricarda Huch akzeptiert das Honorar sofort, erleichtert, weil der Roman doch noch Gnade gefunden hat, und zugleich enttäuscht: Immerhin hatte sie ihn für die lockende Preissumme von 5000 Mark zu schreiben begonnen. Der Brief, in dem sie Richard ihre Begegnung mit Hans Hertz schildert, klingt ein wenig beklommen. Einmal, weil ihr im Gespräch mit dem Verleger klargeworden ist, daß ihr Roman bereits ins Gerede gekommen ist, zum anderen, weil sie ahnt, daß Richard mit ihrem schnellen Akzeptieren der finanziellen Bedingungen von Hertz nicht einverstanden sein wird. Das ärgerlichste sei, schreibt sie wenig später, daß sie auf diesen Verlag künftighin wohl ganz werde verzichten müssen.

Tatsächlich blieb der Ursleu-Roman das letzte Buch von Ricarda Huch bei Wilhelm Hertz. Nur verzichtete der Verlag wohl eher auf sie als umgekehrt. Wilhelm Hertz interessierte sich erst 1899 noch einmal für eine Arbeit von Ricarda Huch, für ihre Studien zur Romantik, auf die er durch Vorabdrucke in verschiedenen Zeitschriften aufmerksam geworden war. Aber Ricarda Huch blieb damit bei Hermann Haessel, der inzwischen ihre ‹Gedichte› und einige ihrer Erzählungen gedruckt hatte.

Die Aufführung von ‹Dornröschen. Ein lyrisches Spiel› mit der Musik von Lothar Kempter durch den Lesezirkel Hottingen am 11. März 1893 wird ein Erfolg, vor allem dank der Lieder. Die Dichterin und der Komponist erhalten neben viel Applaus Lorbeerkränze. Und während des anschließenden Kränzchenfestes darf sich Ricarda Huch als Ballkönigin fühlen. Es war nicht zuletzt die Aussicht auf diesen Ball gewesen, die sie bewogen hatte, etwas für den Lesezirkel zu schreiben – «weil ich dann eingeladen werde und tanzen will», wie sie Richard nach dem Besuch der Herren Bodmer gestanden hatte, «tanzen sag ich Dir einen Extrakt von 6 Jahren». Besonders oft wird sie von Emanuel Zaeslin aufgefordert, einem jungen Kaufmann und Dichter aus Basel, dessen erstes Stück demnächst Premiere haben soll. Er sieht gut aus und hat gewandte Manieren, und seine Tänzerin ist vollends bezaubert, als ihm für sie beide auch noch ein Wort aus dem Märchen von ‹Jorinde und Joringel› einfällt: «sie hatten ihr größtes Vergnügen eins am andern». Die Lesekränzchen-Gesellschaft beobachtet es mit gemischten Gefühlen: um den jungen Basler gibt es viel Gerede, er lebt gerade in Scheidung.

«Ich weiß nicht – die Sache war hier gleich so bekannt», schreibt Ricarda Huch später betreten an Richard. Halb ist sie verliebt, halb fühlt sie sich von Zaeslins anhaltenden Werbungen geschmeichelt – kurz, sie ist plötzlich versprochen mit ihm. Wohl auch unter der insgeheimen Voraussetzung, Richard werde sich durch den ungestümen Zaeslin aus seiner Reserve locken lassen, er werde sofort aus Braunschweig herbeigeeilt kommen und sie aus der Umzingelung dieses charmanten Drachens befreien. Doch Richard tut nichts dergleichen, er schmollt und schweigt. Erst der kleine Marmier, nun ein dichtender Kaufmann, den sie in einem ihrer langen Briefe über diese neue Verwirrung gar mit Goethes Wilhelm Meister vergleicht! Richard schweigt ausdauernd. Und Anna Klie, die Braunschweiger Freundin, will ein wenig Schicksal spielen und gibt Briefe an ihn nicht zur rechten Zeit weiter. Ricarda Huch entschließt sich zum äußersten und teilt Richard mit, daß sie eingewilligt habe, Zaeslin zu heiraten, obwohl sie ihn – Richard – liebe.

Richard schweigt noch immer. Dafür redet die Familie um so aufgeregter: diese Verlobung mit einem noch nicht geschiedenen Mann, der auch sonst alle Solidität vermissen läßt, den Kaufmannsberuf an den Nagel gehängt hat, um Stücke zu schreiben, ist ein neuer Skandal. Der Bruder Rudolf, auch der Onkel Johannes Hähn überlegen, nach Zürich zu fahren und dem unerwünschten Freier ihren Standpunkt klarzumachen. Die literarisch nicht ungebildete Großmutter findet einen Brief, den sie von Zaeslin erhalten hat, «unerträglich stylisirt» und beauftragt die Enkelin, dem «Phrasenhelden» mitzuteilen, daß sie einer Verbindung mit ihm keineswegs zustimmen werde.

Ricarda Huch ist inzwischen ohnedies unsicher geworden. Sie merkt, Richard ist tatsächlich gesonnen, sie freizugeben; nicht einen Finger rührt er in dieser Angelegenheit. Sie hat die – sie wahrscheinlich enttäuschende – Premiere von Zaeslins Trauerspiel ‹Samuel Henzi› in Basel erlebt. Sie hat sich von Marianne Plehn sagen lassen müssen, daß frau einen Mann nicht heirate, weil sie ihn «niedlich» findet. Und sie hat sich Widmann anvertraut. Der, ein zuverlässiger und ausdauernder Korrespondent, ist inzwischen auch ein wenig zu ihrem Beichtvater geworden. Er weiß von Marmier, das heißt, daß sie aus «lauter Langeweile» sich «beinahe» in einen sechs Jahre Jüngeren verliebt habe. Von Zaeslin schreibt sie ihm ausführlicher und, nachdem der durch das umgehende Gerede beunruhigte Widmann sie vor einem «dämonischen Menschen» warnen zu müssen glaubte, auch, daß sie mit dieser Verbindung dem aussichtslosen Verhältnis mit Richard zu entkommen hofft. «Ich würde für Richard alles tun und ertragen, sogar Schande und die Verachtung der Welt, aber sozusagen in ein Kloster gehn und von fern an ihn denken, das eine kann ich nicht ...» Ihr direktes Geständnis mag Widmann einigermaßen entsetzt haben, obwohl ihm durch den Verleger inzwischen zumindest Andeutungen über den autobiographischen Hintergrund ihres Romans zu Ohren gekommen sein dürften. Angesichts dieser Bedenklichkeiten scheint die Verlobung mit dem klatschumwitterten jungen Basler, einem noch sehr konfusen, aber vielleicht doch talentierten Poeten, geradezu als das bürgerlich Normale, als wünschenswert. Widmanns Hauptbedenken gilt Zaeslins «Erwerbsfähigkeit» – vor der Heirat war er reich, nach der Scheidung wird er es vielleicht nicht mehr sein? Kann sie ihn darüber beruhigen, so rät er zur Ehe mit Zaeslin. Widmann argumentiert ganz pragmatisch. Er möchte seine junge Freundin gern aus ihren erotischen Frustrationen, auch ihrem unseligen Doppelleben erlöst sehen. «Also, liebes Fischlein, wie machts der Aal, wenn ihm zu seinem Wasser der Weg verlegt ist? In der morgenkühlen Wiese badet er sich wie in Wellen ...»

Ricarda Huch in ihrer Verwirrung, ihrem Groll auf Richard hatte so ähnlich durchaus selbst gedacht. Nun, da sie von anderen hört, sie möge sich vernünftigerweise mit dem kleinen Glück begnügen, da ihr das große offenbar nicht erreichbar ist, empört sich alles in ihr: Bloß das nicht! Keine lauwarme Liebe. Nicht diese wohltemperierte Lebensklugheit. Und Widmann vernimmt auf seine Ratschläge hin mit Erstaunen, daß sie sich bereits wieder entlobt habe und gerade in diesem Zustande besonders glücklich sei. Eine «Sphinx» nennt er sie und bedauert den jungen Basler. Doch Ricarda Huch belehrt ihn darüber, daß mit so etwas Männern kaum besonderer Schaden zugefügt werde, einmal finden sie leicht eine andere, wenn ihnen daran liegt, und dann ist die Freiheit für sie auch von so viel größerem Wert, weil sie so sehr viel mehr damit anfangen können.

Sie hat es den niedlichen Zaeslin später reichlich entgelten lassen, daß sie ihn für kurze Zeit anziehend fand, und sich Widmann gegenüber erbarmungslos über seine wirren, unfreiwillig komischen Stücke geäußert. Regelrecht geschüttelt haben will es sie, als sie ihn nach einiger Zeit wiedersieht – eben weil er so bloß niedlich ist. Starke Sinnlichkeit muß mit starkem Geist gepaart sein, sonst wird sie ekelhaft. Das Wort zeigt, wie sie ihre starke Sinnlichkeit, die sie immer wieder einmal in Verwirrung stürzt, vor sich selbst entschuldigt, auch welche Ausnahmestellung sie der Anziehungskraft zubilligen möchte, die Richard auf sie ausübt.

Und wie sie gehofft hatte, mit der Ankündigung ihrer Verlobung Richard zu irgendwelchen Rettungsaktionen, sprich Liebesbeweisen, provozieren zu können, so hofft sie jetzt, die Mitteilung ihrer Entlobung werde von ihm als besonderer Liebesbeweis ihrerseits begriffen werden. Er nimmt es eher gelassen: da hat sie nun an ihren Ketten gerüttelt und ist dann nur zu froh, sie wieder tragen zu dürfen. Offenbar bleibt er noch eine ganze Weile abwartend ihr gegenüber, mißtrauisch, ob dem Frieden auch wirklich zu trauen sei. Und wieder einmal muß Ricarda Huch «gekrochen» kommen, muß «alles hinschreiben mit der armen Feder», was sie an Liebe, Demut und Anbetung empfindet, damit er ihr verzeiht. Einfach unglaublich findet sie, was ihr da in den Sinn gekommen ist. Nie wieder, so schwört sie ihm, wird sie so dumm sein und einen anderen heiraten wollen.

Im Sommer treffen sie sich in München. Auf die Reise, eine ihrer Stationen ist Augsburg, wo die beiden, wie sich später herausstellt, zusammen gesehen werden, folgt als Überraschung Richards, wohl auch als Versuch, sich wieder in seine alte Rolle als literarischer Agent einzusetzen, ein Verlagskontrakt mit Hermann Haessel in Leipzig, dem er die ‹Gedichte› von 1891 in einer erweiterten und revidierten Ausgabe vorgeschlagen hat: sie sollen endlich unter Ricarda Huchs Namen erscheinen und in einer besseren Auswahl und Redaktion. Wilhelm Hertz, den Richard wiederholt angesprochen hatte, wollte sich weder für die Neuausgabe der Gedichte noch für die frühen (inzwischen zumeist verlorenen) Novellen Ricarda Huchs entscheiden, die Richard ihm ebenfalls antrug, sondern erst einmal den Erfolg des ihm wohl noch immer unbehaglichen Romans abwarten. Das führte schließlich zum Krach zwischen dem allzu hartnäckigen, dazu wegen des ungünstigen Roman-Vertrages nachhaltig verärgerten Richard Huch und dem Verleger. Im Februar 1894 bat Hertz seine Autorin, sie möge künftig nur noch persönlich mit ihm korrespondieren. Eine Peinlichkeit, die Ricarda Huch später dazu veranlassen sollte, auch mit Haessel selber über ihre Erzählungen zu verhandeln. Richards Advokatenstil im Umgang mit Verlegern wurde ihr mit wachsender literarischer Selbständigkeit fatal – obwohl: ohne Richards Hartnäckigkeit wäre ihr erster Roman vielleicht nicht bei Hertz gelandet, wäre auch ihre Verbindung zu Hermann Haessel gar nicht erst zustande gekommen.

Im Oktober 1893 erscheint endlich der Roman, der bereits seit Anfang Juli gedruckt vorliegt und nicht nur im Freundes- und Familienkreis für Gesprächsstoff sorgt; die von der Autorin verschenkten zwölf Freiexemplare werden weit herum verliehen: Hedwig Waser muß ihr Exemplar bis nach Karlsbad hergeben, der Heidelberger Chemieprofessor Victor Meyer weilt dort zur Kur, hat von dem Roman reden hören und möchte ihn so schnell als möglich lesen, wie er Ricarda Huch am 2. September schreibt. Wer mag ihm davon erzählt haben, sein Bruder, ebenfalls ein Chemiker, der in Braunschweig lebt und lehrt, oder Theodor Fontane, Autor von Wilhelm Hertz, den Viktor Meyer während dieses Aufenthaltes in Karlsbad kennengelernt hatte?

Widmanns Voraussage, das Buch werde «Staub aufwirbeln», erfüllt sich nicht. Die Zürcher Öffentlichkeit reagiert moderat. Die umfänglichste Rezension bleibt für eine ganze Weile Widmanns eigene, sie erscheint am 9. Dezember 1893 in der Berliner ‹Nation› und wenig später (leicht gekürzt) im Berner ‹Bund› und hat ihn, wie er Ricarda Huch brieflich gesteht, «einige Mühe» gekostet. Widmann bewundert den Roman nach wie vor, aber er hat seine Unbefangenheit ihm gegenüber verloren. Und er glaubt den Ruf der Autorin, von dem, wie er weiß, nicht zuletzt ihre Schulstellung abhängt, verteidigen zu müssen – immerhin unterrichtet Ricarda Huch seit dem Frühjahr an der höheren Töchterschule der Stadt; als er den Roman

Ricarda und Richard Huch in München, zu Beginn ihrer Sommerreise von 1893

zum ersten Male las und enthusiastisch an Hertz empfahl, war sie noch Lehrerin an einer kleinen Privatschule, von der er hoffte, daß man dort «vielleicht freier» dächte. Hatte er sich vordem im Brief an Hertz begeistert darüber gezeigt, daß diese «erstaunliche Leistung» von einer «jungen Dame» kam, so versucht er jetzt, die junge Dame vor ihrem Roman gleichsam in Schutz zu nehmen, bemüht sich umständlich, auf den Unterschied zwischen Kunst und Leben hinzuweisen, dem Leser ans Herz zu legen, von der moralischen Beschaffenheit der Romanfiguren nicht etwa auf die moralische Beschaffenheit ihrer Erfinderin zu schließen. Ricarda Huch ist irritiert: «Mir wurde ganz sonderbar – als ob ich vielleicht keine ganz richtigen Moralbegriffe hätte», gesteht sie ihm. «Sind denn meine Ursleuen solche Frevler, daß man nichts mit ihnen zu tun haben dürfte?» Das eigentliche Dilemma des Rezensenten Widmann hat Frieda von Bülow, die Freundin der Lou Andreas-Salomé, in einem Brief an Ricarda Huch benannt. «Der Mann ist trotz des Schwalls rechtfertigender Worte mit dem eigentlichen Inhalt des Romans nicht einverstanden, ihm hat's das ‹wie› so angethan, daß er das ‹was› contre cœur in Kauf nimmt.»

Die übrigen Rezensionen sind eher kurz und zeugen von einer gewissen Ratlosigkeit; dieser Roman war von einer Frau geschrieben und doch ganz unähnlich den «Frauenromanen» der Zeit, keine «Tendenz»schrift, keine Beichte, nichts an Pikanterien «vom Weibe», dabei von einer Kühnheit, die wohl als anstößig empfunden wurde, indes nicht so einfach zu benennen war. Als «zu stark fast für einen weiblichen Autorennamen» hatte schon einer der Kritiker von ‹Evoë!› die Begabung der Autorin vorsichtig charakterisiert. Ein verfehltes Buch, ein Irrtum, heißt es immer wieder, aber: ein Talent. Man äußert bei aller Reserve doch einen gewissen Respekt. Der Ursleu-Roman paßt ganz offensichtlich in keine der Schubladen der Zeit. Der Verleger Hertz, der unliebsames Aufsehen befürchtet hatte, mag über den wenig spektakulären Erfolg nicht einmal unzufrieden gewesen sein. Und der Verleger Haessel, der sich auf die Neuausgabe der Gedichte vielleicht nur deswegen eingelassen hatte, weil er auf Erzählungen der Autorin spekulierte, war zwar keineswegs erbaut von der Moral der Geschichte und Galeides «Mannstollheit», doch er fand sein positives Vorurteil gegenüber der Prosa von Ricarda Huch durch diesen Roman bestätigt.

Ein paar für die Orientierung des Lesers wichtige Kritiken erscheinen erst später, so die von Lou Andreas-Salomé (Oktober 1895 in Helene Langes Zeitschrift ‹Die Frau›) und Marie Herzfeld (September 1896 in der Wiener ‹Neuen Freien Presse›). Das Buch setzt sich vorerst eher im Verborgenen durch, die ‹Erinnerungen von Ludolf Ursleu dem Jüngeren› gewinnen Ricarda Huch eine kleine «Gemeinde», mit der sie sich denn auch in ihren Briefen immer wieder tröstet, von der «wilden Propaganda», die Victor Meyer für sie mache, berichtet sie Richard. Die offiziellen Reaktionen auf den Roman aber waren anfangs allesamt enttäuschend, auch oder gerade die lobenden.

So fühlte sie sich auch durch die nach Widmann zweite umfänglichere Rezension des Romans von Lou Andreas-Salomé nicht recht verstanden. Lou Andreas-Salomé hat das Buch ebenfalls sehr beeindruckt, wie ihrer schwelgerischen und zugleich einfühlsamen Nacherzählung anzumerken ist. Das, was Widmann an dem Buch, noch dazu dem einer Autorin, insgeheim verdroß, sein spürbarer Hauch von Nietzsche, begeistert Andreas-Salomé; das «Adlige», das über der Zeichnung ruht, wird von ihr gerühmt, das «dämonische Feuer», das Galeide «wild und groß und zur Frevlerin macht», die «übermenschlich hoheitsvolle Gestalt Ezards». Doch sie sieht Galeide vornehmlich als Geistwesen, nicht auch ihre ungebärdige Vitalität und mißversteht damit ihren Konflikt, sie meint, Galeide habe sich aus Furcht vor dem Niederen (verkörpert in der Gestalt Gaspards) aus dem Fenster gestürzt. In einem Brief an Frieda von Bülow hat Ricarda Huch auf diese Rezension ein wenig eingehender geantwortet: «Aber da ist der eine Punkt, wo auch Ihre Freundin, wie übrigens die meisten Leser, mich ganz mißverstanden hat. Die Galeide liebt den Gaspard ganz echt und recht, wie man eben liebt. Sie liebt nicht den einen mit edler, den anderen mit unedler Liebe, sie ist eine viel zu ganze Natur, um nicht, wenn sie liebt, ganz zu lieben. Sie macht die Erfahrung, daß Liebe, auch die schönste, wärmste vergänglich ist, und geht an dieser tragischen Erfahrung zugrunde. Das ist alles, in Griechenland hätte die Geschichte nicht vorkommen können, denn da hatte man den Begriff von der ewigen Liebe noch nicht. Uns sitzt er so in Fleisch und Blut, daß wir nicht darüber hinwegkommen, wenn wir die Erfahrung machen, daß Liebe nicht an sich ewig ist ...»

Am sichersten glaubten noch die mit Ricarda Huchs Lebensgeschichte vertrauten Freundinnen zu wissen, was sie an dem Roman faszinierte, es war das, was sie auch an der Person von Ricarda Huch faszinierte: sie lebte, stellvertretend für sie alle, was ihnen (vorerst oder für immer) zu leben verwehrt war, und – sie büßte stellvertretend dafür. Hedwig Waser, «die kleine Schwärmerin», damals brav und offenbar aus Vernunft- und Familiengründen mit ihrem Vetter Otto Waser verlobt, lauscht Ricarda Huchs Erzählungen von ihrem Roman mit Richard so atemlos, «als wären es Märchen aus 1001 Nacht». Auch für die neunzehnjährige Marie Baum, die 1893 aus Danzig nach Zürich zum Studium kam, wurde, was sie aller Erziehung nach hätte als unschicklich empfinden müssen, die gelebte und die geschriebene Liebesgeschichte, zu einem Märchen. Ihre Autobiographie erzählt von ihrer Begeisterung für den Roman der Freundin und zugleich davon, wie sie diese vor sich selbst zu rechtfertigen sucht, mit dem Hinweis auf die alte Märe von der durch Zauberei unausweichlichen Liebe zwischen Tristan und Isolde.

Mächtigen Staub wirbelt der Roman in Braunschweig auf, wo drei Exemplare schon in den Monaten vor seinem Erscheinen für Empörung sorgen. Wieder einmal «brechen» Verwandte und Freundinnen mit Ricarda Huch. Am ehesten geneigt, das Ärgernis auch mit einiger Ironie zu nehmen, ist, sehr zu Ricarda Huchs Erleichterung, die Großmutter – «Dein Urgroßvater selig» unterschreibt sie eine Zeitlang ihre Briefe. Daß sie sich unter dieser Maske unkenntlich wähnte, ist kaum anzunehmen. Für Kenner der Huchschen Familiengeschichte, gar der Briefe von Emilie Hähn gleicht der Urgroßvater des Romans der Großmutter Ricarda Huchs bis ins Sprachporträt. Vermutlich wertete Emilie Hähn ihre Vermännlichung als Kompliment. Und die versteckte Bosheit, die darin (samt der Übertreibung ins Uralte) auch enthalten war, konnte sie hinnehmen; sie merkte wohl, die Enkelin rächte sich in dem Roman für alle mögliche Familienunbill, ihr aber wurde mit dem Buch eher eine Liebeserklärung gemacht. Trotzdem ist ihre Unterschrift «Dein Urgroßvater selig» weniger ein Zeichen der Verzeihung als vielmehr eines der Resignation. «Meine Absicht ist es, Dich mir zu erhalten, ich lasse alles Tiefere unerwähnt, wir verstehen uns nicht und können nichts als dem Zug des Herzens folgen, der uns zusammenhält, so sei es», schrieb sie der Enkelin am 19. November 1893. Sie betont in ihren Briefen nach dem Erscheinen des Romans immer wieder, daß Ricarda Huch in Braunschweig alle Sympathien verloren habe, sie beide einander nie wiedersehen könnten. Allerdings hatte Ricarda Huch bereits im Sommer vor der Niederschrift des Romans begreifen lernen müssen, daß ihre «Verbannung» von daheim eine endgültige war. Und es war auch der Zorn darüber, der ihren Figurenporträts Schärfe gab, sie die Rücksichtnahme in der Schilderung der Familienverhältnisse vergessen ließ.

Besonders schroff reagiert der Bruder Rudolf, er schreibt ihr schon im August einen sehr verletzten und sehr verletzenden Brief, in dem er die Rücksichtslosigkeit, mit der sie die Familie, nicht zuletzt ihn selbst, dem Klatsch an den Braunschweiger Stamm- und Kaffeetischen preisgegeben hat, als die Effekthascherei eines «Möchtegern-Genies» bezeichnet, das damit wohl vorübergehendes Aufsehen, aber keinen dauernden Erfolg erreichen werde. Keinesfalls will er seine Meinung über ihr Verhältnis zu Richard mit Ludolf Urleus Betrachtungen über die Liebe zwischen Ezard und Galeide verwechselt wissen. «Tief im Innersten verhaßt ist mir alles was an Nietzschesche Weltanschauung anklingt, und mit dem Rechte der Persönlichkeit kann man schließlich alles begründen.»

Rudolf, der einst als das vielversprechende «Genie» der Familie galt, hat seit dem Weggang Ricardas nach Zürich und ihren ersten schriftstellerischen Erfolgen mit Gefühlen des Neides zu kämpfen. Und der Roman läßt ihn spüren, daß die Schwester ihm inzwischen auch die Gemeinschaft zweier räsonierender Außenseiter aufgekündigt hat, in der er sich in ihren letzten Braunschweiger Jahren mit ihr verbunden fühlte und in die er sich in seinen Briefen an sie noch lange hineinphantasierte. Von den gegenseitigen Verletzungen wird sich das früher herzliche Verhältnis zwischen ihnen beiden nie mehr erholen. Als Rudolf wenig später selbst zu publizieren beginnt, reagiert Ricarda Huch ihrerseits mit gereizter Abwehr. Ihre Kritik an seinem ersten Roman von 1896, ‹Aus dem Tagebuch eines Höhlenmolchs›, einer Satire auf die erdrückende Enge der Braunschweiger und Wolfenbütteler Gesellschaft, ist ungerecht. Doch ihre Witterung für das Grämliche in Rudolfs Charakter, das sie dem Ludolf Urslcu mitgab, hatte nicht getrogen. Rudolf Huchs Schriftstellerei wurde immer stärker vom Ressentiment gegen die «Moderne», die «Zivilisationsliteraten» bestimmt, das ihn schließlich in gefährliche Nähe zu den Nationalsozialisten brachte – er wurde Mitglied der gleichgeschalteten Preußischen Akademie der Künste, bald nachdem Ricarda Huch unter Protest aus dieser Institution ausgetreten war.

Am meisten verletzt durch die ‹Erinnerungen von Ludolf Urslcu dem Jüngeren› fühlt sich natürlich Lilly – wobei sogar vorstellbar ist, daß gerade ihr Nichtvorhandensein im Roman sie noch zusätzlich verdroß. Wenn Rudolf sich als Opfer karikierender schwesterlicher Bosheit sah, so war ihr nicht einmal diese Art von Beachtung zuteil geworden. Als im Stadtklatsch über den Roman zutage kommt, daß ein Braunschweiger das augenscheinlich noch immer sündige Paar im vergangenen Sommer in Augsburg gesehen hat, droht sie mit einer Scheidungsklage, falls ihr Richard nicht sein Ehrenwort gibt, sich endgültig von Ricarda zu trennen.

Ricarda Huch nimmt das ohne weiteres als Aussicht auf eine nun doch baldige Scheidung und versucht über den praktischen und einflußreichen Hermann Reiff zu erkunden, ob es nicht möglich sei, den Prozeß in der Schweiz zu führen, wo liberalere Scheidungsgesetze herrschen. Die

Bekanntschaft mit dem Zürcher Seidenindustriellen, Musikliebhaber und Mäzen Hermann Reiff und seiner Frau Emma Reiff-Franck ist Ricarda Huch aus der kurzen Verlobungszeit mit Emanuel Zaeslin geblieben, der hatte sie mit Hermann Reiff bekannt gemacht, weil er hoffte, in ihm so etwas wie einen Brautwerber zu finden. Ricarda Huchs Bekanntschaft mit den Reiffs wird sich als dauerhaft erweisen, sogar zur Freundschaft werden.

Richard, obwohl er vor Aufregung erst einmal krank geworden ist, wird nun jeden Tag in Zürich erwartet. Der gesamte Freundinnenkreis ist in Vorfreude – endlich kommt dieser Roman, den sie da alle aus nächster Nähe miterleben, zu einem glücklichen Ende. Doch dann kommt statt Richard erst einmal sein Weihnachtsgeschenk, und das ist derart, daß es Ricarda Huch über mehrere Briefe hinweg einfach die Sprache verschlägt: «Zu der Broche kann ich immer noch nichts sagen.» Schuldbeklommen wie nur je ein Ehemann gegenüber seiner heimlichen Geliebten, hat er ihr ein viel zu teures Schmuckstück, eine mit Diamanten besetzte Brosche, gekauft. Er hat sich losgekauft. Das Geschenk macht sie so betroffen, daß ihr nicht einmal bissige Bemerkungen dazu einfallen wollen. Erst Wochen später, als sie sich darauf geeinigt haben, daß sie ihm die Kostbarkeit wieder zurückschickt, damit er sie gegen ein paar andere, weniger auffällige Klunkern umtauschen kann, findet sie ihre Ironie wieder: «Stell Dir vor, wenn ich hier Sonntags mit diesem bescheidenen und unauffälligen Schmuckstück am Mittagstisch erschiene!»

Aber es kommt noch schlimmer, denn Richard kommt überhaupt nicht nach Zürich; im Januar schreibt er ihr, daß er – auch noch nach Beratung mit Freunden – sich mit Lilly darauf geeinigt habe, den Entschluß über die Scheidung für ein Jahr hinauszuschieben, und daß er

Lilly versprochen habe, in diesem Jahr Ricarda nicht zu sehen.

Ricarda Huch ist außer sich. Sie weiß ziemlich gut, daß dieses Aufgeschoben gleich aufgehoben ist. Inzwischen ist sie ihm auf seine Ausflüchte und Tricks gekommen, sie ahnt, mit wieviel Erleichterung ihn dieser neue Aufschub erfüllt, mit welcher Befriedigung er sich sagt, nach einem Jahre werde ich handeln, ein Vorsatz, der ihm erlaubt, sich zu fühlen, als habe er bereits gehandelt. Sie erkennt das alles genau, seziert es erbarmungslos. Und trotzdem spielt sie nach einigem zornigen Aufbegehren weiter mit, spricht auch sie weiter von der Hoffnung, daß er sich irgendwann einmal scheiden lassen und zu ihr kommen werde – wenn auch vielleicht noch nicht in einem Jahr, so doch, wenn die Kinder groß sind, Lilly vernünftig geworden ist, er so viel Geld verdient hat, daß er ohne Sorgen um das Wohlergehen seiner Familie von Braunschweig fortgehen kann. Aber vielleicht tut sie auch nur so, als ob sie seine Vorsätze, seine Vertröstungen auf die Zukunft noch ernst nähme, vielleicht glaubt sie, ihn beruhigen zu müssen ob seiner Unentschiedenheit und seines schlechten Gewissens. Ihn beruhigen zu müssen, um ihn nicht ganz zu verlieren.

Das dreißigste Jahr

Ricarda Huch hatte damit gerechnet, Ostern 1894 eine feste Anstellung an der höheren Töchterschule der Stadt Zürich zu erhalten. Aus den wenigen Deutschstunden, für die sie ein Jahr zuvor provisorisch engagiert worden ist, sind im Laufe der Monate immer mehr geworden; ständig hat sie Kollegen zu vertreten, die vorübergehend beurlaubt oder zum Militärdienst einberufen wurden. Seit dem Herbst unterrichtet sie auch Geschichte.

Doch gegen eine definitive Anstellung des Fräulein Dr. Huch scheint es unter den Mitgliedern der Schulaufsichtskommission, welche die Lehrkräfte wählt, Einwände zu geben. Als Ricarda Huch Ostern 1893 provisorisch engagiert wurde, war sie noch nicht als Schriftstellerin auffällig geworden. Nach dem Erscheinen ihres ersten Romans im Herbst 1893 hatten manche mit einem Skandal gerechnet. Daß er ausblieb, deutet auf Protektion hin – einige ihrer ehemaligen Professoren sind unterdessen auch zu Bewunderern der Autorin Huch geworden. Aber der Roman war ein Stein des Anstoßes geblieben, zumal für die Zürcher Damen. Die erste Tugend einer Lehrerin hatte Unauffälligkeit zu sein. Ricarda Huch berichtet von ihrem «bleiernen Entsetzen», als eine Schülerin sie unter den Berühmtheiten Zürichs nennt. Dazu kommen andere Bedenklichkeiten. Die Fächer Deutsch und Geschichte wurden an der höheren Töchterschule bislang ausschließlich von Männern unterrichtet, Frauen waren für den Unterricht in modernen Sprachen, in Zeichnen, Handarbeiten und hauswirtschaftlichen Fächern vorgesehen. Und wenn sich die Schule nun schon mit einer weiblichen Lehrkraft für Deutsch und Geschichte abzufinden hatte, dann sollten ihr zumindest nur die normalen Fortbildungsklassen (oder die neu einzurichtenden Handelsklassen) anvertraut werden, nicht aber die Klassen des der Schule angeschlossenen Lehrerinnenseminars (in denen sich auch die Mädchen, die später studieren wollten, auf das – freilich immer noch externe – Abitur vorbereiten konnten). Die durch den Weggang zweier Lehrer freigewordenen Stunden waren jedoch zu einem großen Teil solche in den Seminarklassen. Für den Deutschunterricht, den der an die Stuttgarter Hochschule berufene Karl Weitbrecht erteilt hatte, waren Ostern 1893 Ricarda Huch und der etwa gleichaltrige Hans Bodmer provisorisch engagiert worden: Hans Bodmer als Lehrer für die Seminarklassen, Ricarda Huch, obwohl sie das Diplom fürs höhere Lehramt mit der Note 1 bestanden hatte, als Lehrerin für die Fortbildungsklassen – was nicht ausschloß, daß sie sowohl Dr. Bodmer als auch andere Lehrer ständig in den Seminarklassen zu vertreten hatte. Ebenso waren ihr, als im Herbst 1893 der Historiker Wilhelm Oechsli an die Zürcher Hochschule wechselte, Geschichtsstunden in den unteren Seminarklassen übertragen worden; den Unterricht in den höheren Seminarklassen führte – nach einigen Schuldiskussionen – zunächst Professor Oechsli weiter.

Ostern 1894 kommt es zu der kuriosen Situation, daß nicht – wie erwartet – die freigewordenen Deutsch- und Geschichtsstunden endlich für eine feste Stelle ausgeschrieben werden, neben den seit einem Jahr als «Hülfslehrer» verpflichteten Dr. Bodmer und Dr. Huch wird noch ein dritter Herr Dr. provisorisch engagiert, der Geschichte, vornehmlich Schweizer Geschichte, in den höheren Seminarklassen unterrichten soll, obwohl er, wie Ricarda Huch schreibt, wohl einen «gewissen demokratischen Zauber, sonst aber nichts vor mir voraushat». Zum ersten Mal zeigt sie sich deutlich erbost über die ihr (im Vergleich zu den deutschen) sonst so sympathischen Schweizer Schulverhältnisse. Doch trotz ihres Ärgers über die Schulherren und deren kränkendes Mißtrauen ihr gegenüber, wagt sie nicht, ihnen «den Bettel» einfach vor die Füße zu werfen, denn an der Bibliothek hat sie nur eine – ebenfalls provisorische – Halbtagsstelle. Und wenn aus einem der beiden wackligen Provisorien vielleicht doch eine «sichere Lebensstellung» zu machen ist, dann noch am ehesten aus der Schulstelle, denn der Kredit für den Sekretärsposten an der Bibliothek ist nur bis Ende 1895 bewilligt. Sie wagt aber auch die Bibliothek nicht aufzugeben – was, wenn sie schließlich an der Schule doch nicht gewählt wird?

Im Sommer muß sie allerdings die Stadtbibliothek darum bitten, sie für vier Wochenstunden zu beurlauben, gegen eine entsprechende Reduzierung ihres Gehalts selbstverständlich. Der Bibliothekskonvent ist nicht gerade begeistert, stimmt der «vorübergehenden» Lösung dann aber zu, was vermutlich Dr. Eschers diplomatischen Antragskünsten zu verdanken ist. Dr. Escher ist es wohl auch, dem Ricarda Huch den ehrenvollen Auftrag verdankt, das nächste Neujahrsblatt für die Stadtbibliothek zu schreiben. Wohl wissend, in welcher Zwickmühle sie steckt, aber außerstande, ihr an der Bibliothek mehr Perspektive zu bieten, versucht er wenigstens, ihr mit einer Veröffentlichung zu weiterem wissenschaftlichen Ansehen zu verhelfen. Und so geschieht denn auch an der Bibliothek Kurioses. Ricarda Huch tut wegen Schulüberlastung einige Stunden weniger Bibliotheksdienst, muß aber während der

Schulferien Berge von Folianten für das Neujahrsblatt durchsehen: ‹Die Wicksche Sammlung von Flugblättern und Zeitungsnachrichten aus dem 16. Jahrhundert in der Stadtbibliothek Zürich›. Sie hofft, die (natürlich unentgeltliche) Arbeit werde ihr etwas mehr «schweizerisches Relief» geben und damit mehr Aussichten auf den Geschichtsunterricht an der höheren Töchterschule. Dem beunruhigten Widmann versichert sie galgenhumorig, es sei gut für sie, wenn sie so viel zu tun habe, da andernfalls nur ihre «unendliche Lebensgier» erwache, die dann doch nicht befriedigt werden könne.

Am 18. Juli 1894 wird Ricarda Huch dreißig Jahre alt – und ausgerechnet diesen Geburtstag erlebt sie nicht mit Richard zusammen. Die Freundinnen richten ihr eine Feier aus, die sie mehrfach beschrieben hat, voller Trauer in einem Brief an Richard, Widmann gegenüber jedoch ganz im Ton heiterer Souveränität: man müsse das mit dem Alter abschaffen, meint sie, sonst käme man ja überhaupt nicht zum Leben. Also hätten sie ihre Jahre einfach halbiert und den ganzen Tag über so getan, als sei sie fünfzehn geworden. Und Widmann reagiert denn auch voller Bewunderung auf das von ihr beschriebene Frauenfest mit dicken Blumenkränzen, Kerzen und Brahmsmusik. So etwas Hübsches, Poetisches traue man höchstens noch der Bettina-Zeit zu, schreibt er, der keine Gelegenheit vorbeigehen läßt, sie in die malerische Romantikerecke zu stellen. Abends, in Gesellschaft beim Ehepaar Reiff, bringt Hermann Reiff einen huldigenden Toast auf sie aus: Die anderen haben ihren Goethe – wir, wir haben unsere Huch! Sie ließe sich jetzt gern als Genie feiern, gesteht sie Richard, denn das gäbe ihr die Hoffnung, es sei doch noch nicht ganz aus mit ihr – ein Genie könne nicht so einfach zugrunde gehen.

Doch ihr langsam wachsender Ruhm tröstet sie nicht wirklich. Sie ist auf der Suche nach etwas, was sie in Zürich nicht findet – «Zürich ist die Stadt für Weiber» schreibt sie Richard einmal, Frauen gäbe es hier ganz prachtvolle, Männer kaum welche. Sie wird die Bemerkung gleich damit entschuldigen, daß sie ihm, käme er jemals nach Zürich, keinen männlichen Umgang verschaffen könne. In Wahrheit ist sie selber es, die diesen Umgang entbehrt. Immer wieder einmal hat sie einen «Anfall mit dem kleinen M.». Und sie leidet darunter wie unter einer wirklichen Verfehlung. Im Sommer versucht sie, sich schreibend von dieser Obsession zu befreien, im ‹Mondreigen von Schlaraffis› erzählt sie von einem alten Brauch in Marmiers Heimatstadt Estavayer: vom Apotheker Dominik, der über seinem Traum von der Liebe die Liebe verpaßt, und der geheimnisvollen Frau Sälde, die gestorben ist, als Dominik sich ihr endlich erklären will. Die Erzählung entsteht in kurzer Zeit neben dem Neujahrsblatt und auf Einladung des Cottaschen Musenalmanachs, bringen wird sie schließlich Hermann Bahr in der Wiener Wochenschrift ‹Die Zeit› und damit Ricarda Huch in Wien bekannt machen.

Auf einer kurzen Reise in die Berge mit Vetter Hänschen Hähn fallen ihr nur die Routen ein, die sie und Richard schon einmal gemacht haben. Sie tauscht ein paar Telegramme mit ihm, der die Ferien allein mit den Kindern auf Rügen verbringt; fast hätten sie sich in Köln getroffen. Doch Richard scheint entschlossen, seine aufopfernde Vaterrolle diesmal gründlich zu spielen, verweist ihr womöglich sogar ihre sentimentalen Briefe. Und dann schickt er ihr ein Urlaubsbild aus Rügen, auf dem er vermutlich so recht selbstzufrieden, dick, vergnügt und bürgerlich ausgesehen hat, und sie läuft damit auf den Zürichberg, um es dort oben in einem Tümpel zu versenken.

«Diese Fratze hätte ich doch nicht im Traume für möglich gehalten ...», schreibt sie ihm. Sie bittet ihn, sich daran zu erinnern, daß sie sentimental an ihn nur im Urlaub denke. In Zürich sei das etwas anderes.

Aber dieses Jahr ist auch Zürich kein geheurer Ort – von dem Schul- und Bibliotheksärger einmal ganz abgesehen. Hedwig Waser hat im Sommer promoviert, summa cum laude, und mit ihrer Dissertation einiges Aufsehen gemacht, die ältere Freundin, die 1891 nur mit magna cum laude abgeschlossen hatte, also quasi überflügelt. So etwas verträgt Ricarda Huch schlecht.

Sie verträgt auch Salomé schlecht, die nach zweijähriger Abwesenheit wieder in Zürich und der Pension Walder aufgetaucht ist und ihr mit ihren kritischen und respektlosen Bemerkungen den Appetit an der gemeinsamen Tafel verdirbt.

Und im August nimmt sich Elisabeth von Rosenzweig, eine der Medizinerinnen, die Ricarda Huch zu Beginn ihres Studiums durch Salomé Neunreiter kennengelernt hatte und die zu den Kostgängerinnen der Pension Walder gehört, das Leben. Die Figur des Fräulein von Rosenzweig ist noch in Ricarda Huchs Jugenderinnerungen, ‹Frühling in der Schweiz›, in denen der Selbstmord ebenfalls erwähnt wird, von einem melancholischen Geheimnis umgeben. Es wird auch in der Herkunft der Studentin bestanden haben: ihre Mutter, die bis 1921 in Harzburg lebte, eine Baronin von Rosenzweig, geborene Luise Milde, war die Mätresse des Herzogs Wilhelm von Braunschweig-Wolfenbüttel. Am Anfang mag diese dubiose Herkunft in Zürich noch gar nicht bekannt gewesen sein. «Hier studiert ein Fräulein von Rosenzweig aus Harzburg, mit der ich auch verkehre. Weißt Du etwas von ihr?» fragte Ricarda Huch im Herbst 1888 die Freundin Anna Klie in Braunschweig. «Sie ist nett, klug, ruhig, freundlich – aber von einem Ding, was Heimweh heißt, kann sie sich keinen Begriff machen.» Eine Antwort von Anna Klie auf diesen Brief ist nicht bekannt. Bekannt ist nur noch, daß Fräulein von Rosenzweig die ‹Freie Bühne› gelesen hat, die sich Ricarda Huch und Salomé Neunreiter von ihr ausleihen, selber aber nicht gerade unterhaltsam gewesen zu sein scheint: Erwähnungen in Marianne Plehns Briefen lassen auf Depressionen schließen. Eng befreundet war Elisabeth von Rosenzweig mit der Medizinerin Molly Herbig, die der Selbstmord der Freundin denn auch besonders getroffen haben mag. Auch sie ist zeitweise Kostgängerin bei Frau Walder; daß Fräulein Herbig jetzt zum Mittagessen komme, berichtet Ricarda Huch im September 1894 der abwesenden Marie Baum, «sie ist so erbarmungswürdig und doch will ich durchaus keinen Verkehr mit ihr anbahnen». Das klingt nicht sehr freundlich und ist es wohl auch nicht. Vermutlich verbirgt sich hinter der Abwehr Angst, die Scheu vor Berührung mit allem, was Scheitern hieß. Erfolgreich sein, das war für Ricarda Huch und ihren damaligen Freundinnenkreis Ehrensache, und erfolgreich sein, das hieß auch vorsichtig sein, die gefährdeten Existenzen meiden, sich unkomplizierten Umgang suchen. Wahrscheinlich hatte Elisabeth von Rosenzweig auch vor ihrer Dissertation aufgegeben, zwar hatte sie 1893 ihre Promotionsprüfungen bestanden – ‹Die Frau›, die weibliche Erfolge stets getreulich verzeichnete, meldete im November 1893, daß Frl. Dr. Wildenow und Frl. Dr. Rosenzweig in Zürich ihre medizinischen Studien beendet und den Doktorgrad erlangt hätten, es gibt aber von Elisabeth von Rosenzweig keine veröffentlichte Dissertation.

Das Gruppenbild, für das die jungen Damen im Frühjahr 1889 so hochgemut posierten, hat nicht ganz gehalten, was es versprach. Die einst so forsche Anna Eysoldt hat nach einer Verlobungszeit mit einem «vierfach Verfluchten» (Pole, Jude, Sozialist und ganz arm), von der Huch in ihrem ‹Frühling in der Schweiz› berichtet, inzwischen einen Berner Rechtsanwalt geheiratet und das Studium aufgegeben; nach offenbar fürchterlichen Eheerfahrungen wird sie später mit der Frauenrechtlerin und Schriftstellerin Johanna Elberskirchen zusammenleben – davon erzählt Ricarda Huch in ihren Jugenderinnerungen nichts. Salomé studiert zwar 1894 wieder in Zürich, doch sie wird auch diesmal ihre Prüfungen nicht schaffen, wird auch viel später ein zweites Studium (der Ökonomie) nicht beenden. Und nach Elisabeth von Rosenzweig wird 1895 noch eine andere der jungen Medizinerinnen in den Freitod gehen: Clara Neumann; von ihr ist am wenigsten bekannt, obwohl sie offenbar in Zürcher Literatenkreise geraten war: Franz Blei raunt einiges Undeutliche über sie in seiner ‹Erzählung eines Lebens›.

Anlässe zur Resignation gibt es genügend, während des Studiums und erst recht danach. Der Einstieg ins Berufsleben ist mühsam. Und mit dem Aufhören der studentischen Gemeinschaft wird die gesellschaftliche Isolation für die jungen Akademikerinnen fühlbarer – daß einige nach Beendigung ihres Studiums regelrecht schwermütig wurden, erwähnt Ricarda Huch, der das Zürcher Leben nach dem Examen selber immer schwerer wird, in ihren Briefen. – Wobei es schon mit der studentischen Gemeinschaft eine fragwürdige Sache ist: es scheint, als hätten in dem damals doch kleinen Zürich die Studentinnen, die heute gern als zur gleichen Zeit dort studierend erwähnt werden, einander kaum gekannt, als hätte es lauter Grüppchen gegeben, zwischen denen kein rechter Kontakt bestand. Daß so wenige Zeugnisse erhalten (oder bekannt) sind, verstärkt diesen Eindruck natürlich. Aber unter den einzelnen Freundinnenkreisen hat es wohl tatsächlich wenig Kommunikation gegeben; möglicherweise wegen des Zeitdrucks, unter dem die Frauen, weil spät und unter erschwerten Bedingungen zum Studium gekommen, stärker als ihre Kommilitonen standen; möglicherweise aber auch aus Furcht vor zuviel von der Öffentlichkeit mißzuverstehender Gemeinsamkeit.

Im September beordert der durch Ricarda Huchs teils verzweifelte, teils ruppige Briefe beunruhigte Richard sie zu einem kurzen Treffen. Nach den darauffolgenden Briefen ist es diesmal keine zärtliche Begegnung gewesen. Er ist gekränkt, daß sie ihm nicht glaubt. Sie versichert, daß sie ihm glaube – irgendwann wird er zu ihr kommen. Aber wann? Und wie eigentlich sollte das möglich werden? Nein, liest man zwischen den Zeilen, glaubt sie ihm wohl nicht mehr. Und gerät dann in Panik, wenn er sie, der Auseinandersetzungen mit ihr müde, wieder einmal auf Briefdiät setzt. So unwahrscheinlich eine in ungewisser Zukunft stattfindende Scheidung von Lilly für sie auch geworden sein mag, so unglaubwürdig seine ständigen Erörterungen des Themas – inzwischen wird von ihm sogar ein gemeinsames illegales Zusammenleben in Amerika erwogen –, so sehr ist sie doch auf seine regelmäßigen Briefe mit wenigstens diesen Erörterungen angewiesen. Sobald sie den Eindruck hat, er richte sich ein in dem momentanen Zustand, fühlt sie sich von ihm aufgegeben, in irgendeine Bodenlosigkeit gestürzt und bettelt geradezu um seine Briefe.

Wenn sie insgeheim an ihm zweifelt, so zweifelt er seit dem Ursleu-Roman auch an ihr, und das nicht einmal insgeheim. Ihre platonischen Verstrickungen werden für ihn zum Argument gegen sie: wie kann er ihr noch vertrauen nach der Geschichte von Gaspard und Galeide, ihren dauernden Geständnissen immer wieder neuer Anfälle mit dem kleinen Marmier? Was sie vielleicht einmal forciert hatte, um ihn endlich aus der Reserve zu locken, zu einer Entscheidung zu provozieren, wendet sich gegen sie. Und wenn sie auch nicht mehr unbedingt auf ihn rechnet, so ist doch sicher, daß sie Richards Anspruch auf ihre absolute Treue (auch die in Gedanken), ihre bedingungslose Liebe (wie immer er sich auch verhalten mag) akzeptiert. Sie fühlt sich tatsächlich schuldig wegen ihrer ständigen Anfälligkeit für Versuchungen, die sie doch so glaubhaft erklären kann: «ich unglückseliger Kerl brauche Gegenwart». Um den Versuchungen durch den «verwünschten Bengel» ein Ende zu machen, verläßt sie schließlich im Herbst 1894 die Pension Walder, mit der sie inzwischen ein paarmal umgezogen ist und die ihr in den letzten drei Jahren ein Stück Zuhause geworden ist – so wie das Logis bei Frau Wanner ihr einmal ein Stück Zuhause in Zürich gewesen war –, und zieht in ein neues Quartier in der Kirchgasse. Sie wird dort merken, daß der Umzug vergeblich war, nicht nur, daß die Phantasien um den kleinen Marmier sie auch dorthin verfolgen, diese Phantasien sind ohnedies nur Ausdruck ihrer unbefriedigenden Existenz. Sie geht auf Eis mit ihrer mühsam gewahrten Respektabilität.

Den Sommer hat sie sich durch ein Übermaß an Arbeit verdorben. Und Ende des Jahres hat sie das deprimierende Gefühl, es keinem recht, vielleicht sogar alles falsch gemacht zu haben. Im Bibliothekskonvent will man nichts mehr hören von einer erneuten Genehmigung für die verkürzten Dienstzeiten des unentschiedenen Fräuleins, das sich «außerstande» sieht, «so viel zu arbeiten», wie befremdet zu Protokoll genommen wird, und Ricarda Huch bleibt nichts weiter übrig, als ihren Sekretärsposten zur Verfügung zu stellen, der denn auch vorzeitig aufgelassen wird (nicht zum Schaden der beiden Bibliothekare, deren Stundenzahl und damit Gehalt sich erhöht). Dabei ist gerade um diese Zeit die feste Anstellung als Lehrerin wieder höchst unsicher. Als im Herbst 1894 auch noch die ‹Gedichte› unter Ricarda Huchs Namen erscheinen, flammt das Mißtrauen der Schulaufsichtskommission gegenüber einer «solchen Lehrerin» erneut auf, zumal Anfang des nächsten Jahres nun endlich über die immer noch nur provisorisch besetzten Schulstellen entschieden werden muß. Kaspar Grob, als Regierungsrat des Kantons für die Schule zuständig, lädt sie zu einem Gespräch, in dem er ihr nahelegt, auch einmal etwas für junge Mädchen zu schreiben – wenn sie denn durchaus neben ihrem Beruf schriftstellern wolle. Ricarda Huch lehnt das ab, verweist darauf, daß sie auf ihre Inspiration angewiesen sei, und Kaspar Grob gibt sich mit dem Ergebnis der Unterredung zufrieden – so ist das Gespräch einige Male überliefert, in den Briefen an Richard, später in Marie Baums Biographie über Ricarda Huch. Kaspar Grob gehört zu den frauenfreundlichen Vertretern der Zürcher Regierung und ist ihr durchaus wohlgesonnen. Daß das Gespräch für Ricarda Huch trotzdem ängstigender gewesen sein mag, als sie vor Richard zuzugeben bereit ist und als Marie Baum später wahrhaben mochte, daß sie wohl auch nicht so ganz ohne «Concessionen» davonkam, zeigt ein Brief Robert Saitschicks an Ricarda Huch vom Dezember 1894, in dem er sein ironisches Bedauern über die schlaflosen Nachtstunden äußert, die ihr das «fromme Weihnachtslied» bereitet habe. Die von ihr ohnedies ungeliebte Schulstelle war von ihrem Wohlverhalten und dazu von einer gewissen Protektion abhängig.

Ebenfalls als von Protektion abhängig hatte sich ihre Aufenthaltsbewilligung für die Schweiz erwiesen. Sie war nach der Beendigung des Studiums mit einer Legitimationskarte aus Braunschweig für eine Weile so «durchgerutscht». Als sie an der städtischen höheren Töchterschule zu arbeiten beginnt, stellt sich heraus, daß sie gar nicht niederlassungsberechtigt ist, weil sie keinen Heimatschein beibringen kann, denn sie ist in Braunschweig nicht Bürgerin; ihre Staatsbürgerschaft richtet sich nach der des Vaters, und der war durch die Niederlassung der Firma Huch & Co. in Porto Alegre brasilianischer Staatsbürger geworden, worüber es aber keine Unterlagen mehr gibt. Ricarda Huch ist also heimatlos, staatenlos, «Vagabund», wie sie schreibt. Die Auseinandersetzungen über den fehlenden Heimatschein spielen eine ziemliche Rolle in der Korrespondenz mit Richard von 1893, «taubenhaft unschuldig» nennt sie ihn, weil er ihre Schwierigkeiten nicht ernst nehmen will. Insgeheim mag sie darauf gehofft haben, nach zehn Jahren des Aufenthalts in der Schweiz das Bürgerrecht geschenkt zu bekommen – dafür gab es Präzedenzfälle. Daß vor der Anerkennung des Bürgerrechts die Niederlassungsbewilligung in der Schweiz notwendig war, ignorierte sie kühn. Sie hat sich, aus Ungeduld, aus dem ihr eigenen anarchistischen Lebensgefühl mit solch bürokratischen Dingen nie beschäftigen, geschweige denn abfinden mögen. Die Schwierigkeiten wurden schließlich 1894 vorläufig dadurch beigelegt, daß Hermann Reiff, einer der sehr reichen Bürger Zürichs, vor der Fremdenbehörde für sie gutsagte; vorläufig beigelegt, nicht endgültig. Ricarda Huch hatte keine wirkliche Niederlassungsbewilligung in der Schweiz und damit kein Recht auf Einbürgerung, auch nicht nach einer gewissen Frist.

Den Weihnachtsabend von 1894 verbringt sie mit Marie Baum und Marianne Plehn. Durch die Vorfreude beschwingt, dazu durch die doppelte Eskorte beschützt, vermag sie sich in der Vorweihnachtszeit sogar wieder einmal dazu aufzuraffen, den konservativen Richard ein wenig zu stichein, freilich nur zu stichein, die Lust an den zu Anfang ihrer Zürcher Jahre so temperamentvollen politischen Auseinandersetzungen mit ihm ist ihr inzwischen vergangen. Ob er ihr nicht eine Prachtausgabe vom ‹Sang an Aegir› schenken wolle, fragt sie ihn, der werde gerade von einer Militärkapelle in Zürich aufgeführt, und sie wäre gern hingegangen, doch Bäumchen und Plehn hätten keine Lust gehabt ... Der ‹Sang an Aegir› ist das Opus magnum von Kaiser Wilhelm II., vom ihm komponiert und – mit fürstlicher Freundeshilfe – auch gedichtet, nach der Uraufführung während eines Potsdamer Hofkonzertes im Sommer 1894 ist er inzwischen auch gedruckt worden, wie das Berliner ‹Magazin für Litteratur› im Oktober informiert: «in 13 Ausgaben, darunter eine für höhere Lehranstalten und eine für Kavallerie-, Jäger- und Pioniermusik. Vermißt wird eine für Marinemusik, worüber die wilde Ran, Aegirs ungeberdige Gattin, die Wellenhexe, billig böswerden kann. Die Expedition aller Ausgaben erfolgt, obwohl den Sortimentern bloß 20 % Rabatt gewährt wird, selbstverständlich nur gegen bar. Wenn die Könige dichten haben die Verleger zu leben.»

Die Weihnachtstage werden kläglich, Ricarda Huch leidet wieder unter Gerstenkörnern. Und der diesjährige Silvesterbrief an Richard, geschrieben in der Erwartung eines nach Weihnachten lange ausbleibenden Briefes von ihm, ist ein so fahriges wie zorniges und fast unleserliches Gekritzel in Bleistift: «... ich will Dir etwas sagen, wenn wir uns dies Jahr nicht auf einige Zeit treffen können, werde ich ganz gewiß verrückt oder stelle irgend etwas Verrücktes an. Ich halte es ganz gewiß nicht aus. Mein Gott, es muß doch auf irgendeine Weise zu machen sein. Nur acht Tage!

Ich bin zu allem bereit, auch irgendein wohlschmeckendes und gutartiges Gift zu nehmen, das will ich wirklich gern, aber dies Leben so weiter hinschleppen, ohne Glück, ohne Hoffnung, das kann ich nun einmal nicht. Was hat nun Dein ganzer Tugendapparat vom vorigen Jahr genutzt? Niemandem etwas, weder Lilly noch Dir, und mich hat er sehr unglücklich gemacht. Bitte schreibe mir und liebe Deinen armen kleinen Fritz.»

«Ich habe Zürich ganz ausgequetscht»

Das neue Jahr beginnt für Ricarda Huch mit «Selbstmordgedanken» – so jedenfalls ist in einem Brief Robert Saitschicks an sie vom Januar 1895 zu lesen.

Robert Saitschick, 1867 in Russisch-Litauen geboren, hat 1889 in Bern promoviert, im Dezember 1894, als er Ricarda Huch durch Widmann kennenlernt, ist er Privatdozent für vergleichende Literaturgeschichte in Neuenburg, er hat damals bereits einiges publiziert, ist belesen in vielerlei Sprachen, ein Kenner vornehmlich der russischen und der modernen französischen Literatur. Das Fräulein gefällt Saitschick, obwohl ihn ihr ehrpusseliges Gehabe zum Spott reizt, ihr schirmendes Gefolge von Freundinnen, er sie wohl auch für ein wenig deutsch-provinziell hält, «mörikemäßig gefärbt» in ihren literarischen Ansichten: «Ihr Standpunkt ist entschieden eng ... Sie haben sich mit einer Kruste umgeben, aus der Sie nicht hinausgehen wollen, da sie Ihnen augenscheinlich sehr bequem ist.» Er mag den Ursleu-Roman akzeptiert haben, auch ihre Gedichte, kaum aber ihre bis dahin vorliegenden Erzählungen. Was ihn nicht daran hindert, ihr zu Weihnachten eine Apollobüste zu schenken – nach einiger Verlegenheit reicht Ricarda Huch die pathetische Gabe an Hedwig Waser weiter, die sich gerade als Rezensentin um sie verdient gemacht hat. Mit der Witterung des Außenseiters für andere Außenseiter spürt Saitschick, daß Ricarda Huch so ausgeglichen und heiter nicht ist, wie sie sich für gewöhnlich gibt, daß sie sich im Gegenteil überhaupt nicht wohl fühlt in der Rolle, die sie in Zürich zu spielen hat. Er schenkt ihr Bücher, empfiehlt ihr die Lyrik der französischen Symbolisten und das Studium der Novellen von Mérimée, Puschkin und Turgenjew. Er lädt sie nach La Chaux-de-Fonds ein, um ihr im Berner Oberland zu zeigen, wie der russische Winter aussieht, gar zu einem Ausflug nach Paris – «wobei seine menschenfreundliche Absicht ist, mich dem Philistertum zu entreißen», wie Ricarda Huch übermütig an Widmann schreibt. Saitschick macht ihr heftig den Hof, dabei (im Ton seiner Briefe) ganz der ironische Mann von Welt, der ein wenig blasierte Erzieher. Nach seinem ersten Besuch bei ihr schickt er, neben einigen Büchern, einen Aschenbecher – damit er, wenn er sie das nächste Mal besuche, «in aller Ungezwungenheit rauchen» könne. Er nimmt auch sonst kein Blatt vor den Mund seinem «Edelfräulein» gegenüber, schont weder ihre «Mondscheingefühle», die allein sie in der Poesie gelten lassen will, noch ihre Manie der «süßen» Adjektive, kritisiert höchst ungalant sogar ihr biederes Schuhwerk: «Lassen Sie sich nur nicht von der schlottrigen ökonomischen Weisheit der Blaustrümpfe einnehmen.» Und natürlich sagt er ihr immer wieder, wie sehr sie ihm gefällt. Er wird ziemlich deutlich. «Eine Frau, die einmal erfahren hat, was Liebe ist, ist niemals abgeneigt, die Erfahrung zu wiederholen, darin besteht ein großer Reiz, den solche Frauen ausüben, während die entsagenden, man nennt sie auch resignirenden, Jungfrauen unausstehlich sind.»

Eine Weile gefällt es ihr in seiner Gesellschaft. Sie findet ihn «interessant in der Unterhaltung», wie sie Widmann gesteht. Er ist kein Philister wie die meisten ihrer Kollegen an der höheren Töchterschule, und er ist, obwohl wieder einmal ein paar Jahre jünger als sie, so sehr viel welt- und literaturerfahrener als die Studenten, mit denen sie sonst umgeht. Er hat Format, von ihm mag sie sich kritisieren, sogar ein wenig schrauben lassen. Aber plötzlich wird es ihr zu bunt – vielleicht hätte er nicht «prüde» nennen dürfen, was für sie und ihre Freundinnen ganz einfach Rücksichtnahme auf die herrschenden Konventionen ist. Jedenfalls gibt er ihr «Anlaß», ihn «energisch in die Schranken zurückzuweisen», wie in einem Briefe Widmanns an Ricarda Huch Ende April 1895 zu lesen ist, sie verweigert ihm den Besuch. «Märchenhaft grob» will sie ihn behandelt haben – daß dem tatsächlich so war, daran läßt Saitschicks letzter Brief vom 10. April an sie keinen Zweifel.

Offenbar war er – obwohl er sich doch als «Seelenanatom» sah – seiner Sache allzu sicher. Nach den erhaltenen Briefen Saitschicks an Ricarda Huch (vom Dezember 1894 bis zum April 1895) hat sie ihn eines ziemlich weitgehenden Vertrauens gewürdigt. Er kennt ihre unglückliche Liebesgeschichte, ihre Einsamkeiten und Depressionen; er kennt auch ihre Schulzwänge genauer als andere Briefpartner; nicht Richard oder Widmann – Saitschick gesteht sie, daß die Erziehungsdirektion ihr das Zugeständnis eines «frommen Weihnachtsliedes» abgenötigt hat. Doch endlich macht der immer kühner werdende Robert Saitschick ihr wohl einfach Angst – Angst, sie könnte ihm mit ihren Offenherzigkeiten schon zu weit entgegengekommen sein, sich wieder einmal als verführbar erwiesen haben.

Wobei Widmann an ihrem Bruch mit Saitschick nicht ganz unbeteiligt gewesen sein dürfte. Zwar hat er, dem sie, ähnlich wie Richard, im Herbst 1894 wiederholt von ihrer Langeweile schreibt, von ihrer Sehnsucht nach ganz neuen, bedeutenden Menschen, die Bekanntschaft der beiden vermittelt, als er aber Ricarda Huchs deutliches Vergnügen an diesem Umgang spürt, gar von Saitschicks Einladungen hört, reagiert er massiv. Er hat ohne viel Bedenken zu einer

Ehe ohne richtige Liebe mit dem gesellschaftlich passablen Zaeslin geraten, die Werbungen Saitschicks kann er nicht dulden. Da ist einmal die ihm bekannte Armut des jungen Russen – daß Saitschick sehr wohl «erwerbsfähig» ist, läßt sich erst absehen, als er im Wintersemester 1895/96 mit seinem Literaturkolleg am Polytechnikum in Zürich Aufsehen macht. Und da gibt es zum anderen ganz irrationale Gründe: Bei aller Interessantheit Saitschicks habe er doch eine «körperliche Antipathie» gegen ihn, schreibt Widmann an Ricarda Huch im Januar 1895, «er ist mir als russischer Jude zu schmutzig, rückt mir zu nahe auf den Leib beim reden».

Antisemitische Bemerkungen (zumeist richten sie sich, weniger rüde, gegen die Berliner «Literaturjuden», gegen vorlaute Rezensenten: die «dreisten Spatzen aus dem Orient») sind bei dem doch liberalen Widmann nichts Ungewöhnliches. Und seine Korrespondenzpartnerin Huch, die sich ansonsten nicht scheut, auch einmal anderer Meinung zu sein, nimmt diese Bemerkungen unwidersprochen hin. Ja, sie selber liefert Kostproben davon, wenn auch keine so unappetitlichen. Es gehört zur Schizophrenie dieser Art des unreflektierten, zum Jargon gewordenen Antisemitismus im Intellektuellengerede des 19. Jahrhunderts, daß derselbe Widmann, der die junge Dame eifersüchtig vor dem schmutzigen jüdischen Mann bewahren will, sich wenig später, 1902, unter Einsatz all seiner furiosen publizistischen Mittel für den Dozenten Robert Saitschick engagiert, dem die Zürcher Schulbehörde die Lehrerlaubnis beschneidet – aus vor allen antisemitischen Gründen, wie Widmann ganz richtig argwöhnt und argumentiert.

In Ricarda Huchs Briefen an Richard wird Robert Saitschick nicht einmal erwähnt. Die Aufregungen der letzten Jahre mögen sie gelehrt haben, Richard nicht mehr von jedem neuen Erlebnis sofort zu erzählen. Es kann aber auch sein, daß sie nicht wußte, wie sie ihm diesen Verehrer präsentieren sollte – verkleinern oder verniedlichen ließ er sich offenbar nicht. Mit dieser Methode stellte Ricarda Huch ihre Versucher als ungefährlich dar, auch vor sich selbst; was sich verkleinern läßt, das ist auch handhabbar.

Saitschick war für sie offenbar nicht auszurechnen – daher auch der dramatische Abbruch der Bekanntschaft. Der Umgang mit ihm hieß Auseinandersetzung mit Dingen, die Ricarda Huch neu waren, und das machte diesen Umgang anfangs spannend. Der spöttischen, von Lektürehinweisen begleiteten Kritik ihrer «Mondscheingefühle» durch Saitschick ist vermutlich jener desillusionierte Blick auf die Liebe geschuldet, mit dem sie im ‹Lügenmärchen› erstmals überrascht. Aber Saitschick war auch, was der vorsichtig gegen das «Emanzipierte» nöckernde und taktierende Richard sich so offen nie zu sein getraut hätte: ein Misogyn. Wohl wirbt er um sie, ihre Umgebung jedoch, die Lehrerinnen, studierten Frauen, verachtet er ganz unverhohlen. Vielleicht kam also ihre Weigerung, sich auf eine längere Bekanntschaft mit ihm einzulassen, aus der Ahnung von etwas ihr Unzuträglichem? Vielleicht aber fehlte ihr in der engen Umgebung auch einfach nur der Spielraum, der notwendig gewesen wäre, um diesem zwar anregenden, doch anstrengenden Verehrer mit mehr Gelassenheit begegnen zu können. Seine Briefe an sie sind so gescheit wie amüsant frech. Das liest sich heute natürlich anders als damals für eine junge Dame, die von unerfüllten sexuellen Wünschen, Schulüberdruß, Schreibbehinderung und nicht zuletzt auch der Furcht um ihren guten Ruf geplagt war. Gar noch der alltäglichen Rücksichtnahme auf eine neugierige Zimmerwirtin. Es gibt in den Briefen an Richard, der dauernd über ihren gesellschaftlichen Status zu beruhigen war, keine genauen Schilderungen der Zürcher Untermietkalamitäten; selbst die «Kräche», die die frischverliebte Salomé zu bestehen hatte, werden zwar erwähnt, bleiben aber unerörtert. Vom Typ jener – nach den auffallend häufigen Umzügen der meisten Zürcher Studentinnen – vermutlich gar nicht so seltenen Wirtin, die noch die Post der bei ihr logierenden Fräulein mitliest und anonyme Briefe schreibt, erfahren wir erst einiges aus Ricarda Huchs Briefen vom Frühsommer 1897, die nicht an Richard, sondern an Marie Baum gerichtet sind. – Zürich, die Stadt der befreiten und doch wieder eingesperrten Frauen!

Ricarda Huch wartet noch immer auf die feste Anstellung als Lehrerin, da spricht sie schon davon, sie wieder aufgeben, eventuell gar nicht erst antreten zu wollen. In einem Moment des vollkommenen Überdrusses erwägt sie, der höheren Töchterschule noch vor den nächsten Stellenausschreibungen zu kündigen, sie will Marianne Plehn und Marie Baum den Haushalt führen, gegen freie Kost, und daneben schreiben. Ins Wanken geraten solche Pläne dann bereits durch eine unfreundlichere Kritik ihrer ‹Gedichte› in der Wiener ‹Zeit›: wieso braucht sie Zeit zum Schreiben, wenn sie ja doch nicht schreiben kann! Das vergangene Jahr wird auch als eines der beruflichen Mißerfolge empfunden. Im Spagat zwischen Schule und Bibliothek hat sie die Bibliothek aufgeben müssen und damit vorläufig nichts gewonnen außer dem verstimmenden Gefühl, sich die Bibliotheksherren etwas verärgert zu haben. Und das Gespräch mit dem Schulpräsidenten hat sie in der Befürchtung bestärkt, daß ihre Karriere nach wie vor an einem seidenen Faden hängt, abhängig ist von der Nachsicht der Zürcher Bürgerschaft ihrer Schriftstellerei gegenüber.

Abhängig auch von ihrer guten Aufführung im Privatleben. Sie haßt diese Abhängigkeit, und sie fühlt sich in ihrer Unruhe immer dicht am Rande eines Skandals, beobachtet, diszipliniert, bedroht. Es ist sicher nicht von ungefähr, daß sie Saitschick genau zu der Zeit, da sie die feste Anstellung an der höheren Töchterschule erhält, die Tür weist. Wie sehr bereits Widmanns Äußerungen über Saitschick sie verunsichert haben mögen, zeigt, daß sie unmittelbar darauf an Richard schreibt, sie müsse trachten, von Zürich wegzukommen, es enge sie ein, schnüre ihren Lebensmut. Schon der Gedanke, diese «tadellose Erbärmlichkeit hier nicht länger erdulden» zu wollen, belebe sie. Sie fühle sich in Zürich inzwischen ungefähr so, wie früher in Braunschweig, gesteht sie. «Es steigt ein Hang zu den tollsten Sachen in mir auf, nur um das Bewußtsein der trostlosen Einöde los zu werden.» Auch an Widmann schreibt sie, daß sie fort müsse: «Ich habe Zürich ganz ausgequetscht, es fließt mir kein Lebenssaft mehr daraus zu.» Und Widmann tut, was er immer tut, wenn er sie in Depressionen weiß: er versucht, sie zum Schreiben zu ermuntern – ihre Schriftstellerei scheint ihm ohnedies das geeignetste Mittel, sie aus ihren jetzigen bedrängten in behaglichere Lebensverhältnisse zu bringen. Doch seine Ermunterungen haben zunächst wenig Erfolg, sie ist zu mißmutig, zu erschöpft, fühlt sich «stagnieren».

Nachdem noch ein dritter Lehrer der höheren Töchterschule zum Hochschulprofessor berufen worden und das nun zwei Jahre währende Provisorium im Deutsch- und Geschichtsunterricht nicht mehr aufrechtzuerhalten ist, werden zwei Stellen ausgeschrieben. Ricarda Huch bewirbt sich und erhält Ostern 1895 endlich die definitive Anstellung an der höheren Töchterschule der Stadt, für zunächst sechs Jahre und mit 20 Wochenstunden, die

Wochenstunde zu 150 Franken jährlich, das macht ein Jahresgehalt von 3000 Franken. Sie wird als Lehrerin für Deutsch und Geschichte an den Fortbildungs- und Handelsklassen engagiert, den Unterricht an den Seminarklassen mag man ihr wohl noch immer nicht zutrauen. Aber immerhin – Hans Bodmer, mit ihr zusammen einst als «Hülfslehrer» eingestellt und gleich ihr nicht so recht in der Gunst der Schulaufsichtskommission, wird nicht mehr gewählt und darf nun all seine Kraft dem Lesezirkel Hottingen widmen. Daß sie das ihr aufgezwungene Konkurrenzverhältnis zu Hans Bodmer, der ihr sympathischer war als die meisten anderen Kollegen, bedrückte, hat sie verschiedene Male geäußert. Daß der Unterricht in den Seminarklassen nach wie vor Männern vorbehalten bleibt, sie dafür nur vertretungsweise in Frage kommt, mag sie geärgert haben. Geäußert hat sie sich darüber nie. Als sie die Stelle, um die sie sich doch zwei Jahre lang angestrengt bemüht hat, endlich erhält, ist sie das Schulehalten längst leid. Es hat sich inzwischen herausgestellt, daß ihr Lampenfieber vor jeder Stunde, ihre Befangenheit (sie schreibt «Angst») vor den Schülerinnen nicht nur Anfangsschwierigkeiten waren. Sie hat ganz einfach keine Begabung für den Lehrberuf, er interessiert sie auch nicht, nicht einmal die Schülerinnen interessieren sie genügend. Es passiert ihr, daß sie nach einem Urlaub die Namen der Mädchen in der Klasse vergessen hat. Sie geht auf Schulreise mit den Backfischen und ist erstaunt über deren Schwärmerei für sie, ja, diese Schwärmerei geniert sie geradezu, sie kann sich da nicht hineindenken, sie hat diese Backfischgefühle offenbar vergessen. Sie hat wohl auch Schwierigkeiten mit den Kollegen, zumindest keinen persönlichen Kontakt zu ihnen, sie langweilen sie so, daß sie nicht einmal ihre karikaturistische Beobachtungsgabe reizen. Wie es auf einer philiströsen Professorengesellschaft zugeht, hat sie mit Genuß beschrieben. Wie es im Lehrerzimmer der höheren Töchterschule der Stadt Zürich aussah, ist erst später aus den Briefen Hedwig Wasers zu erfahren, die 1896 dort einzieht und die genau den Spaß am Lehrberuf hat, der Ricarda Huch fehlt.

Vor ihrer Wahl haben die Freundinnen, die ihren Schulüberdruß kennen und wohl auch manchmal ihre Verzweiflungsausbrüche über dieses «entsetzliche Kodderleben» nicht mehr hören können, gelegentlich geäußert, es wäre besser für sie, sie bekäme die Stelle nicht. Aber vermutlich sind sie alle erleichtert, als sie die Stelle hat, weil sie wissen, daß sie die Stelle braucht. Sie alle sorgen sich ums Geld, um einen Beruf, der ihnen mit dem abgeschlossenen Studium keineswegs sicher ist. Marianne Plehns halbe Assistentenstelle an der Universität, von der ohnedies nur zu leben ist, wenn sie nebenbei Privatstunden gibt, läuft nach ihrer Promotion im nächsten Jahr aus, und was danach werden soll, ist ungewiß, da auch sie trotz ihrer Examina fürs höhere Lehramt in den naturwissenschaftlichen Fächern kaum eine Chance hat, in Deutschland eine Anstellung zu erhalten. Marie Baum, deren Familie durch die schwere Erkrankung des Vaters in finanzielle Bedrängnis geraten ist, muß, wenn sie ihr Studium beenden und promovieren will, irgendeine Assistenz finden. Und Hedwig Waser, die zwar noch daheim wohnt, aber keineswegs aus vermögender Familie stammt, versucht sich seit der Promotion als Rezensentin und Herausgeberin.

Ricarda Huchs Schulstelle ist also geradezu ein Glücksfall. Doch ihr selbst wird panisch bei dem Gedanken, nun auf ewig zu der Zürcher Langeweile verdammt zu sein, zur möglichen Wiederkehr solcher in vielerlei Hinsicht unangenehmer Situationen wie der mit Saitschick. Die Vorstellung, sie könnte nach soundso viel Jahren immer noch eine geachtete, nebenbei schriftstellernde Lehrerin in Zürich sein, entwickelt sich zum Albtraum.

Widmann weist sie, als ihre Klagen über das Schuldasein nicht aufhören wollen, sogar ein wenig zurecht, stellt ihr vor, um wieviel freier sie doch sei als eine in vielerlei Familienrücksichten eingebundene Tochter. Seine Pflichten habe schließlich jeder, darüber hinaus aber könne ihr keiner Vorschriften machen, selbst wenn es ihr einfiele, mit einem noch so späten Dampfer auf dem See spazierenzufahren. Zürich sei doch immerhin schon so beträchtlich, daß sie nicht damit rechnen müsse, alle nasenlang auf ein Mitglied ihrer Schulaufsichtskommission zu stoßen. Damit hat er, der seinerseits unter den «biedern Bernern» leidet, wohl recht, aber die eigentlichen Gründe ihres Unbehagens mißversteht er. Vermutlich ist er gar nicht imstande, sie ihr zuzubilligen, weil er – wie jedermann seiner Zeit – befangen ist in einem Mißverständnis von der «weiblichen Natur». Vieles von dem, was Ricarda Huch ihm ziemlich offenherzig mitteilt, setzt er auf das Konto ihrer Phantasie, oder er findet ihre frondierenden Bemerkungen «belustigend», sie ist eine geist- und einfallsreiche, aber eben doch eine junge Dame für ihn. Auf Bemerkungen wie jene, daß Frauen ebenso sinnlich seien wie Männer und daß man mit der Voraussetzung des Gegenteils großes Unrecht gegen sie begehe, mag er, der darauf achtet, daß seine Tochter Johanna die vorgeschriebenen weiblichen Pfade wandelt, sich nicht einlassen. Und das ganze Ausmaß ihrer Unruhe hätte ihn als Anzeichen unziemlicher Abenteuer- und Ausbruchslust wohl erschreckt. Daß sie sich oft vorkomme wie Achill in Mädchenkleidern oder wie ein alter Heidengott im Christenhimmel – so etwas kann Ricarda Huch nur gegenüber Richard äußern.

Diese wilde Lust erschreckt auch Richard, obwohl er ihre Äußerungen hinnehmen muß – denn was immer sie sich sonst noch sein mögen, durch ihre «gemeinsame Schuld» sind sie auch Spießgesellen geworden. Und natürlich hat er, wenn er sie zu zähmen versteht, auch eine Menge Genuß von dieser Lust. Er ist jemand, der dem Genießen schwer widerstehen kann. Das in Ricarda Huchs Briefen oft auftauchende Wort «Genußfähigkeit» stammt vermutlich von ihm. Vermutlich sind seine Fähigkeit und seine Bereitschaft zum Genuß ein nicht unwesentlicher Bestandteil seines Charmes.

Im Sommer 1895 soll es wieder eine gemeinsame Reise geben. Der Ärger beginnt bereits bei der Vorbereitung. Richard Huch erwägt immer neue komplizierte Ausreden der Familie gegenüber, und Ricarda Huch reagiert unwirsch: dieser Lügen überführt zu werden kann kläglich enden. Warum, so schlägt sie zum wiederholten Male vor, sagt er nicht endlich, er wolle bei der Familie bleiben, verlange aber, jeden Sommer ein paar Wochen mit Ricarda zusammensein zu können. Eine Lösung, die, wie sie findet, sowohl Lilly als auch die Großmutter zufriedenstellen müßte und das gräuliche Lügenmüssen endlich überflüssig machte. Doch schließlich resigniert sie wieder vor seinen Argumenten: natürlich könne sie die Braunschweiger Verhältnisse nicht so beurteilen ...

Sie treffen sich im August in Brüssel, sehen die Museen, besuchen auch Brügge und Gent, doch alles in Eile. «Stell Dir vor, wir müssen nach London», schreibt sie, die sich am liebsten in einer kleinen süddeutschen Stadt mit Richard getroffen hätte, an Marie Baum – «wie entsetzlich!» Es gilt, die Familie glauben zu machen, Richard verbringe dort mit einem Bekannten seinen Urlaub. Ihr Unmut weicht bald der Begeisterung, sie wohnen am Trafalgar Square, im Jahr zuvor ist die Tower-Bridge eröffnet worden – sie wird später eine Weile von den Londoner Eindrücken zehren, auch das Staunen Widmanns und ihrer Kollegen über eine solche, damals noch außergewöhnliche Auslandsreise genießen. Allerdings bleiben die Londoner Tage nicht lange ungetrübt, und den Plan, anschließend ein paar ruhige Tage auf der Insel Wight zu verbringen, müssen sie aufgeben. Von Lilly, die in einem belgischen Seebad Urlaub macht, kommt ein Brief: sie will Richard in London besuchen. Es gelingt ihm, das abzuwenden, indem er Lilly vorschlägt, ihn in Brüssel zu treffen, von dort aus noch eine Woche gemeinsam mit ihm ans Meer zu gehen. Am Vorabend des mit Lilly verabredeten Treffens fahren sie von London ab, Ricarda Huch will frühmorgens von Brüssel aus nach Basel weiterreisen. Doch der Zug von Ostende nach Brüssel bleibt die Nacht lang auf der Strecke liegen, auf der es kurz zuvor ein Eisenbahnunglück gegeben hat. Die beiden müssen schließlich fürchten, daß Lilly, die nach London telegrafiert hatte, sie werde schon einen Tag früher in Brüssel sein, Richard am Bahnhof erwarten könnte. Ricarda steigt also in Gent aus, um erst am nächsten Tag nach Brüssel zu fahren. Daß sie sich in Gent vorgekommen sei wie ein ausgesetzter Ödipus, erwähnt sie im ersten Brief nach der Reise an Richard und plaudert ihm dann vor, was alles sie nach ihrer Rückkehr schnell noch habe in Zürich besorgen müssen, ein Bad nehmen, Shampooing nehmen, Gehalt abholen, ehe sie nach St. Antönien in Graubünden aufbrechen konnte, wo Bäumchen und Hedwig Waser auf sie warteten. Aber sie ist gar nicht in St. Antönien gewesen! Sie hat Marie Baum abgeschrieben und sie gebeten, noch einen letzten Brief für die Großmutter in St. Antönien einzustecken. Offenbar mochte sie nach dieser Reise nicht einmal den Freundinnen Rede und Antwort stehen.

Sie vermeidet strikt, über den kläglichen Ausgang der Reise mit Richard zu briefwechseln, ihm gar Vorwürfe zu machen. Was es mit der Erwähnung von Gent und ihrem Gefühl des Ausgesetztseins überhaupt auf sich hat, erfahren wir aus einem Brief an Emma Reiff, die im Seebad Knocke Ferien macht. Ihr schildert Ricarda Huch das «schreckliche» Ende in allen Details – sie sei sich vorgekommen wie Hagar, als sie in die Wüste gestoßen wurde, schreibt sie. Aber ob sie ihre Empfindungen nun mit einem Bild aus der griechischen Mythologie oder einem aus dem Alten Testament zu illustrieren sucht: in Wahrheit ist die Geschichte allzu billig, der Vorwurf für eine Boulevardkomödie: der Urlaub des treulosen Ehemannes angeblich mit einem Freund, die Angst vor der Entdeckung durch die ahnungslose Ehefrau. Richard mutet ihr viel zu, sie selbst mutet sich allzuviel zu. Erörtert wird das alles indessen nicht, nicht im Brief an Emma Reiff, nicht in den Briefen an Richard. In ihnen ist vor allem von den ihr «wohltätigen» Londoner Eindrücken die Rede, ihren neuen Lektüren. Sie hat Bücher aus London mitgebracht, Kriminalromane, einige Bände Dickens, Bulwer-Lyttons ‹Eugene Aram› – ein «höherer Detektiv Roman», der ihr Lust macht, selbst einmal so etwas Ähnliches zu schreiben.

Als alle tröstlichen Schmöker ausgelesen sind, stürzt sie sich in ein Übermaß an Arbeit, wie immer in Krisenzeiten. Zur Einweihung der neuen Tonhalle in Zürich im Oktober 1895 soll sie ein Festspiel dichten. Den ehrenvollen Auftrag verdankt sie vermutlich Hermann Reiff, der zu den Vorstandsmitgliedern der Tonhallegesellschaft gehört. Und die höhere Töchterschule will im Winter sechs öffentliche Vorträge von ihr.

Die Geschichte dieser Vorträge ist etwas undurchsichtig. Ricarda Huch, der schon vor ihren Unterrichtsstunden graute, wird sie kaum freiwillig übernommen haben. Die Schule veranstaltete seit einigen Jahren in den Wintersemestern abendliche Vorträge im Singsaal des Großmünsterschulhauses. Den Beginn machte, auf Einladung der Schule, im Winter 1893/94 die Ärztin Anna Heer, die über häusliche Krankenpflege und Hygiene sprach. Ihr folgte im nächsten Jahr die Juristin Emilie Kempin mit Vorträgen über Rechtsfragen, die sie selbst vorgeschlagen hatte und die von der Schule nach einigem Zögern genehmigt wurden und erst, nachdem Kempin versprochen hatte, die Gelegenheit nicht etwa für frauenrechtlerische Propaganda zu nutzen; vorsichtshalber wurde dennoch der Zutritt zu ihren Vorlesungen nur den oberen Schulklassen gestattet. Das Schulprotokoll vermerkt Erleichterung darüber, daß Frau Dr. Kempin sich ihrer Aufgabe in durchaus «taktvoller» Weise entledigt habe. Für das Wintersemester 1895/96 werden vom Rektorat gleich zwei Vortragszyklen vorgeschlagen: einer über moderne Literatur, für den Hedwig Waser verpflichtet werden soll, ein zweiter über ein vorerst noch unbestimmtes kulturhistorisches Thema, für den Ricarda Huch vorgesehen ist. Das könnte darauf schließen lassen, daß irgend jemand Hedwig Waser ein wenig protegieren wollte und daß, um die Deutschlehrerin der Schule nicht unnötig zu brüskieren, auch für sie etwas gefunden werden mußte. Hedwig Waser, die 1904 in ihrem ersten Aufsatz über Ricarda Huch diese Vorträge erwähnt, schreibt, daß die Freundin von der Schule dazu genötigt wurde und daß sie, um «wenigstens nicht poetisch» werden zu müssen, auf kulturhistorisches Gebiet auswich – die eigenen (poetischen) Vorträge verschweigt sie allerdings. Wie auch Ricarda Huch, als sie Richard von ihrem Vorhaben berichtet, Hedwig Wasers Vorträge mit keinem Wort erwähnt. Hedwig Waser hält sie noch im November und Dezember 1895, der Andrang ist so groß, daß nach den ersten beiden Vorträgen (über Otto Ludwigs ‹Der Erbförster› und Henrik Ibsens ‹Nora oder ein Puppenheim›) beschlossen wird, die nächsten jeweils an einem zweiten Abend zu wiederholen.

Das Thema, das Ricarda Huch vorschlägt, ist seltsam, wenn man bedenkt, daß sie seit Jahren in Pensionen lebt, zur Not die Teemaschine zu bedienen weiß und ihre Gäste mit den von der Großmutter geschickten Braunschweiger Lebkuchen, mit dem Inhalt der von Richard gelegentlich spendierten Biscuit- und Schokoladekisten bewirtet – über «Essen und Trinken bei allen Völkern und in allen Zeiten» will sie referieren. Sie hat sich etwas ausgesucht, womit sie den Winter über angestrengt zu tun haben wird. Richard, der ihr bei der Literaturbeschaffung helfen soll, erhält umfangreiche Titellisten, die verraten, daß sie in allen verfügbaren Lexika nachgeschlagen hat. Doch Richard, obwohl er die Bücher besorgt und schickt, bei sachverständigen Bekannten nachfragt und selber Hinweise liefert, scheint nicht so ganz einverstanden gewesen zu sein mit ihrer Themenwahl, zumindest scheint er ihr nicht applaudiert zu haben. Das enttäuscht sie, sie hat das Gefühl, er interessiere sich nicht mehr so recht für ihr Schreiben. Sie wolle nach den Vorträgen ein «köstliches Buch» aus dem gesammelten Material machen, erklärt sie, ein Buch, das den Grundstock für ihrer beider Reichtum legen werde.

‹Der Mondreigen von Schlaraffis›, den er liest, nachdem die Fortsetzungen in der Wiener ‹Zeit› vom Juli bis September 1895 abgeschlossen sind, führt zu einem neuerlichen Zerwürfnis zwischen ihnen – daß er die Erzählung überhaupt nicht verstanden habe, schreibt sie ihm. Was er verstand, das war, daß sie hier wieder eine Edouard Marmier-Geschichte erzählt hatte, nur hieß der jetzt nicht mehr Gaspard wie im Ursleu-Roman, sondern Dominik. Nun hätte er zwar in der Figur des vor der Liebe zaudernden Apothekers Dominik auch sich selbst erkennen können, doch gerade diese Geschichte mit ihrem so ausschließlich schweizerischen Kolorit wird ihm wieder einmal zum Beweis dafür, daß sie im Grunde den häßlichen Gaspard mehr liebe als den schönen Ezard. Seine Eifersucht auf den kleinen Marmier entlastet ihn von den Vorwürfen, die sie ihm machen könnte.

Er rächt sich prompt mit dem Eingeständnis einer kurzen, heftigen Verliebtheit. Und sie schreibt ihm daraufhin von einem Gefühl leidenschaftlichen Hasses, das sie plötzlich überkommen habe. Als hätte das Malheur in London und Gent nie stattgefunden, als wäre er erst in der flüchtigen Verzückung vor einem fremden Gesicht treulos geworden!

Sie ist, nach den Fehldatierungen ihrer Briefe, ziemlich durcheinander, als sie ihr ‹Spiel von den vier Zürcher Heiligen› schreibt. Und um das Spiel gibt es etwas Ärger in Zürich – es ist nicht brav genug, wieder einmal zu «possenhaft» in der Behandlung historischer Personnagen. Auch die schauspielerische Mitwirkung von Schülerinnen der höheren Töchterschule bei so frivolem Umgang mit der Zürcher Stadtgeschichte wird getadelt. Ricarda Huch fühlt sich ein paar Tage lang von der Kritik mißhandelt und als Folge davon «geschnitten» in der Öffentlichkeit. Aber die Kritik beruhigt sich auch wieder, schwenkt sogar, gehorsam einer einflußreichen Stimme, teilweise ins Lob um. Und der gesellschaftliche Anlaß, die Einweihung der neuerbauten Tonhalle, ist natürlich «fein», wie sie Richard mitteilt, sie hört einige schöne Konzerte, sie lernt Brahms, dessen Musik sie liebt, flüchtig kennen.

Im Herbst macht Widmann sie noch mit dem Rezitator Milan, einem Bewunderer ihrer Gedichte, bekannt. Die brieflichen Berichte über den schmeichelhaften Besuch des berühmten Milan verraten allerdings auch Irritation: er hatte sie sich nach ihren Gedichten als tragische Muse, als leidendes Weib vorgestellt und kann durchaus nicht verstehen, sie ganz «simpel vergnügt» vorzufinden. So aber möchte sie von ihrer Umgebung gesehen werden.

Es wird kein vergnügtes Weihnachten – aber hat es das während der Zürcher Jahre je gegeben? Es gab immer die (erinnerungsselige) Vorfreude, das Besorgen der Geschenke, den Baum mit seinen von ihr geliebten glitzernden Klunkern und dann – ja, eben die Enttäuschung über das ausgebliebene Wunderbare. Und seit 1892 die Gerstenkörner, die sie auch diesmal wieder heimsuchen. Selbst das Angebot des Leipziger Verlegers Haessel, den (von ihm so genannten) «Mondscheinreigen» in Verlag zu nehmen, scheint dem Fest keinen Glanz gegeben zu haben. Die nüchterne Marianne Plehn guckt mit ihr in die brennenden Kerzen am Weihnachtsbaum, Bäumchen ist in Danzig. Silvester verbringt Ricarda Huch in Hedwig Wasers Familie, von der sie in ihren Briefen nichts erzählt hat, es gibt nur einige enervierte Bemerkungen über Hedwigs allzu gefühlvolle Schwester Marie. Das Haus «Seldwyla» in der Universitätsstraße muß kein sonderlich behaglicher Ort für sie gewesen sein.

Es gibt keine Weihnachtspost, auch keinen Silvesterbrief für Richard – jedenfalls keinen erhaltenen. Der ihr fremden und auch künftig fremdbleibenden Frieda von Bülow, mit der sie durch Bülows und Lou Andreas-Salomés Bewunderung für die ‹Erinnerungen von Ludolf Ursleu dem Jüngeren› in eine (durch Ricarda Huchs Desinteresse) bald wieder versiegende Korrespondenz gekommen ist, klagt sie in einem merkwürdig rückhaltlosen Brief, wie sehr sie es gerade in diesen Tagen entbehre, einfach liebgehabt und in den Arm genommen zu werden.

Es gibt offenbar auch kein kurzes Treffen mit Richard wie in anderen Wintern zuvor. Vielleicht hat sie sich vorsorglich mit Arbeit blockiert – und mit Angst, denn natürlich lastet die Aussicht auf die Vorträge wie ein Alb auf ihr. Nachdem sie den ersten überstanden hat, fühlt sie sich ein klein wenig wohler. «Es war ganz ordentlich, weder besonders schön noch besonders schlecht, wie man es so von mir erwarten konnte», berichtet sie Marie Baum am 18. Januar 1896. Hedwig Waser in ihrem Aufsatz allerdings schreibt, daß Ricarda Huch im kleinen Kreis farbig und humorvoll von der Materie zu erzählen wußte, vor dem öffentlichen Publikum dann aber trocken und langweilig wurde. Und in den Schulprotokollen werden diese Vorträge, nachdem die einzelnen Titel aufgelistet und genehmigt worden sind, nie mehr erwähnt. Daß für Ricarda Huch, im Gegensatz zu den anderen Vortragenden, kein Honorar vermerkt wurde, mag sich daraus erklären, daß sie Angestellte der Schule war. Doch es gibt auch keinen Vermerk darüber, daß ihr, wie sonst üblich, die Arbeit von der Schulkommission wenigstens «verdankt» wurde. Die im Schulprotokoll verzeichneten Titel («Gastmahl im alten Athen», «Der römische Luxus», «Gesellige Sitten des Orients», «Geographische Entdeckungen und häusliche Umwälzungen», «Tischzucht zu verschiedenen Zeiten und bei verschiedenen Völkern», «Speiseaberglauben») kündigen auch mehr professorale Gelehrsamkeit an, als einem Singsaal voller Backfische und den dazugehörigen Müttern zugemutet werden durfte. Vor Richard wird sie – nach der anfänglichen Literaturwut – die Vorträge nicht mehr erwähnen, auch von dem «köstlichen Buch», das sie aus dem Material zusammenstellen wollte, ist keine Rede mehr.

Ihre Briefe an Richard werden ohnedies immer spärlicher – vielleicht hat er, verstimmt durch den ‹Mondreigen›, ihnen wieder einmal eine Korrespondenzpause verordnet. Möglich sogar, daß Lilly wieder einmal schwanger war, eine kryptische Bemerkung in den Briefen der Großmutter könnte es vermuten lassen. Vielleicht aber auch denkt Ricarda Huch, die ihm schon vor der Reise vom Sommer 1895 geschrieben hatte, daß ihrer beider Zeit doch vorüber sei, nach den schockierenden Erlebnissen dieser Reise ernsthaft daran, sich von Richard zu lösen. In ihren Briefen an Marie Baum, die ihres todkranken Vaters wegen für einige Monate nach Danzig zurückgekehrt ist, lesen wir von Richard kein Wort, auch keines des Kummers oder der Klage, desto mehr Klagen über die Eintönigkeit Zürichs, die einzig belebt wird durch das Aufsehen, das im Februar die Vorlesungen des neuen Literaturdozenten Saitschick am Polytechnikum machen; ihr ehemaliger Verehrer brilliert mit weiberfeindlichen Zynismen, was ihm den Zorn seiner (vorwiegend russischen) Studentinnen und den wilden Beifall der männlichen Zuhörer einträgt und sein Kolleg schnell zu einem der bestbesuchten macht. «Ich gönne es dem Kerl nicht, daß er auf die Art eine Berühmtheit bekommt, auf die er natürlich stolz ist», schreibt Ricarda Huch ärgerlich an Marie Baum. Für Widmann modifiziert sie das: «ich amüsiere mich königlich darüber, wie sich die akademische Jugend durch diese russisch-jüdische Schöngeisterei blenden läßt.»

Ricarda Huch sucht ganz deutlich nach Zerstreuung und neuen Bekanntschaften im Winter 1895/96. Lucia Morawitz sei aus den Weihnachtsferien zurückgekommen und habe von einem Erlebnis berichtet, «das sie schüttelte» – nicht mit einem Mann, sondern mit einer Frau, «denk nur», schreibt sie an Marie Baum, und daß sie danach trachte, auch zu einem Erlebnis zu kommen, das sie schüttele. Sie besucht ein paar Bälle – nicht gerade die wilden Polen- und Russenfeste im Studentenquartier auf der Platte, die Lucia Morawitz mit Vergnügen frequentiert, aber sie geht mit ihr auf einen Ball des akademischen Lesevereins, und als kokette Ballbegleiterin findet sie die Wienerin, die seit dem Sommersemester 1895 in Zürich Medizin studiert und mit der sie sonst einige Schwierigkeiten hat, famos: von einem Chic, wie er in Zürich und «auch bei uns» ganz unbekannt ist. Sie besucht das Kostümfest, das vom im Jahr zuvor gegründeten ‹Künstlerhaus Zürich› veranstaltet wird und vermutlich auch das Kränzchen des Lesezirkels Hottingen im März 1896. Es ist alles langweilig, wie wir in den Briefen an Marie Baum und Widmann lesen. An beide schreibt sie denn auch, daß sie wieder aufgegeben habe, ihr Heil in Vergnügungen und Menschenfischen zu suchen, und sich erneut mit der ihr gemäßeren Einsamkeit befreunden wolle. Sie liest die Essays von Georg Brandes, ‹Moderne Geister›, und fühlt sich während der Lektüre wie in einer «Elite-Welt». Die Zürcher Welt ist das für sie längst nicht mehr.

Dabei beginnt es gerade zu der Zeit unter den deutschsprachigen Studentinnen in Zürich lebendig zu werden, sie versuchen den alten, etwas eingeschlafenen Studentinnenverein aus seiner Isolierung zu befreien, gründen den ‹Internationalen Studentinnenverein›, fordern (vorerst noch vergeblich) die Teilnahme an der Studentenvertretung. Lucia Morawitz und Marie Baum sind an alledem nicht unbeteiligt. Ricarda Huch, obwohl immer noch vorwiegend mit Studentinnen umgehend (mit Morawitz hat sie damals

Ricarda Huch (als «Kirke»), Emma Reiff und Hedwig Waser (als ihre Dienerinnen) auf dem Kostümfest des «Künstlerhauses Zürich» am 1.2.1896

einen gemeinsamen Mittagstisch), ist keine Studentin mehr, ihre frauenbewegte Zeit hat sie mit Salomé Neunreiter hinter sich gebracht. Sie ist eher konservativ geworden, ein wenig mürbe im sie so anstrengenden wie zugleich langweilenden Schulbetrieb. Doch anders als mit Salomé Neunreiter wird sie mit Lucia Morawitz ein Leben lang in lockerer Verbindung bleiben, in München und Grünwald ist Morawitz zuweilen ihr Gast, dann hört sie zumindest durch die Freundinnen immer wieder einmal von ihr, ihrem wechselvollen Berufsleben als Psychiaterin in verschiedenen schweizerischen und deutschen Kliniken, ihrem unruhigen Privatleben von (aus männlicher Sicht) wenig «gutem Ruf», einer späten Ehe mit einem jüngeren Mann, einer vermutlich katastrophalen Scheidung. Lucia Morawitz gehört zu den lebendigsten Persönlichkeiten unter den Zürcher Studentinnen um die Jahrhundertwende, dabei (trotz einer immerhin einigermaßen befriedigenden Karriere) zu den Existenzen, die von den Freundinnen später eher mit Unbehagen betrachtet wurden. Wahrscheinlich galt sie als unvorsichtig. Damals in Zürich wird sie von Ricarda Huch zwar als interessant registriert, aber auch als beunruhigend, manieriert, «zu wenig einfach für den alltäglichen Verkehr», wie sie an Marie Baum schreibt. Wenn wir nach den Erlebnissen mit Salomé schließen dürfen, war sie ihr wohl auch zu dominant. Lucia Morawitz wirbt nicht blindlings um Ricarda Huch, sie kritisiert sie häufig: ihre Traumtänzerei, ihre Indolenz. Und Ricarda Huch erträgt inzwischen nur noch ergebene Freundinnen, alles andere ist ihr zu anstrengend und damit störend. Sie erträgt auch das Exzentrische nicht, es ist gefährlich. Sie will etwas anderes als das brave Zürcher Mittelmaß, aber dieses andere darf ihre Konzentration, ihre tarnende Selbstbeherrschung nicht gefährden.

Nach Wien allerdings möchte sie einmal, nach dem, im Gegensatz zum soliden, «schaffigen» Zürich, leichtlebigen Wien. Es wäre interessant, zu wissen, was Hermann Bahr zu dem Brief gesagt haben mag, den er Anfang 1896 von der von ihm verehrten, wegen ihrer undiplomatischen, zumindest naiven Briefe aber wohl auch mißtrauisch beäugten Autorin bekam: daß sie mit einem jungen Ehepaar (gemeint sind vermutlich die Reiffs) nach Wien kommen wolle, schreibt sie ihm, daß sie auf seine Vermittlung in der literarischen Szene rechne. Und: «Schön wäre, wenn man sich auf acht Tage mal so richtig verlieben könnte.» Wien als Ort der Vergnügungen und Liebeleien – auch Marie Herzfeld wird das später ein paarmal von ihr zu hören bekommen, auch noch, nachdem Ricarda Huch die Stadt gründlich kennengelernt hatte. In ihren Vorurteilen wird sie sich ein Leben lang als überaus ausdauernd erweisen.

Aus dem Wienbesuch im Frühjahr 1896 wurde nichts. Vielleicht, weil sie ohne Richard nicht reisen mag. Vielleicht, weil sie die Zeit für einen neuen Einfall braucht. Dem Urlaub in London mit seinen frustrierenden Begleitumständen war das ‹Lügenmärchen› gefolgt. Im April 1896 begann sie, ihre Erzählung ‹Der arme Heinrich› zu schreiben. In dieser Umdeutung des alten Stoffes wird die uns überkommene mittelalterliche Geschichte vom armen Heinrich zur nachträglichen Schönfärberei eines frommen Mönchs, der lange vergeblich auf Gottes Strafe für den wenig christlichen Lebenswandel des Ritters Heinrich gewartet hat und sich endlich entschließt, Gott, da er sich nicht rührt, wenigstens literarisch ins Handwerk zu pfuschen und das Geschehene zur erbaulichen Legende umzudichten. Der wirkliche Ritter Heinrich, so erzählt Ricarda Huch, war keineswegs selbstlos, war ein egoistischer Genußmensch, der das Opfer des jungen Mädchens bedenkenlos annahm: nicht sein edelmütiger Verzicht auf dieses Opfer und darauffolgend Gottes Wunder ließ ihn vom Aussatz genesen, sondern umgekehrt gerade seine Skrupellosigkeit.

Der Brief an Richard, in dem sie den Beginn der Arbeit erwähnt, berichtet anfangs von einer seltsamen Lektüre, einer «sehr schönen kleinen Erzählung», in deren Verlauf ein Mann gemeinsam mit seiner Geliebten die Ehefrau umbringt, um darauf mit dieser Geliebten sehr glücklich zu werden. Es könnte sein, daß sie diese Erzählung nicht gelesen, sondern selbst erfunden hat, sie paßt zu ihren eigenwilligen Ergebnissen beim Nachdenken über Tugend und Laster in diesen Monaten. Man werde von ihnen beiden sagen, sie seien unglücklich geworden, weil sie nicht tugendhaft genug waren, schreibt sie an Richard, doch das sei falsch: sie habe einsehen, daß sie ihre schönsten Stunden dem «sogenannten Laster» verdanke, «Tugend bestraft sich immer».

Das Phantom
eines Mädchengymnasiums

Im April 1896 gibt es auch überraschenden Besuch auf dem hochgelegenen Schanzenberg, wo Ricarda Huch seit dem Juli 1895 wohnt. Aus Bremen ist Dora Gildemeister, eine so elegante wie selbstsichere und allem Anschein nach überaus reiche junge Dame, nach Zürich gekommen, um sich ein Bild von der höheren Töchterschule der Stadt zu machen und zugleich nach Lehrerinnen für ein in Bremen geplantes Mädchengymnasium Ausschau zu halten. Von dieser Schule hatte bislang niemand gehört. Als das erste deutsche Mädchengymnasium 1893 endlich in Karlsruhe eröffnet werden konnte, waren jahrelange Bemühungen des Vereins ‹Frauenbildungsreform› vorangegangen, die, zustimmend und ablehnend kommentiert, Niederschlag in der Presse gefunden hatten. Ein ähnliches öffentliches Interesse war den Aktivitäten des ‹Wiener Vereins für erweiterte Mädchenbildung› zuteil geworden, der 1892 die erste gymnasiale Mädchenschule in Wien eröffnete. Ganz zu schweigen von der Publizität, die sich Helene Lange von jeher zu schaffen gewußt hatte: mit Unterstützung des ‹Allgemeinen deutschen Frauenverein› veranstaltete sie in Berlin bereits seit 1889 ‹Realkurse für Frauen› zur Vorbereitung für das Zürcher Fremdenabitur. In Bremen gab es weder einen breiteren Konsens für ein Mädchengymnasium, also etwa einen Verein, noch gab es eine einigermaßen durchdachte Konzeption. Es gab nur die schöne Idee und einiges privates Geld.

Das Bremer Mädchengymnasium war der Einfall von vornehmlich zwei reichen Patrizierinnen, Dora Gildemeister und Christiane Rassow, die sich, vielleicht weil es apart war, auch für die Frauenfrage und damit die höhere Mädchenbildung interessierten. Christiane Rassow, geb. Grave, war die Tochter eines bekannten Bremer Politikers und die Frau des Überseekaufmanns Gustav Rassow, der im Petroleumhandel Erfolg hatte und als Musikliebhaber und Mäzen zu den Vorstandsmitgliedern der Philharmonischen Gesellschaft Bremens gehörte; ihr Haus war der Mittelpunkt der künstlerisch, besonders der musikalisch interessierten Gesellschaft der Hansestadt. Dora Gildemeister, die Tochter des Reeders Heinrich Gildemeister und Nichte des Bremer Politikers und Schriftstellers Otto Gildemeister, liebte einen verheirateten Mann, den Geiger Joseph Kruse, der 1892 als Leiter des philharmonischen Orchesters nach Bremen gekommen war, diese Stellung aber bereits 1895 wieder aufgab und nach Berlin zurückkehrte, wo er die Scheidung von seiner Frau betrieb, die 1897 auch ausgesprochen wurde. In Berlin war er eine Weile Mitglied des Joachim-Quartetts, und ging dann als Kapellmeister nach London, wo er Dora Gildemeister 1901 heiratete. Ihre Liebe zu Kruse hatte zu Konflikten im Gildemeisterschen Hause geführt. In der Bremer Gesellschaft war man überzeugt davon, daß Heinrich Gildemeister seiner Tochter nie gestatten würde, einen geschiedenen Mann zu heiraten. Ob nun die etwas schwierige und außenseiterische Position, in die sie durch ihr Verhältnis zu dem verheirateten Geiger geraten war, Dora Gildemeister auf emanzipatorische Ideen gebracht hatte, ob vielleicht der zürnende Vater die Schulmarotte seiner Tochter in der Hoffnung unterstützte, sie damit von ihren unpassenden Heiratsabsichten abzubringen, ob seine zweite Frau, also

Doras Stiefmutter, eine geborene Volkart aus Winterthur, das bremische Schulwesen demjenigen ihrer Heimat unterlegen fand – kurz, Dora Gildemeister wurde zur eigentlichen Organisatorin des geplanten Mädchengymnasiums.

In Zürich sucht sie vor allem die Begegnung mit Ricarda Huch, deren Name in Bremen durch die (in einer ungenannt bleibenden Hansestadt spielenden) ‹Erinnerungen von Ludolf Ursleu dem Jüngeren› bekannt ist. Und bekannt ist auch die enge Verbindung zwischen Roman und Biographie der Autorin – das allerdings weiß Ricarda Huch damals noch nicht, ebensowenig weiß sie von der Liebesgeschichte Dora Gildemeisters, auf die gerade der Ursleu-Roman, in dem sie sich gleich anderen aus der gesellschaftlichen Konvention tretenden Frauen verstanden fühlte, eine besondere Faszination ausübt. Im Frühjahr 1896 glaubt Ricarda Huch sich vor allem als Lehrerin gefragt, als eine der Zierden der höheren Töchterschule der Stadt Zürich. Obwohl ihr sicher schmeichelt, daß das Fräulein Gildemeister seine Bewunderung für die Autorin Huch nicht verhehlt, sie in ihren Briefen mit «Liebe Frau Sälde» (nach dem ‹Mondreigen von Schlaraffis›) anredet – in Zürich hatte sie sich daran gewöhnen müssen, daß die Schulbehörde sie trotz ihrer Schriftstellerei tolerierte. Sie macht Dora Gildemeister mit Marianne Plehn bekannt, die nach ihrer Promotion dringend eine Stelle sucht, auch mit Hedwig Waser. Dora Gildemeister hinterläßt Eindruck auf dem Schanzenberg, und das nicht nur wegen ihrer prächtigen Pariser Toiletten und ihres weltgewandten Wesens, auch ihre laien- und patrizierhafte Unbekümmertheit um deutsche Schulmännerregeln mag Ricarda Huch gefallen haben – immerhin hatte sie vor noch gar nicht so langer Zeit erfahren müssen, daß ihre in der Schweiz abgelegten Examina in Deutschland keine Gültigkeit hatten, und

Ricarda Huch in Zürich, Aufnahme vom Februar 1896. «Dein Bild gefällt mir nicht so recht, ich finde Dich etwas gesucht», schrieb ihr der Bruder Rudolf am 1. März.

Marianne Plehn macht gerade wieder ähnliche Erfahrungen. Das zeitunübliche Damenkollegium, das zusammenzustellen Dora Gildemeister sich anschickt (außer Huch und Plehn war von den Zürcher Doktorinnen noch die Romanistin Johanna Minckwitz als Lehrerin für das Bremer Gymasium vorgesehen) hätte sie alle stutzig machen müssen – sie wollen wohl nicht stutzig gemacht werden. Marianne Plehn sagt Dora Gildemeister sofort zu, Ricarda Huch, die noch an die höhere Töchterschule gebunden ist, unter Vorbehalten. Hedwig Waser kann und will ihrer Familie und des Verlobten wegen nicht aus Zürich fort, und wenn Ricarda Huch die höhere Töchterschule verläßt, ist sie die nächste Anwärterin auf deren Stelle – Dora Gildemeister glaubt ihr das nach Gesprächen mit den Schulherren bestätigen zu können. Aber sie schließt sofort Freundschaft mit Dora Gildemeister, im Sommer 1896 wird sie einige Wochen bei der Familie Gildemeister zu Gast sein und durch ihre Briefe die Freundinnen auf den in jeder Weise «prächtigen» Lebensstil, der sie in Bremen erwarte, vorbereiten.

Wieder nach Bremen zurückgekehrt, findet Dora Gildemeister, die sich bereits als Schulvorsteherin fühlt, die Lage nicht ganz so rosig vor, wie sie sie in Zürich geschildert hatte. Der Senat, der die geplante Schule zu genehmigen hat, ist nicht überzeugt von deren Notwendigkeit, es gibt in der Stadt einige private höhere Töchterschulen, aber er will den angesehenen Gründern, da sie keine materielle Unterstützung, nur die Lizenz verlangen, auch nichts Ernstliches in den Weg legen, fordert allerdings eine vor der Öffentlichkeit vertretbare Leitung der Schule, Dora Gildemeister ist dafür durch nichts ausgewiesen. Es bildet sich also in aller Eile ein ‹Comité für die Errichtung eines Mädchengymnasiums›, dem der Senat die vorläufige

Lizenz für das von ihm so genannte ‹Gildemeistersche Privatgymnasium für Mädchen› erteilen kann. Heinrich Gildemeister ist sein Vorsitzender, Gustav Rassow der Geschäftsführer, Dora Gildemeister die Schriftführerin. Und dieses ‹Comité› beschließt zunächst, die ursprünglich für den Herbst 1896 vorgesehene Eröffnung der Schule vorsichtshalber auf Ostern 1897 zu verschieben und erst einmal mit «vorbereitenden Coursen» zu beginnen, wohl um die Aufgeschlossenheit der Bremer, auch ihre Zahlungswilligkeit zu testen.

Als Ricarda Huch hört, daß sie vorerst nur für eine Art «Vortrags-Lyzeum» verpflichtet werden soll, das ausschließlich von privaten Geldgebern abhängig ist, gibt sie Dora Gildemeister eine Absage und schlägt statt ihrer Hedwig Waser vor, die immerhin noch ganz ohne Stelle ist. Dora Gildemeister schreibt daraufhin einen langen, werbenden Brief, in dem die Vorteile der in Bremen auf Ricarda Huch wartenden Stellung ausgemalt werden, sie wird viel weniger Arbeit haben und dafür doch das gleiche Geld erhalten. Und wieso mache sie sich Gedanken, woher dies Geld komme? Sie läßt Ricarda Huch in der Wahl ihrer historischen und literaturhistorischen Themen völlig freie Hand, stellt ihr sogar anheim, die im Winter gehaltenen kulturhistorischen Vorträge in Bremen zu wiederholen. Hedwig Wasers schweizerische Art sei für Bremen wenig geeignet, meint sie, desto mehr für eine Stellvertretung Ricarda Huchs in Zürich, vorerst für ein Jahr – wenn Ricarda Huch wolle, könne sie ja nach Ablauf dieses Jahres wieder nach Zürich zurück. Dora Gildemeister schreibt auch, daß sie, bleibe es bei Ricarda Huchs Absage, den Schulplan ganz aufgeben wolle, nur bei Beteiligung von Plehn *und* Huch sei sie bereit, das Unternehmen zu wagen. Und das mag den Ausschlag gegeben haben: geht Ricarda

Huch nicht nach Bremen, dann ist Marianne Plehn ohne Stellung. Auf diesen Brief hin gibt Ricarda Huch ihre Zustimmung, und Dora Gildemeister beeilt sich, sie mit einem Vertrag für zunächst ein Jahr festzuschreiben: er verpflichtet Ricarda Huch zu zwei wöchentlichen Vorträgen von Oktober 1896 bis Mai 1897, sie erhält dafür ein Honorar von 3000 Mark.

Allerdings scheint Ricarda Huch, als sie Dora Gildemeister zusagte, damit gerechnet zu haben, daß die Zürcher Schule sie auf ihr Gesuch hin zunächst für ein Jahr beurlauben werde – solche befristeten Freistellungen waren an der höheren Töchterschule durchaus üblich – und ihr damit offen bliebe, nach Zürich zurückzukehren. Aber vielleicht ärgert den Schulvorstand und die Schulaufsichtskommission, daß diese Lehrkraft, die ihnen durch ihre heiklen Veröffentlichungen schon genug Kopfschmerzen gemacht hat und der sie endlich doch eine feste Anstellung gegeben haben, nun so einfach nach Bremen gehen will; auf ihr Gesuch um ein Jahr Urlaub oder Entlassung wird ihr, ohne daß ein Urlaub überhaupt diskutiert würde, sofort die Entlassung gegeben. Es ist anzunehmen, daß Ricarda Huch sich in Zürich gerne unentbehrlicher gesehen hätte, aber sie hat das in ihren Briefen nie kommentiert, sondern Richard nur die dürren Fakten mitgeteilt. Vor der Großmutter wurde vorerst das Märchen von der einjährigen Beurlaubung aufrechterhalten, ging die Enkelin in pädagogischer Mission nach Bremen, von den Zürchern abgesandt, um das Licht der höheren Mädchenbildung nach dem Norden zu bringen. Auch Widmann scheint nicht vollständig informiert gewesen zu sein. Er sieht Ricarda Huch von einer «sicheren Lebensstellung» zur anderen wechseln und gratuliert spürbar erleichtert. Er hat sie im letzten Jahr immer mißmutiger und hypochondrischer werden sehen und hofft, sie werde sich in Bremen anerkannter und weniger isoliert fühlen: «da man in Deutschland aus einer Dichterin mehr macht als in unserer Schweiz». Er wird aus allen Wolken fallen, als sie sich nach acht Monaten wieder aus Zürich bei ihm meldet.

Das so naiv gedachte Mädchengymnasium in Bremen sollte nie über sein Vorbereitungsstadium hinausgelangen. Nachdem bereits im Dezember 1896 seine Eröffnung noch einmal um ein halbes Jahr verschoben worden war, im Frühjahr 1897 wieder um ein halbes Jahr, dem ‹Comité› und den beiden dilettierenden Schulvorsteherinnen auch noch ein aus Bremer Literaten bestehender ‹Verein zur Errichtung eines Mädchen-Gymnasiums› zur Seite trat, der indes gegen die Interesselosigkeit gegenüber dieser Schule unter den Bremer Bürgern nichts ausrichtete, forderte der Senat die vorläufig erteilte Lizenz im Februar 1899 schließlich von Heinrich Gildemeister zurück; seine Tochter war, offenbar im Zerwürfnis mit dem ihr die Liebe zu Kruse verargenden Vater, bereits Anfang 1898 aus Bremen fortgegangen. Das ‹Vortrags-Lyzeum› bestand noch bis April 1898, Marianne Plehn blieb bis zum Schluß, Ricarda Huch verlängerte ihren für ein Jahr abgeschlossenen Vertrag nicht und verließ Bremen im Mai 1897 wieder.

Die Bedenkenlosigkeit, mit der Ricarda Huch sich in das Bremer Abenteuer stürzt, zeigt den Überdruß an Zürich und an der höheren Töchterschule. In Bremen muß sie vorerst nicht unterrichten, sie muß nur vortragen, wovor sie nicht weniger Angst hat, aber wenigstens das lästige pädagogische Drum und Dran ist ihr erst einmal erspart. Sie wird sich bei den Vorbereitungen für ihre Vorträge auch nicht langweilen, sie kann selbst bestimmen, worüber sie sprechen will. Und sie wird viel Zeit haben – vielleicht hat sie damals schon ihre Vorträge über die deutsche

Romantik als Vorarbeiten für künftige Essays betrachtet. Die Lektüre von Georg Brandes im vergangenen Winter mag ihr zum ersten Male wirklich Lust auf essayistisches Arbeiten gemacht haben: daß es eine köstliche Aufgabe sein müßte, Kritik als Kunst zu betreiben, hatte sie nach dieser Lektüre an Widmann geschrieben.

Natürlich spielte auch Richard Huch eine Rolle bei Ricarda Huchs Entschluß für Bremen – wenn auch vielleicht keine so ausschlaggebende, wie man nach den dann folgenden Ereignissen meinen möchte. Als Dora Gildemeisters überraschendes Angebot kommt, herrscht Briefstille zwischen den beiden. Ricarda Huch muß, ehe sie ihm von Bremen berichten kann, erst einmal Richard Huchs neue Kanzleiadresse erfragen. Was er zu ihren Bremer Plänen meine, will sie wissen, ob sie ihn freuten? Richard scheint Erfreutsein gezeigt zu haben. Und sieht sich bald darauf gezwungen, das noch nachdrücklicher zu versichern, um die durch einen Brief von Anna Klie vollkommen aus der Fassung geratene Ricarda Huch zu beruhigen.

Anna Klie glaubt ihr mitteilen zu müssen, daß Richard ein Verhältnis in Braunschweig hat, mit einer jungen Miss Soundso, bei der er wohl englische Stunden nimmt. Aus «absolut sicherer Quelle» will Anna Klie ihre Informationen haben, will die Freundin wieder einmal warnen. Anna Klie ist ein wenig säuerlich geworden in den letzten Jahren. Das Verhältnis Ricardas zum Ehemann von Lilly, mit der sie in Braunschweig häufig zusammentrifft, paßt ihr immer weniger. Und schließlich kann sie auch beobachten, daß der nach seinen Briefen an Ricarda nur widerwillig in Braunschweig ausharrende Richard Huch so unglücklich in Braunschweig gar nicht ist. Außerdem fühlt sie sich verletzt durch das immer spürbarer werdende Desinteresse, ja

Mißfallen der Freundin an ihren Dichtungen: die im vergangenen Jahr erschienenen ‹Märchen› von Anna Klie wurden von Ricarda Huch ganz offen und rücksichtslos als «moraltriefend» kritisiert. Was zu der spitzen Replik geführt hatte, eine Lehrerin habe vor allem die Aufgabe, «moralisch» zu schreiben. Diesmal ist es die altjüngferliche Klatschbase, die aus Anna Klie redet, wie der beklommene Brief beweist, den sie Ricarda Huch später schreibt, als die, mit Richard wieder ausgesöhnt, von Braunschweig überhaupt nichts mehr wissen will, «eine Masse Menschen totschlagen» möchte und erst einmal die Freundin zur Rede stellt, die bekennen muß, das Gerücht beruhe darauf, daß die Miss, aussehend wie «na Du weißt schon», Richard in ihrem Zimmer Stunden zu geben pflegt – bei verschlossener Tür.

Der Tratsch ist bezeichnend für das Braunschweiger Klima. Und Richard hat denn auch leichtes Spiel, als er überraschend nach Zürich und, den Arm voller Blumen, um gut Wetter bitten kommt. Während dieses kurzen Besuchs lernt er Emma und Hermann Reiff kennen, und die sind entzückt vom Traummann ihrer Freundin, so entzückt, daß sie, eher kühle, wenn nicht gar etwas gelangweilte Eheleute, es dem Paar nachtun möchten und nun ihrerseits Verliebtsein kultivieren – «wir haben ihnen so gefallen», schreibt Ricarda Huch. Abende der Empfindsamkeit brechen in Zürich an – «wir sprachen nur von Dir» –, die letzten Abende mit den Reiffs, die ihre Freundin noch «genießen» möchten. Lediglich die Anwesenheit Mariannes stört zuweilen, weil man eben in Anwesenheit von Marianne so schlecht über Liebe sprechen kann, davon versteht sie nichts, die häßliche und jedem Gefühlsüberschwang mit Ironie begegnende Marianne Plehn.

Der Gedanke, ausgerechnet mit der nüchternen Marianne

Plehn nach Bremen zu gehen, drückt ein wenig. Ein wenig auch der Gedanke, nun alle Brücken hinter sich abgebrochen zu haben – ob sie nicht doch unvorsichtig gewesen sei, fragt sich die in Gelddingen noch immer ängstliche Ricarda Huch bisweilen. Aber die Unsicherheit wird verscheucht: man muß nun einmal etwas wagen! Und von der Zürcher Schule scheidet sie ohne Bedauern – «denke Dir, wie entsetzlich», heißt es, als sie Richard von der ihr bevorstehenden Abschiedsfeier im Kollegenkreise schreibt. Die Blumensträuße der Schülerinnen verursachen noch am ehesten ein wenig gerührte Abschiedsstimmung, doch nicht allzuviel.

Während der Sommerferien fahren Ricarda und Richard Huch wieder nach London und sind dort so orientiert, als wären sie nie weg gewesen, wie die begeisterte Touristin Ricarda Huch den Zürcher Freundinnen mitteilt. Von London reisen sie weiter nach Edinburgh und an die schottische Küste. Wieder entdeckt Ricarda Huch einen herrlichen Kriminalschmöker, ‹The Leavenworth Case› von Anna Katharina Green. Und wieder wird Lilly lästig, die auf der Insel Wight Urlaub macht und Briefe schickt – wohl wieder in der Annahme, Richard sei mit einem Freunde unterwegs. Doch diese Trübungen bleiben vorerst unerwähnt, auch aller Hader des vergangenen Jahres scheint vergessen: Ricarda Huchs Briefe aus den letzten Wochen in Zürich sind eitel Liebessonnenschein und Übermut. Als sie mit Marie Baum eine Abschiedstour in die Berge macht, riskiert sie es sogar, Richard einen großen Strauß Disteln ins Braunschweiger Büro zu schicken.

Und auf der Fahrt von Zürich nach Bremen trifft sie Richard noch einmal für ein paar Tage, diesmal, wie es scheint, ganz die routinierte, ein wenig zynische Begleiterin des reisenden Geschäftsmannes auf Abwegen: Richard hat die Tennisplätze in Bad Homburg zu studieren, im Auftrage der Braunschweiger Stadtverwaltung, die ähnliches anzulegen gedenkt. Die Homburger Tage sind friedlich. In ihnen wird vereinbart, die Heiratspläne, die ohnedies seit zwei Jahren aufgegeben, besser, wie Ricarda Huch an Marie Baum schreibt, für 5–6 Jahre hinausgeschoben sind, weiter ruhen zu lassen. Sie wollen sich lieben wie bisher, wollen gemeinsam reisen und auf das Erwachsenwerden der Kinder warten, auf Lillys endliche Einsicht ... Es kommt ihnen in Homburg zu Hilfe, daß sie sich so bald wiederhaben, sich in der kurzen Zeit nicht haben fremd werden können. Das Gefühl, bevor sie einander auf dem Bahnhof in Fulda treffen, um gemeinsam weiterzufahren, ist ganz prickelnde Vorfreude, frei von Angst. Die Erinnerungen an Schottland sind noch nicht verblaßt, und schon sind sie erneut beisammen, Herr und Frau Dr. Hagen, die Dame hat ihren Ring am Finger, der in den Zeiten zwischen den Reisen in einem hölzernen Büchschen des Liebesarchivs ruht. Während der Tage des Zusammenseins verleiht das wehmütige Gefühl, sich bald wieder trennen zu müssen, noch jeder gemeinsamen Mahlzeit, jedem gemeinsamen Spaziergang eine ganz besondere Intensität. Und nach der Trennung gibt es die traurigen und zugleich genußreichen Tränen in einer Ecke des Damencoupés – «war das Dein weißes Tuch, was da so lange flatterte?» Die mondäne Atmosphäre Homburgs ist einer gefälligen Melodramatik günstig. In solcher Umgebung erinnern die beiden an Figuren aus den Bildergeschichten des James Gorey: das geheimnisvolle reisende Paar, viktorianisch. Sie haben sich in dieser Rolle auch am besten befunden. Möglich, daß Richard Huch das von jeher wußte, Ricarda Huch wird es erst viel später merken, zu spät.

Bremen

Die schöne Wehmut nach dem Homburger Abschied verwandelt sich in Bremen zunächst in tiefe Niedergeschlagenheit. Sie habe einen schrecklichen Fehler gemacht, gesteht Ricarda Huch dem Geliebten – sie habe wohl doch das Niveau einer Kaufmannsstadt wie Bremen überschätzt. Ungebildet kommen ihr alle Leute vor. Als Salonmenschen, glatte, unindividuelle Typen, mit denen kein Verkehr möglich sei, charakterisiert sie Marie Baum gegenüber die Personen ihrer neuen Umgebung.

Sie wohnt mit Marianne Plehn in einem Haus, aus dem die Familie Gildemeister vor einigen Jahren in eine luxuriösere Villa am Contrescarpe gezogen ist und das sie jetzt für die Schulveranstaltungen und als Wohnung für die Lehrerinnen zur Verfügung gestellt hat. Die Wohnung verfügt über ein Dienstmädchen und Telefon und ist, so mutmaßt Ricarda Huch, ihnen nicht zuletzt deshalb überlassen worden, damit sie ihre Besucher einigermaßen standesgemäß empfangen können. Das Unbehagen an Bremen wird auch ausgelöst durch den ständig fühlbaren Gegensatz zwischen «armen Schluckern» und «Prachtentfaltungsmenschen».

Nach einer Annonce des ‹Vortrags-Lyceum Kohlhökerstr. 4›, die am 4. Oktober 1896 in den drei Bremer Tageszeitungen erscheint, liest Frl. Dr. R. Huch jeweils am Montag zwischen 17 und 18 Uhr über «Die Romantiker», am Freitag zur gleichen Zeit über die «Englische Revolution», d. h. über das England zur Zeit Cromwells; am Mittwochnachmittag spricht Frl. Dr. M. Plehn über «Entstehung der Erde und des Lebens auf der Erde» – ‹Preis f. das einzelne

Fach 25 M; werden mehrere belegt, Ermäßigung auf 20 M›. Daneben bietet das Vortrags-Lyzeum Vormittagskurse in «Aquarell-Malerei und Stylisiren von Pflanzen zu decorat. Zwecken» bei der Berliner Malerin Frl. Lucy Du Bois-Reymond an. Für die Zeit nach Weihnachten sind außerdem ein «Cursus für Kunstgeschichte» und «Englische und französische Vorträge des Frl. Dr. Minckwitz» angekündigt; die kunstgeschichtlichen Vorträge werden von dem Heidelberger Kunsthistoriker Carl Neumann im März tatsächlich gehalten werden, die Romanistin Johanna Minckwitz wird, aus bislang unbekannten Gründen, in Bremen überhaupt nicht in Erscheinung treten. Das am 4. Oktober 1896 annoncierte Programm liefert uns auch den einzigen Hinweis auf die Titel der Vorträge von Ricarda Huch und Marianne Plehn, und nach dieser Annonce wird in den Bremer Zeitungen niemals wieder etwas über den Vortragsbetrieb in der Kohlhökerstraße zu lesen sein.

Das Publikum, anfangs ein vom ‹Comité› geladenes – zur ersten Veranstaltung erscheinen sogar der Bürgermeister und seine Gattin –, schrumpft, als der Reiz des Neuen verblaßt ist, auf einen kleinen Kreis von «fragwürdigen Frauenzimmern», eine «Atmosphäre von Unwissenschaftlichkeit» sieht Ricarda Huch über allem lagern. Dazu gibt es bald Spannungen zwischen ihr und Dora Gildemeister, die auf Christiane Rassow eifersüchtig wird. Christiane Rassow, ebenfalls voller Geltungsdrang und Neugier, doch von ausgeglichenem, heiterem Temperament, rund und mütterlich, gewinnt die Zuneigung von Ricarda Huch; zu der unruhigen Dora Gildemeister kann sie, trotz ihrer anfänglichen Sympathie, kein rechtes Verhältnis finden, zum gesamten Hause Gildemeister nicht, dem die Auseinandersetzungen zwischen Dora und ihrem Vater ein ungemütliches

Klima geben. Aber ob nun Christiane Rassow oder Dora Gildemeister – sonderlich interessiert an den Darbietungen des doch von ihnen ins Leben gerufenen Vortrags-Lyzeums, gar regelmäßige Besucherinnen sind sie beide nicht, andere Verpflichtungen gehen allemal vor. Ricarda Huch merkt bald, daß es diesen Schulunternehmerinnen nicht so recht ernst ist mit ihren Bemühungen um die höhere Mädchenbildung, ja, daß sie von den auf schmückende Bekanntschaften erpichten Bremerinnen nicht nur als Lehrerin, sondern vor allem auch als Bereicherung des gesellschaftlichen Lebens verpflichtet worden ist. Schon nach den ersten Veranstaltungen zweifelt sie am Zustandekommen des Gymnasiums. Man müsse schon sehr reich sein, schreibt sie an Marie Baum, um die Gedankenlosigkeit zu besitzen, jemand derart aus einer sicheren Lebensstellung wegzulocken: «Sie verstehen alle nichts vom Leben.» Ihre Briefe an die Freundin sind anfangs sogar panisch – Baum solle sich nach Möglichkeiten in Amerika umhören, schreibt sie, es bleibe wohl nichts weiter übrig, als so schnell als möglich eine andere Stellung zu finden.

Zum Unbehagen am «komisch Spielerigen» dieses Schulunternehmens kommt, daß Ricarda Huch, seit sie gezwungen ist, mit ihr zusammenzuwohnen, überaus gereizt auf Marianne Plehn reagiert. Das liegt einmal an deren trockener, ganz aufs Sachliche orientierten Art, die sich im Kreise der Zürcher Freunde ertragen ließ – «ihr Gespräch zieht keine Fäden», so hatte sie früher einmal scherzhaft Plehns Eigenheit charakterisiert, jeweils nur kurz und knapp ihre Meinung zu äußern. Und das liegt zum anderen und vor allem wohl daran, daß diese Freundin in Bremen unversehens zur Konkurrentin wird. Marianne Plehns Vorträge finden schon durch ihre allgemein interessierenden Inhalte weit mehr Anklang als die von Ricarda Huch, und dazu ist die souverän und mit pädagogischer Lust dozierende Marianne Plehn einfach besser im Vortrag. Ricarda Huch vergeht auch hier wieder vor Lampenfieber und spricht dann eher hölzern. Es ist ihr bald klar, auch wenn sie es nur ungern eingesteht, nur sehr verhohlen, daß sie mit ihren Vorträgen «überhaupt keinen Erfolg» hat. Es war Ricarda Huch, die Dora Gildemeister unbedingt für ihre Schule haben wollte, und nun entpuppt sich Marianne Plehn als die begabtere Lehrerin. Ricarda Huch ist schrecklich eifersüchtig auf Mariannes Erfolge im Vortragssaal, und dementsprechend giftig sind ihre Äußerungen über die Freundin vor allem in den Briefen an Marie Baum. – Marianne Plehn hat ihre Meinung über die Bremer Jahre in späteren Briefen oft geäußert: «Eine Qual!» Ihre Meinung über das Zusammenleben mit Ricarda Huch kennen wir nicht, vermutlich nahm sie deren Gereiztheiten gelassen, wie sie wohl überhaupt die Eitelkeiten Ricarda Huchs nicht unnötig tragisch nahm – letztlich tat das Bremer Intermezzo der Freundschaft der beiden keinen Abbruch.

Huchs Animositäten gegen Plehn äußern sich allerdings nur in den Briefen an die Freundinnen, nicht auch in denen an Richard, ihm gegenüber bleibt sie der Zürcher «Collegin» loyal. Auch von der Bremer Schulmisere ist in den Briefen an Richard weniger die Rede, ihr Irrtum mag ihr peinlich gewesen sein. Vielleicht hatte Richard sie vor dem Bremer Abenteuer auch gewarnt, er kennt verschiedene der Honoratioren, so den derzeitigen Bürgermeister der Stadt, und kann das Klima ungefähr abschätzen. Und dann sehen sie sich auch sehr oft in dieser Zeit, da mag viel mündlich beredet worden sein.

Ihre ersten Begegnungen, für die Geschäftsreisen Richards nach Halle oder Göttingen Anlässe bieten, werden noch skrupulös erwogen: tun sie recht daran, sich zu treffen, oder nicht? Sehr bald aber werden gemeinsame Wochenenden zur Gewohnheit, in Wunstorf, Niendorf, kleinen Stationen mit kleinen Gasthäusern auf der Strecke zwischen Hannover und Bremen. Sie werden unvorsichtig, und es dauert nicht lange, bis Lilly dahinterkommt, daß sie sich treffen – wahrscheinlich sind sie wieder einmal von Bekannten gesehen worden. Wieder einmal will Lilly sich trennen, falls Richard ihr nicht verspricht, den Kontakt zu Ricarda sofort und für immer abzubrechen: sie kündigt an, vorerst mit den Kindern nach Berlin zu gehen.

Wieder einmal werden Scheidungsmodalitäten besprochen. In ähnlichen Situationen zuvor hatte Ricarda Huch stets darüber geklagt, abseits stehen und warten zu müssen, diesmal beschränkt sie sich nicht auf den mehr oder minder resignierten Kommentar, diesmal mischt sie sich ein. Als zu erkennen ist, daß Lilly Braunschweig nicht verlassen wird, sondern einfach abzuwarten gedenkt, wie sie es schon oft getan hat, beschließt Ricarda Huch, ihre gesellschaftliche Attraktivität, ihren interessanten Ruf, dessentwegen die beiden Damen sie doch hauptsächlich in Bremen haben wollten, auszubeuten und Richard zu einer neuen wirtschaftlichen Existenz außerhalb Braunschweigs zu verhelfen. Sie zieht Christiane Rassow ins Vertrauen – sehr zum Entsetzen Marianne Plehns, die Ricarda Huch ihre Schulstelle aufs Spiel setzen sieht, wohl auch fürchtet, in den Skandal hineingezogen zu werden. Aber Ricarda Huch glaubt, es besser zu wissen, und sie behält recht: Christiane Rassow reagiert gelassen und verständnisvoll auf ihre Beichte – will so ähnliches nach Ricarda Huchs Roman und ihren Gedichten schon gewußt haben. Ja, es scheint, das Wohlwollen, das sie Ricarda Huch entgegenbringt, nimmt nach deren Geständnis zu.

Christiane Rassow rechnet damit, daß Heinrich Gildemeister seine Tochter verstößt, sollte die wirklich Anstalten machen, den geschiedenen Musiker zu heiraten. Auch wenn sie eine solche Reaktion für übertrieben hält, respektiert sie doch die patrizischen Spielregeln. Für Ricarda Huch gelten diese Spielregeln nicht – warum sollte die Künstlerin nicht ihren Liebhaber heiraten und trotzdem eines der Zierstücke des Rassowschen Salons bleiben? Nur geschickt muß man es anfangen, so belehrt sie Ricarda Huch, sich den guten Ruf und damit die öffentliche Wertschätzung zu erhalten wissen, eine gefällige Version in Umlauf bringen, etwa die vom Juristen, der sich nach einer Scheidung in Bremen niederläßt, dort Ricarda Huch richtig kennen- und liebenlernt und endlich heiratet. Die Leute schluckten manches an vollendeten Tatsachen, was sie vorher zu unterstützen sich geweigert hätten, ja, man täte ihnen sogar einen Gefallen, wenn man ihnen die genauere Kenntnis und damit die peinliche Parteinahme ersparte ...

Ricarda Huch mag derlei Lebensklugheiten zwar nicht, ist aber erleichtert über Christiane Rassows Anteilnahme und Unterstützung und beginnt bald ebenfalls in Kategorien der gesellschaftlichen Beliebtheit zu denken und sorgfältig Beziehungen zu pflegen. Der Dezember 1896 steckt voller Einladungen, Treffen mit ihr nützlichen Leuten, von Christiane Rassow arrangierten Anlässen zum Kennenlernen von noch mehr nützlichen Leuten. Vor Marie Baum rechtfertigt sie ihre unentwegte Präsenz in den Bremer Salons, über die sie sich kurz zuvor noch mokiert hatte, als eine Art Pflichtübung, ihr auferlegt der Zukunft mit Richard wegen: Sie muß trachten, sich das allgemeine Wohlwollen und die Stellung am Lyzeum zu erhalten, sonst lange das Geld nicht.

Doch anzunehmen ist, daß ihr der gesellige Trubel nicht bloß Mittel zum Zweck war, daß sie ihn trotz aller ironischen bis bitterbösen Bemerkungen darüber für eine Weile auch genoß. Wie Widmann ihr prophezeit hatte, fühlte sie sich in Bremen von Anfang an von der Gesellschaft angenommen, sogar gefeiert. Sehr im Gegensatz zu Zürich: dort waren sie und ihresgleichen Außenseiterinnen geblieben, eingeladen nur von ein paar deutschen Professorenfamilien und dem Ehepaar Reiff, welches freilich diesen Umgang strikt getrennt hielt vom Verkehr mit Zürcher Bürgern – es blieben unterschiedliche Sphären, die in einige Harmonie zu bringen von den Gastgebern nicht einmal versucht wurde. Nimmt man Hedwig Waser aus, die ja von ihr bei den Reiffs eingeführt war, so hat Ricarda Huch im Hause Reiff tatsächlich nur einen einzigen Schweizer gesehen, einen ehemaligen Pfarrer, der sich spät noch hatte zum Sänger ausbilden lassen, also vielleicht ebenfalls als eher exotische Figur galt. Und sie hatte in Zürich auch unter diesem befremdlichen Ausgesperrtsein immer gelitten, selbst wenn sie das vor Richard (und wahrscheinlich auch der Großmutter) nie so recht hatte zugeben mögen. Es mochte ihr insgeheim sogar als ein Makel erschienen sein, fast wie eine Bestätigung des Vorurteils gegenüber den Studentinnen. Hier in Bremen ist sie nicht die blaustrümpfige Akademikerin, sondern zunächst die Dichterin Ricarda Huch. Ihr gesellschaftlicher Erfolg in Bremen wird sogar zur Entschädigung für den mangelnden Erfolg im Vortragssaal der Kohlhökerstraße. Sie lernt im Hause der Rassows einige Berühmtheiten aus der Musikszene kennen – Bekanntschaften, um die das musikliebende Ehepaar Reiff in Zürich sie beneidet. Gemeinsam mit Christiane Rassow besucht sie Heinrich Vogeler, wobei das bohemehafte Leben auf dem Barkenhoff sie an Zürcher Studententage erinnert. Sie verliebt sich sofort in Vogelers Arbeiten, und nach einigen Sparsamkeitsüberlegungen kauft sie später zwei seiner Radierungen, um sie Weihnachten Marie Baum und Christiane Rassow zu schenken. Als Heinrich Vogeler ihr dann eine dritte Radierung, mit der sie lange liebäugelt hat, zum Weihnachtsgeschenk macht, ist sie sehr erfreut und stolz.

Christiane Rassow strengt sich mächtig an für ihren Schützling. Sie weiht ihren Mann ein und schließlich einen einflußreichen Senator. Richard Huch soll in Bremen untergebracht werden, was heißt, daß er nach vollzogener Scheidung noch einmal das Staatsexamen in Bremen zu machen und anschließend drei Jahre als Referendar zu arbeiten hat, ehe er sich um eine Niederlassung als Rechtsanwalt oder ein öffentliches Amt bewerben kann; Hochschulexamina galten damals nur in dem deutschen Staat, in dem sie abgelegt waren. Angesichts der Braunschweiger Position von Richard Huch mutet der Plan lächerlich an, wird aber ganz ernsthaft diskutiert. Es ist auch nicht zu sehen, daß die Freunde in Zürich, die von Ricarda Huch in langen Briefen unterrichtet werden, Bedenken angemeldet hätten. Hermann Reiff stellt Richard Huch ein großzügiges Darlehen für die schwierige Zeit des beruflichen Übergangs in Aussicht.

Richard trifft sich in Bremen mit dem Senator, anschließend wird er von der neugierigen und teilnehmenden Christiane Rassow zum Mittagessen eingeladen und gleich noch zum Abendessen dabehalten – selbstverständlich schwärmt sie für dieses interessante Mannsbild, das Urbild des Ezard in Ricarda Huchs Urslëu-Roman. Daß sie «gesellschaftlich viel verkehren müßten», sagt sie Ricarda Huch immer wieder. Die erwähnt das in den Briefen an Richard mit einiger Ironie, bestätigt es doch ihre Einschätzung von Christiane Rassow. Daneben schreibt sie von ihren eigenen Zukunftsphantasien: von den zwei bescheidenen Zimmern, die sie und Richard in Bremen zunächst bewohnen werden, in denen sie abends vor seiner Heimkehr sparsam noch ein paar Kohlen in den Ofen schiebt, nur ein paar, denn sie werden ja gleich Tee trinken und dann in das englische Bett gehen ... Wie sie sich die alltäglichen Befindlichkeiten des dank der Protektion von Familie Rassow ehrbar gelobten und vielgeladenen Paares von Ursleu-Verfasserin und zum Referendardasein zurückgekehrten Prinzgemahl, von «armen Schluckern» unter lauter «Prachtentfaltungsmenschen», vorstellte, hat sie nicht geschrieben.

Richard Huch muß angst und bange geworden sein, aber vorerst macht er mit, der atemlosen Geliebten zuliebe und weil er gar nicht mehr anders kann, nachdem sie ihrer beider Geschichte preisgegeben hat. Von der Wertschätzung, Achtung und Ehrerbietung, die man ihr auch nach dem entdeckten Geheimnis zolle, erzählt sie ihm in ihren Briefen beruhigend immer wieder.

Im Januar wird Ricarda Huch vom Onkel Johannes Hähn nach Braunschweig gebeten: in der richtigen Annahme, daß die Initiative zu Richards abenteuerlichen Zukunftsplänen von Bremen ausgeht, will die Großmutter ihr Richard einfach verbieten. Es kommt anders, Richard, wohl um der Familie zu beweisen, daß er Herr seiner Entscheidungen ist und sich nicht von Ricarda hat manipulieren lassen, trägt ein so selbst- und siegessicheres Wesen zur Schau, daß die überraschte Großmutter sich schließlich mit allem einverstanden erklärt, es als den «Willen Gottes» akzeptiert. Doch nicht für lange, ein schrecklicher Brief voller Verdammungssprüche und Schuldzuweisungen, den Emilie Hähn ein paar Tage nach ihrem gegebenen Einverständnis schreibt, deutet auf ein verändertes Klima in Braunschweig hin. Über diesen Brief der Großmutter schweigt Ricarda Huch in ihren Briefen an Richard. Wie sie offenbar auch nicht wahrhaben will, was er ihr schreibt: später wird sie sagen, aus seinen Briefen hätte sie wissen müssen, daß ihm der Fortgang aus Braunschweig unmöglich war. Sie wußte es wahrscheinlich damals schon, sie kann nicht an einen glücklichen Ausgang der Geschichte geglaubt haben. Und hat sie doch, da sie nun einmal so weit gediehen war, einfach laufen lassen. Sie hat va banque gespielt. Man könnte auch annehmen, sie habe sich irgendwann dazu entschlossen, ihren Roman mit Richard wie ein Stück Literatur zu behandeln – und sei es um den Preis der Selbstbeschädigung.

Ihre Briefe vor der Katastrophe sind eher wortkarg, sie lassen allerdings Angst ahnen; die Träume voller beunruhigender Symbole des Verlustes und des Versagens, häufig bereits am Anfang der Bremer Zeit, tauchen wieder auf, sie weiß im Traum, was sie im Wachsein nicht wissen will. Die Briefe sind auch demütig, gehorsam fließt sie über vor Mitleid mit Roderich, «dem armen lieben Jungen», als Richard ihr Aufnahmen vom Zimmer des Sohnes schickt. Der «arme kleine Kerl», wie er in Briefen von Braunschweiger Verwandten heißt, war damals siebzehn Jahre alt, doch sein Trennungsschmerz wird von der Familie behandelt wie der eines hilf- und trostlosen Fünfjährigen. Die beiden um ein paar Jahre jüngeren Töchter Richards scheinen weniger Kummer über den bevorstehenden Weggang des Vaters geäußert zu haben, oder ihr Kummer war unwichtiger – es geht immer nur um den Sohn. (Der Michael Unger im Roman ‹Vita somnium breve›, der sich mit dem Anspruch einer solch «saugenden», «umschlingenden» Kindesliebe auseinandersetzen muß, hat denn auch nur ein Kind, einen Sohn.) Sie liest die Korrekturen für die zweite Auflage der ‹Erinnerungen von Ludolf Ursleu dem Jüngeren› und will zum ersten Male verstehen, wie entsetzlich, wie unerträglich der Schluß des Romans ist, für Richard einst gewesen sein muß: aber es sei ja nur ein Roman, tröstet sie sich und damit wieder einmal ihn, ihr Glück hingegen sei Wirklichkeit.

Richard Huch ist inzwischen damit beschäftigt, seine Anwaltskanzlei dem Schwager Rudolf zu übergeben, er hat die Gründe für sein Fortgehen aus Braunschweig in einem langen Brief an die Anwaltskammer dargelegt, dessen Entwurf zum Teil von Ricarda stammt: er möchte seiner Frau die Möglichkeit geben, und sei es nach geraumem Abwarten, die Scheidung zu beantragen.

Richard Huch hat vor, bis er in Bremen seine zweite Karriere beginnen kann, nach Paris zu gehen, es ist nicht recht klar, was er dort zu tun gedachte – möglicherweise hatte Hermann Reiff ihm für die Zeit bis zur Scheidung, die tunlichst weit entfernt von Bremen zu verbringen war, auch noch eine Stellung vermittelt. Ricarda Huch will den Geliebten auf seiner Reise nach Paris bis Köln begleiten, den Überanstrengten, durch den Trennungsschmerz Zermürbten ein wenig aufrichten. Vielleicht wollen sie im Kölner Museum noch einmal gemeinsam die ‹Madonna im Rosenhag› und die ‹Madonna mit der Wickenblüte› betrachten – der labile Vater auf seinen Kunstreisen mit der Geliebten hat eine unersättliche Vorliebe für Madonnendarstellungen.

Schon als sie sich in Hannover treffen und während der nächtlichen Fahrt von Hannover nach Köln merkt sie, wie überaus, wie noch schlimmer gereizt, als sie befürchten mußte, Richard ist, voller Aggressivität gegen sie, voller Aggressivität auch gegen sich selbst. Daß er nicht mehr schätzen könne, was er endgültig besitze, sagt er. Dann wieder nennt er sie «Heilige» und «groß», nennt sich selbst ihrer nicht würdig.

Im Hotel in Köln, wo er ihr endlich erklärt, daß er nicht nach Paris weiterreisen, sondern nach Braunschweig zu Frau und Kindern zurückkehren werde, kommt es zu einer jener schrecklichen Szenen, in welcher der unvermittelt zur Trennung Entschlossene sich mit verletzender Drastik rechtfertigt, was beim überraschten Teil wieder neue, verletzende Drastik provoziert. – «Laß Dir unser Verhältnis nicht besudelt erscheinen dadurch», bittet Ricarda Huch auf einem Zettel, den sie Richard unmittelbar nach der Trennung und noch unter dem traumatischen Eindruck dieser Auseinandersetzungen schreibt.

Zu Beginn der Kölner Szene hatte sie offenbar gehofft, es würde alles noch gut werden, wenn sie ihn nur dazu bewegen könnte, erst einmal nach Paris zu fahren. Sie hatte sich erboten, alles in Bremen stehen- und liegenzulassen, ihren Vortrag am übernächsten Tag abzusagen und mit ihm zu fahren. Er wollte wieder nach Braunschweig, er wollte bereits in Hannover umkehren, war dort nur zu feige, ihr das zu sagen. Und was, als sie es im nachhinein erfährt, das zunächst unerträglichste für sie ist: er hatte, noch ehe es zur Aussprache im Kölner Hotelzimmer kam, nach Braunschweig an seinen Freund Max Aronheim und seinen Schwager Johannes Hähn telegrafiert, sie möchten ihn in Hannover abholen. Er will sicher sein, daß er ihr entkommt, daß er nicht wieder schwach vor ihr wird, er braucht Hilfe, um sie loszuwerden.

Sie fahren nach Hannover zurück, wo der Freund und der Schwager ihn in Empfang nehmen wie einen Erschöpften, der das letzte Stück des Weges ohne Begleitung nicht mehr schafft, oder wie einen, den es vor seinen Verfolgern in Schutz zu nehmen gilt. Ricarda Huch wird von den beiden zum Zug nach Bremen eskortiert und belehrt, wie sie sich künftig zu verhalten habe: Kein Wiedersehen mit Richard mehr, und, um ihm jede Aufregung zu ersparen, auch keinerlei Korrespondenz mehr. Förmlich geloben muß sie das. Doch gleich nachdem sie – sie weiß nicht recht wie – am 7. Februar wieder in der Bremer Kohlhökerstraße angelangt ist, schreibt sie den schon erwähnten Zettel – «Ich bin immer für Dich da», steht noch darauf –, den sie an Max Aronheim zur Besorgung schickt, und Max Aronheim wird den, wie er glaubt, allerletzten Zettel auch weitergeben. Und dann fällt sie der in den vergangenen Monaten so ungeliebten, ihr aber nach wie vor treuergebenen Marianne Plehn in die Arme und – so wird Ricarda Huch sich später erinnern – mit der «Maßlosigkeit» ihres Schmerzes in der nächsten Zeit auch auf die Nerven.

Am darauffolgenden Tag aber hütet sie nicht etwa mit Migräne, gar einer Nervenkrise das Bett, läßt nicht nach einem Arzt rufen – das alles bleibt Richard vorbehalten. Ricarda Huch stellt sich vor ein Dutzend «fragwürdiger Frauenzimmer» und erzählt ihnen etwas über den romantischen Charakter oder die romantische Liebe – es wäre interessant zu wissen, über was genau sie an jenem Tage gesprochen hat.

Marianne Plehn mag diesmal weniger aufmerksam zugehört haben, als sie das sonst tut, weil sie über ihre Freundinnen nachdenken muß, diese «sonderbaren Schwärmer», wie sie sie bei sich nennt, besonders über ihr «Ricardachen», von dem sie weiß, daß es sich gleich nach dem wie immer etwas zu reservierten und etwas zu monoton gesprochenen, ansonsten aber tadellosen Vortrag in einen Tränenbach verwandeln wird. Und da Marianne Plehn nicht nur für ihre unerbittliche Nüchternheit bekannt ist, sondern auch für ihre gelegentlich sarkastischen Bemerkungen, mag ihr für einen Moment lang das Bild in den Sinn gekommen sein, das die Schwester Rose zu malen vorhat: ‹Die klugen und die törichten Jungfrauen›. Marianne soll darauf als eine der klugen Jungfrauen porträtiert werden, Ricarda als eine der törichten.

Der Abschied von Richard und die heimliche Verlobung in Bremen

Die Reaktionen der Freunde auf die Trennung sorgen zunächst für zusätzliche Verzweiflungsausbrüche Ricarda Huchs. Auch die, welche so bereitwillig beim Bau ihres neuen Luftschlosses geholfen hatten, mahnen sie nun zur Rückkehr auf den Boden der Tatsachen. Emma Reiff, von den Nachrichten über die Kölner Ereignisse vermutlich vollkommen überfordert, schreibt einen ungelenken Trostbrief, in dem sie, was Richard tat, seinem Verantwortungsgefühl zugute hält; Ricarda wird mit der Aussicht auf spätere gute Freundschaft zwischen ihr und Richard vertröstet – falls ihr Herz nicht zu viel begehre. Will heißen, die Reiffs stellen sich plötzlich auf die Seite der bürgerlichen Vernunft. In Richard den Edeldenkenden zu sehen, hatte Ricarda Huch ihnen ja längst beigebracht, sie handeln eigentlich ganz in ihrem Sinne, wenn sie sich auch jetzt nicht dazu entschließen können, ihn zu verurteilen.

Und sie selbst wird bald allen ihren Briefpartnern immer wieder ans Herz legen, nicht Richard die Schuld an der Trennung zu geben. Wenn es einen Schuldigen gebe, dann sie – sie hätte wissen müssen, daß die Trennung von der Familie für ihn unmöglich war; daß sie nicht mehr Glück, als sie hatte, hätte erwarten dürfen. Nur einen Grund für Richards Entschluß zur Rückkehr nach Braunschweig will sie auf gar keinen Fall akzeptieren: daß ihm die Trennung von seiner beruflichen Karriere, seiner gesellschaftlichen

Stellung unmöglich gewesen wäre. Der Vetter Hans Hähn hat ihr das in einem Brief klarzumachen versucht, aber dem widerspricht sie mit Heftigkeit und immer wieder, wie einer bösartigen Unterstellung. Nicht dem Ehrgeiz Richards ist seine Liebe zu ihr unterlegen, nur seinem Pflichtgefühl.

Die Korrespondenz zwischen ihnen beiden setzt trotz des von Max Aronheim abgeforderten Versprechens schnell wieder ein. In einem «völlig unzurechnungsfähigen Zustand», wie Ricarda Huch vor Marie Baum glaubt entschuldigen zu müssen, hat Richard gleich nach der Trennung an alle ihre gemeinsamen Bekannten geschrieben, an Christiane Rassow, an die Reiffs, an Hedwig Waser, und seinen Schritt mit der Rücksicht auf seine Familie gerechtfertigt, einer Rücksicht, für die er auf das Verständnis der ehemaligen Geliebten hofft. Wahrscheinlich sind Emma Reiffs unbeholfene Trostworte schon eine Reaktion auf einen solchen Brief Richards, denn dieses «falls ihr Herz nicht zu viel begehre» wird abgewandelt noch einige Male zitiert werden, Hedwig Waser wird noch viel später in ihrem ersten Aufsatz über die Freundin auch von der «unersättlichen Habgier ihres Herzens» sprechen. Ricarda Huch fühlt sich verletzt durch diese Korrespondenzen hinter ihrem Rücken, von denen sie natürlich erfährt, und es empört sie, von allen Seiten zu hören, Richards «edler Verzicht» verpflichte sie geradezu zu Uneigennützigkeit und gelassener Einsicht. Als sie ihn wegen seiner Selbststilisierung, seiner indirekten Schuldzuweisungen zur Rede stellt, kontert er mit einigen Briefen, in denen er ihr offenbar tatsächlich «Raubtiermanieren» vorwirft und eine allzu große Begehrlichkeit, in denen er von ihren emotionalen Erpressungsversuchen spricht. Sie fühlt sich plötzlich wie eine «Maitresse», die, unbequem geworden, abgeschoben werden mußte. Das Verhältnis scheint nun doch «besudelt» und in Schäbigkeit zu enden. Doch dann, ganz unvermittelt, geschieht das Seltsame, daß er auf eine Wiederanknüpfung ihrer Beziehung hofft, sie unbedingt sehen will, in Wunstorf oder anderswo. Und daß nun sie ihn zurückweist, nicht schroff, gar unter Vorwürfen, eher behutsam und unter Liebesversicherungen, wie einen sehr Verwirrten, den man beruhigen muß. In langen Briefen ringt sie um etwas, das sie auch ihm zu vermitteln sucht: eine spirituelle Auffassung von ihrer beider Liebe, für deren Weiterbestehen der persönliche Kontakt zwischen ihnen beiden unerheblich geworden ist. Ein beinahe mystisches Zusammengehörigkeitsgefühl wird behauptet, gereinigt von jeder irdischen, leiblichen Zutat. Für diese neue Qualität ihrer Liebe sei das Kölner Debakel sogar notwendig gewesen, seien die früheren Pläne einer gemeinsamen Zukunft unwesentlich geworden, belehrt sie ihn. Sie tut eigentlich genau, was er wollte, als er sie, in den Briefen an die gemeinsamen Bekannten, zum Verzicht aufforderte. Ja, sie tut mehr als das und – wie sie fürchten muß – sogar ein wenig zuviel des Guten für Richards Geschmack, denn sie sucht Einwürfen seinerseits zuvorzukommen: er solle nicht glauben, Kummer und Enthaltsamkeit ließen sie in «unnatürlich geistige Empfindungen» flüchten. Es ist ihr ernst mit ihrer Liebesmystik. Der damals vielgelesene Spiritist Du Prel wird zur erlösenden, auch Richard dringend empfohlenen Lektüre. Sie braucht einen religiösen Rückhalt, um das Vorgefallene verarbeiten zu können.

Und sie braucht auch Unterstützung gegenüber Richards immer dringender werdenden Bitten um ein Wiedersehen, um Aussprache über die Gründe seiner gescheiterten Trennung von Braunschweig und der Familie – seiner vorläufig gescheiterten Trennung: er spricht schon wieder von Scheidung! Erwägt schon wieder, ob man die Reiffs noch einmal um Unterstützung für einen neuen Aufbruch bitten könnte. Sie will keine Wiederholungen von längst Gesagtem mehr. Sie kann ihn nicht mehr wiedersehen – obwohl sie vielleicht möchte. Die Vorgänge in Köln und sein Verhalten kurz danach haben das Maß des ihr Erträglichen überschritten. Sie kann oder will sich kein Erbarmen mit seiner desolaten Lage mehr leisten – auch ihre Reaktion auf seine wieder einmal geäußerten Selbstmordabsichten ist weniger panisch als all die Jahre zuvor, sie zwingt sich zur Distanz.

Seine Lage ist in der Tat desolat: er hat sich nicht nur von der Familie, sondern auch von den Kollegen in Braunschweig verabschiedet, hat dem Schwager seine Kanzlei übergeben, ist nach Paris abgereist und bereits in Köln wieder umgekehrt. Er wird nach seiner Rückkehr von der Familie und den Freunden in Braunschweig offenbar behandelt wie ein Kranker, sogar die Nervenheilanstalt ist im Gespräch. Er praktiziert vorerst auch nicht, für ein Vierteljahr führt Rudolf Huch die Braunschweiger Kanzlei – ohne daß sich auch nur ein einziger Klient zu ihm verirrte. Bis auf diese ihm Braunschweig endgültig verleidende Tatsache hat Rudolf Huch jenes Vierteljahr in seinen Erinnerungen vorsichtig umgangen: Ereignisse in der Familie, von denen er schweigen wolle, zwangen ihn dazu, schreibt er. «Ereignisse unter Verwandten in Braunschweig, die sehr verschieden betrachtet wurden. Selbst gute Bekannte wußten sich nicht dazu zu stellen.»

Richard Huch hat nach der Rückkehr vor der Anwaltskammer sein Ehrenwort geben müssen, daß er in Zukunft jeden Kontakt mit seiner Schwägerin vermeiden werde. Die Korrespondenz mit Ricarda Huch darf also keineswegs entdeckt werden, nicht wie früher unter fremder Handschrift auf den Couverts über die Kanzlei laufen; wie es scheint, schickt sie ihre Briefe unter einer Deckadresse postlagernd nach Braunschweig, manchmal wohl auch nach einem Braunschweig benachbarten Ort. Um sie zu sehen, sich überhaupt länger von Braunschweig entfernen zu können, brauchte Richard Huch die vermutlich nur unter Schwierigkeiten zu erlangende Mitwisserschaft von Max Aronheim. Die meisten seiner Bekannten und Kollegen schneiden ihn. Wie er sich das alles überhaupt antun konnte, ist schwer begreiflich.

Möglicherweise auch für die um Verständnis bemühte Ricarda Huch. Daß die Weichheit seines Gemüts doch auch sie einmal beglückt habe, schreibt sie dem ob seiner Unentschiedenheit Verzweifelten tröstend. Doch als er nicht aufhören will, sich über die Kälte der Braunschweiger ihm gegenüber zu beschweren, schließlich gar noch um den Verlust der Kegelbruderschaft klagt, wird sie ungeduldig: «erstens waren das doch nie *rechte Freunde* von Dir, und dann ist einmal die arteigenthümliche Eigenschaft aller Männer Feigheit. Sie sind in beständiger Todesangst sich zu compromittiren. Wenn Du eine Frau wärest, und namentlich eine studirthabende und unverheirathete, würdest Du es für selbstverständlich halten, daß man sich beständig durch die schändlichsten Demüthigungen durchschlagen muß, ich mache darin täglich noch neue Erfahrungen ... Ich verachte diese Kommente so gründlich.» Trotz aller Beschwichtigungen und Beschwörungen weisen ihre Briefe mehr und mehr auf Distanzen hin. Vom ‹Lügenmärchen›, das sie ihm bei Erscheinen in der Wiener ‹Zeit› vom Mai 1896 abwiegelnd als «kleine überflüssige» Geschichte angekündigt hatte, schreibt sie nun, daß es «eine furchtbare Wahrheit über die Grenzen der Liebe» enthält: «Man bleibt immer zwei; aber könnte man ganz eins werden, wäre ja auch keine Liebe mehr.» Und während sie sich in den Briefen an Richard bemüht, ihrer beider Liebe zu einer mystischen zu verklären, vollendet sie ihren legendenbeschädigenden ‹Armen Heinrich› – die Erzählung wird bereits im März 1897 von der ‹Deutschen Rundschau› in Berlin angenommen, dann aber erst ein Jahr darauf in der Zeitschrift veröffentlicht.

Sie hat sich längst von ihm fortgeschrieben, in den Briefen an ihn aber bleibt sie die weiterhin von ihm Abhängige, die ihm gehorsam Berichtende, bei ihm Ratsuchende – oder wenigstens tut sie so; vielleicht auch, um ihm die Vorwürfe auszureden, die er sich ihretwegen macht. Sie lebe äußerlich weiter wie bisher, berichtet sie, halte ihre Vorträge. Ob man über sie rede, wisse sie nicht, es sei auch gleichgültig, denn sie stehe unter dem Schutz der Gildemeisters und der Rassows, und die gäben in Bremen den Ton an. Doch es sei ihr unmöglich, weiter in Bremen zu bleiben, erklärt sie bereits im Februar 1897. Sie wolle nun das ihr zuwidere Schulehalten vorerst ganz aufgeben, eine Weile von ihren Ersparnissen leben und die Vorträge über die Romantik zu einem Buch ausarbeiten. Sie erwägt alle möglichen Universitätsstädte (eine Universitätsstadt muß es sein, der Bibliothek wegen), in die sie gehen könnte. Freiburg wäre recht, aber da ist sie zu oft mit Richard gewesen. Heidelberg wäre recht, aber da sitzt ihr Bewunderer, der Chemieprofessor Victor Meyer, und sie fühlt sich momentan außerstande zu gesellschaftlichen Kontakten. Jena wäre recht, aber da wieder gibt es die Familie eines ihr aus Zürich bekannten jungen Mediziners, mit der sie würde verkehren müssen. Und nach Zürich will sie auf gar keinen Fall, sie fürchtet die allzu vielen Begegnungen, auch die Erinnerungen an die früheren Jahre, in denen Richard immer die heimliche Gewißheit im Hintergrund war. Sie kommt zu keinem rechten Ergebnis, zumal ihr Richard von der ganz freiberuflichen Existenz abgeraten haben muß, ja sogar davon, die Bremer Stellung aufzugeben. Noch am 21. März schreibt sie ihm beruhigend, daß sie vielleicht nicht den Mut haben werde, die Stelle auszuschlagen, falls wider all ihr Erwarten noch etwas aus dem Mädchengymnasium werden sollte. Schon eine Woche später teilt sie ihm mit, sie könne auf gar keinen Fall in Bremen bleiben. Einen der Gründe dafür (daß sie eine neue Beziehung eingegangen ist) verschweigt sie ihm, der andere, den sie nennt, wiegt momentan wahrscheinlich auch schwerer: ihr Verhältnis zu Dora Gildemeister hat sich dramatisch verschlechtert. Die fühlt sich von Ricarda Huch schon lange hintangesetzt. Sie war es, die die Autorin des Ursleu-Romans nach Bremen geholt hatte. Die Vertraute Ricarda Huchs in Bremen aber ist Christiane Rassow geworden. Und damit nicht genug: Dora Gildemeister dürfte auch gespürt haben, daß Ricarda Huch das Vorurteil der Bremer Gesellschaft gegen ihre Liebe zu dem geschiedenen Musiker Kruse teilte. Daß Dora der Romanze zwischen ihr und Richard so viel Sympathie entgegenbringe, sie aber Doras Romanze so gar keine, ist in den Briefen an Richard zu lesen. Gründe dafür hat sie nie genannt – Dora Gildemeister war ihr nicht sonderlich sympathisch, die Normverletzung aber hätte sie eigentlich nicht stören dürfen. Und nun sorgt ein zu Vorträgen verpflichteter Kunsthistoriker, der Ricarda Huch sympathisch findet und wohl auch viel bei den Rassows verkehrt, für neue Rivalitäten. Doch wie es scheint, behandeln die Vorsteherinnen dieses Vortrags-Lyzeums die gewonnenen Lehrkräfte und wechselnden Gastdozenten tatsächlich wie gesellschaftliche Trophäen – im nächsten Jahr wird ein anderer Kunsthistoriker, diesmal einer aus Hannover und diesmal eine Entdeckung von Christiane Rassow, zum Zankapfel zwischen den beiden Bremer Damen werden.

Um Richards Einwänden zuvorzukommen, hat Ricarda Huch unterdes sogar bei Marie Herzfeld angefragt, ob sie die Romantik-Vorträge nicht in Wien wiederholen könne. Marie Herzfelds Antwort ist positiv. Aber Ricarda Huch wird das Wiener Angebot schließlich nicht wahrnehmen. In Bremen ist ihr ein für allemal klargeworden, daß sie zur Vortragenden ebensowenig taugt wie zur Lehrerin. Nicht nur, daß ihr jeder Auftritt vorher unerträgliches Lampenfieber verursacht, die Reaktion des Publikums auf ihren von Schüchternheit gelähmten Vortrag ist auch nicht gut für ihre Eitelkeit. Die immer bekannter werdende Ricarda Huch ist später sehr oft zu Vorträgen und Lesungen eingeladen worden, und sie hätte das Honorar dafür, zumal das leicht verdiente für das Lesen aus eigenen Werken, sogar dringend gebraucht, doch sie ist diesen Einladungen nicht gefolgt, bis auf ganz wenige Male, bei denen eine Ablehnung aus Gründen der Freundschaft unmöglich war, und selbst bei diesen Gelegenheiten hat sie ein wenig komische Anstrengungen unternommen, Bekannte, an deren Meinung ihr besonders lag, von ihren Auftritten fernzuhalten. Sie hat ihre Publikumsscheu gern mit der «Gemeinheit» solcher Veranstaltungen, insbesondere des Lesens aus eigenen Werken, erklärt, in Wahrheit war es der «Alpdruck», vor Leute treten zu müssen und eventuell versagen zu können, auf jeden Fall aber nicht so brillant zu sein, wie erwartet wurde, den sie schon im vorhinein nicht ertrug.

An Marie Baum wird Ricarda Huch später schreiben, die Verabredung der Wiener Vorträge hätte nur den Zweck gehabt, sie mit Sicherheit von Bremen fortzubringen. Und sie wird auch schreiben, Marianne Plehn habe gewollt, daß sie von Bremen weggine. Das könnte stimmen, Marianne Plehn hatte vor einem möglichen Skandal um die Freundin vermutlich nach wie vor mehr Angst als Ricarda Huch selbst, ihr war am Zustandekommen der Bremer Schule dringend gelegen; sie war, solange sich ihr keine andere Arbeitsmöglichkeit bot, auf die Stelle angewiesen. Und als Bundesgenossin in den Bemühungen um dieses Mädchengymnasium wird sie Ricarda Huch, die von Anfang an viel zu sehr mit anderem beschäftigt war, nicht mehr angesehen haben. Es ist auch Marianne Plehn, die vom ‹Comité› schließlich zur Schulleiterin bestimmt wird, wie eine Anzeige zeigt, die im März 1897 in verschiedenen deutschen Tageszeitungen erschien und noch einmal um Schülerinnen für das nun im Herbst 1897 zu eröffnende Mädchengymnasium in Bremen warb – vergeblich, wie sich herausstellen sollte. Für die annoncierte Schule melden sich nur drei Schülerinnen, ihnen wird Marianne Plehn, die noch bis Mai 1898 am Bremer Vortrags-Lyzeum blieb, Mathematikunterricht erteilen. Dann wird auch das Vortrags-Lyzeum aufgegeben. Marianne tritt im Herbst 1898 eine Assistentenstelle am tierärztlichen Institut der Universität in München an, für weniger als die Hälfte des Bremer Gehalts und dennoch erleichtert.

Neben den Erörterungen, wohin sie nach Bremen gehen könnte, gibt es viel Geschichten «vom Rade» in Ricarda Huchs letzten Briefen aus Bremen an den verlorenen Geliebten. Sie hatte im Herbst 1896 radfahren gelernt und schnell eine wahre Begeisterung dafür entwickelt. Nach der Trennung von Richard nimmt sie das Radfahren wieder auf, läßt sich von Richard sogar ein eigenes Rad besorgen – ein letzter für ihn schmeichelhafter Appell an seine Fürsorglichkeit. Die Geschichten vom Rade sollen ihm zeigen, daß sie ihrer Melancholie durch Bewegung beizukommen versucht. Und sie sind das Sagbare neben dem vielen Unsagbaren; das Interesse für das Radfahren ist ein Interesse, das sie noch miteinander verbindet. Auch Richard fährt seit langem Rad, benutzt es sogar für seine Klientenbesuche in der Umgebung von Braunschweig. Was damals für einen Rechtsanwalt auffallend war, auf jeden Fall von einer gewissen Exzentrik zeugte. Als ein nicht nur der Seele wohltuendes Turngerät scheinen noch andere Mitglieder der Familie Huch das Fahrrad entdeckt zu haben, einer der Söhne des Garibaldischwärmers Eduard Huch, der Musiklehrer und Komponist Robert Huch, veröffentlichte 1898 eine Broschüre ‹Die Radfahrerfrage vom socialen Standpunkt›. In Bremen sind, wie überall, die Meinungen über den neuen Sport geteilt. Im Hause Gildemeister gilt er als plebejisch und für Frauen nicht nur als unpassend, sondern auch als gesundheitsschädlich. Im Hause Rassow gibt man sich aufgeschlossener, die Kinder sind Experten in der Wartung und im Putzen der Maschinen, Tilda Rassow hat gemeinsam mit Ricarda Huch die Radfahrschule besucht.

Etwas Wichtiges läßt Ricarda Huch in den Berichten vom Rade allerdings aus: sie ist auf ihren Spazierfahrten nicht mehr allein. Als sie Richard am 20. April gesteht, daß sie «jemand liebgewonnen» habe in Bremen, gesteht sie auch, daß sie ihm das habe verschweigen wollen, nun aber doch sagen müsse, weil er nicht aufhöre, sie mit seinen Bitten um ein Wiedersehen zu quälen. Von einem vorübergehenden Gefühl ist die Rede, sie bittet um sein Verständnis, ja um seine Schonung: «Sprich nicht von Selbstmord.» Er hat sie geschont – vielleicht war ihm ihr Geständnis sogar eine Erleichterung, weil es ihn aus seinen quälenden Unentschiedenheiten befreite? Eine Woche später dankt sie ihm dafür, ihr «so unbeschreiblich gut» geschrieben zu haben: «Das peinliche Angstgefühl, das mich unaufhörlich quälte, ist doch ein bißchen beschwichtigt.» In ihrem letzten Brief aus Bremen vom 10. Mai 1897, mit dem für lange Jahre die Korrespondenz zwischen ihr und Richard Huch endet, äußert sie die Überzeugung, daß die Neigung, die sie gefaßt habe, «wahr und dauerhaft» sei.

In Wirklichkeit hat sie sich inzwischen sogar verlobt, heimlich, wie das hieß, wenn die Verlobung nicht öffentlich bekanntgegeben wurde. Diese war sehr heimlich, von den Freundinnen wußte nur Marie Baum darum, als sie Ricarda Huch Anfang April 1897 in Bremen besuchte, lernte sie Hermann Eggers, den Verlobten, kennen. Und eingeweiht war noch die Großmutter in Braunschweig, deren in Bibelzitaten schwelgender Zorn über den letzten Familienunfall beruhigt werden mußte: mit dieser neuen «Wendung durch Gottes Fügung» war sie überaus einverstanden, sie versprach Sicherheit für die Enkelin, endlich Solidität.

Hermann Eggers stammte aus einer alten, angesehenen und begüterten Kaufmannsfamilie der Hansestadt, die eine Weinhandlung besaß. Er hatte die Rechte studiert und war 1896 als Dr. jur. und Referendar nach Bremen zurückgekommen, wo er sich später als Rechtsanwalt niederließ. Kennengelernt hatte Ricarda Huch ihn vermutlich bereits im Januar 1897: daß sie eine Freundschaft mit einem Referendar begonnen habe, schreibt sie Richard damals, er sei ein «strebender Geist», und: «Referendare scheinen viel Zeit zu haben.»

Im Frühling 1897 unternahm sie mit Hermann Eggers «Ausflüge zu Rad, die für mich ein Wagnis waren», wie sie in ihren (freilich keinen Namen nennenden) Erinnerungen an Bremen erzählt. Wobei unklar bleibt, worauf sich das «Wagnis» bezieht, auf die sportliche Leistung oder auf das gesellschaftlich Riskante solcher Ausflüge zu zweit. Von dem Verlöbnis scheint nicht einmal Christiane Rassow

Ricarda Huch in Bremen 1897, Fotografie von Franz Susemihl

geahnt zu haben – sie hat Ricarda Huch später mehrfach und vergeblich in ihr Landhaus Drei Eichen bei Bremen eingeladen, etwas, das sicher unterblieben wäre, hätte sie annehmen müssen, daß ihr Schützling heikle Begegnungen zu fürchten hatte. Nach einem Brief Ricarda Huchs an Marie Baum war auch die Mutter von Hermann Eggers nicht unterrichtet. Vielleicht weil ihr diese Verbindung mit einer unvermögenden, dazu nicht einmal mehr jungen Dame von keineswegs tadelfreiem Ruf nicht recht gewesen wäre? Für einen «strebenden Geist» mögen Ruf, Alter und Vermögen einer Verlobten, die immerhin Ricarda Huch hieß, von wenig Bedeutung gewesen sein. Offenbar aber glaubte Hermann Eggers die eigenen und die Gefühle der so rasch zum Verlöbnis Entschlossenen auf die Probe stellen zu müssen: Auf seinen Vorschlag hin wollten sie einander ein Jahr lang nicht sehen, danach heiraten. Ricarda Huch verließ Bremen also auch seinetwegen.

Am 11. Mai kehrt sie nach Zürich zurück, wohin sie anfangs keineswegs hatte gehen wollen, sie hatte im Gegenteil Einladungen von Emma und Hermann Reiff ablehnend beantwortet: sie müsse arbeiten und allein sein, fühle sich gerade für den Umgang mit Freunden im Moment überhaupt nicht gestimmt. Der Gedanke an eine ganz fremde Umgebung muß dann aber wohl zu deprimierend gewesen sein. Vielleicht blieb ihr, nachdem Hermann Eggers das Jahr Trennung gewünscht hatte, auch nicht mehr genügend Zeit, einen anderen, passenden Unterschlupf zu suchen. Sie reist mit wenig Gepäck, zwei Koffern und ihrem Fahrrad; alles andere, auch die Möbel, die sie vor acht Monaten von Zürich nach Bremen hatte spedieren lassen, wird vorläufig bei Christiane Rassow untergestellt.

Für kurze Zeit logiert sie bei den Reiffs, doch deren Sommerhaus in Rüschlikon, wo sie ungestört arbeiten könnte, ist noch nicht bezugsfertig, und das dauernde Zusammensein mit dem Ehepaar, das nach der Richard-Katastrophe so verletzend «vernünftig» reagiert hatte, mag ihr schwer gefallen sein. Einen Streit mit Herrn Reiff über «die Stellung der Frau» vermerkt ein Brief an Christiane Rassow. Am 1. Juni nimmt sie Quartier in der Asylstraße 68, dort gibt es Ärger mit einer in ihrer Post schnüffelnden Wirtin, außerdem Wanzen, Ende August zieht sie in die Plattenstraße 48, zu einer Frau Grünwald, bei der auch Marie Baum einmal gewohnt hatte. Sie macht lange Radtouren mit Emma Reiff, versucht ein wenig Geld zu verdienen, indem sie zwei Amerikanerinnen in der Pension Walder Deutschunterricht gibt, und arbeitet an ihrer ‹Blüthezeit der Romantik›.

Jeden Dienstag kommt ein Brief von dem heimlichen Verlobten aus Bremen, der pünktlich beantwortet wird. Was in diesen nicht mehr vorhandenen Briefen zwischen ihr und Hermann Eggers gestanden haben mag, wissen wir nicht. Hermann habe «positiv» und «entzückend» geschrieben, berichtet Ricarda Huch der während der Semesterferien abwesenden Marie Baum, einen Kasten blühender Heide habe er ihr an seinem Geburtstag geschickt. Aber es gibt nirgends ein Detail, eine Anekdote, die uns die Person des jungen Referendars anschaulich machte – es gibt nur die Bemerkung in dem Brief an Richard über den «strebenden Geist». Sie läßt an das denken, was Ricarda Huch einst im ersten Überschwang von Emanuel Zaeslin schrieb: «Er ähnelt Wilhelm Meister. Das charakterisiert ihn ganz.» In ihren etwa 1937 entstandenen Aufzeichnungen über Bremen will sie sich weder an den Namen noch an den Beruf dieses Verlobten erinnern können, nur seine außerordentliche Schönheit will ihr im Gedächtnis geblieben sein, wie von Böcklin oder Begas gemalt soll er ausgesehen haben und als Mensch nicht einfach gewesen sein, eine romantisch leidende Natur. Die Bremer Verlobung, ein Geheimnis während der Zeit ihrer Dauer und später geflissentlich umschwiegen (auch Marie Baum hat Hermann Eggers' Namen nie preisgegeben, allerdings zwei an sie gerichtete Briefe von ihm aufbewahrt), erfüllte die Autobiographin Ricarda Huch offenbar mit zwiespältigen Gefühlen. Nicht, weil da auf Richard so schnell ein anderer gefolgt war, das schien verständlich. «Man hat bemerkt, Shakespeares Seelenkunde habe sich darin gezeigt, daß er den Romeo als einen unglücklichen Liebenden habe darstellen lassen, als er Julia kennenlernte. Ich erfuhr das an mir; das Feuer, das so lichterloh gebrannt hat, kann nicht plötzlich erlöschen, es flackert weiter und sucht sich irgendeine Nahrung. Auf andere, die mich in Verzweiflung gesehen hatten, muß es einen merkwürdigen Eindruck gemacht haben, daß ich mich in einen jungen Bremer verliebte, den ich damals kennenlernte ...», schreibt sie in ihren Erinnerungen an Bremen. Weniger verständlich mag ihr im nachhinein das Objekt der umgeleiteten Gefühle erschienen sein? Möglicherweise hatte sie sogar den Verdacht, daß es da weniger um ein Gefühl als vielmehr um eine Angstreaktion gegangen war. Die Bremer Wohlhäbigkeit mag schon zur Zeit der Verlobung kaum ins Gewicht gefallen sein – Ricarda Huch hat sich ein Leben lang Gedanken ums Geld machen müssen und doch nie sonderliche Anstrengungen unternommen, *viel* Geld zu verdienen. Richtiger Reichtum hätte sie sogar geniert, wie sie Richard verschiedene Male zu erklären versuchte, wäre gegen ihr soziales Empfinden gegangen. Das Quentchen Berechnung bei dieser Bremer Verlobung lag anderswo. «Der dich aus dem Sumpf führen wollte», so klagte die Großmutter einst auf die Nachricht von der Verlobung eines Zürcher Bekannten, den sich ihre Phantasie bereits zum Heiratskandidaten für die gefallene Enkelin gemalt hatte. Es ist anzunehmen, daß – wenn auch vorerst uneingestanden – der Bremer Verlobte für Ricarda Huch eine ähnliche Rolle spielte: er war der Retter aus der Schande. Und er mußte in dieser Rolle gar nicht einmal öffentlich auftreten, das Bewußtsein, vor der Bremer Gesellschaft nun doch noch als die von Richard Verlassene dazustehen, wog weit weniger schwer als die eigene Angst.

Es scheint, daß ihr dieser nun ferne Verlobte bereits im Zürcher Sommer von 1897 wieder fremd wurde – vielleicht war es vor allem seine tröstliche Gegenwärtigkeit, die den heimlichen Verlobten in Bremen anziehend gemacht hatte. Möglicherweise ist sie nicht einmal einverstanden gewesen mit dem Jahr Trennung, das er ihnen beiden verordnet hatte. Nicht nur, weil sie weiß, daß sie in der Entfernung schlecht treu sein kann, ihrem impulsiven Naturell wird die Idee, die dahintersteckte, kaum entsprochen haben, sie mag sogar geargwöhnt haben, es gehe ihm weniger um eine Erprobung von ihrer beider Gefühlen als vielmehr um ihrer beider gesellschaftliches Ansehen, gar um Rücksichten auf seine Familie. Als sie Richard am 3. April zornig schrieb, die arteigentümliche Eigenschaft aller Männer sei Feigheit, sie lebten in beständiger Furcht, sich zu kompromittieren, könnte sie dabei auch an Eggers gedacht haben. Vielleicht hätte sie es gebraucht und geschätzt, wenn er sich sofort zu ihr bekannt hätte, ohne zimperliches Abwarten. – Als «zimperlich» charakterisiert Ricarda Huch den Baron Asche in ihrer Erzählung ‹Die Maiwiese›, die im Juli 1898 in der ‹Wiener Rundschau› erschien: vermutlich ist dieser Baron Asche auch ein Porträt von Hermann Eggers.

Ricarda Huch lebt in Panik während der Sommermonate von 1897, trotz der muntern Briefe an die Bremer Vertraute, Christiane Rassow, trotz der, wie sie fühlt, gelingenden Arbeit – sie wird das Manuskript ihres ersten Romantik-Buches nach sechs Monaten vollendet haben –, trotz einigen geselligen Verkehrs mit den alten Freunden in Zürich. «Aber weißt Du, wie schlecht es mir diesen Sommer immer ging. Ich dachte immer an Richard. Und abgesehen davon, ich weiß nicht wie, es war mir so anders als früher, so gedrückt. Und ich hatte manchmal solche Todesangst vor dem ebenen, eintönigen, korrekten Leben in Bremen. Manchmal früher schien es mir wünschenswerth, ein so gesichertes, bürgerliches Dasein. Aber dann fühlte ich deutlich, daß ich es nicht aushalten könnte», heißt es in einem Brief an Marie Baum vom Dezember 1897. In ihrer Unruhe erwägt sie sogar, nach Bern zu ziehen, sich zu den Widmanns in Pension zu begeben, deren Tochter Johanna Mitte September heiratet und nach München geht. Die Idee zeigt, wie spontan sie immer wieder reagiert, wie wenig begabt sie dafür ist, Schlüsse aus ihren Erfahrungen zu ziehen. Sie weiß, daß ihr Berner Gönner ein Faible nicht nur für die Autorin Ricarda Huch hat; auch die Frau fasziniert ihn, nicht zuletzt durch ihre Unberechenbarkeit – mal sieht er sie als Sphinx, mal als böcklinsche Meerfrau, mal als amazonenhafte «Ritterin» aus dem ‹Rasenden Roland› des Ludovico Ariosto, und immer wieder als eine Schwester der Romantikerin Bettina. Genauso aber weiß sie, daß der Literat, der bewundernd oder keck flirtende, der «sündig plauschende» Korrespondent Widmann und der bürgerliche Familienvater Widmann durchaus zweierlei sind und daß die Liebenswürdigkeit, mit der die Dame des Hauses ihr bei gelegentlichen Besuchen in Bern begegnete, einen Beigeschmack von Reserve hatte. Widmann schreibt denn am 2. September auch prompt einen erschrockenen Absagebrief, in dem er ihr gesteht, daß sie ihm als Hausgenossin auf die Dauer zu anstrengend wäre, daß zudem seine Frau «als dritte» sich «ein wenig unbehaglich fühlen» würde, in dem er gleich noch beichtet, daß er auf seine im vergangenen Frühjahr geäußerte Idee einer gemeinsamen Italienreise deshalb nie mehr zurückgekommen sei, weil Frau Widmann darauf gekränkt, sprich eifersüchtig reagiert habe. Es ist nicht bekannt, ob und wie Ricarda Huch auf diesen Brief geantwortet hat, er mag sie ebenso irritiert wie erheitert haben.

Ermanno Ceconi

Im September 1897 fährt Ricarda Huch nach Wien. Marie Baum hat Freunde dort, bei denen sie beide für acht Tage eingeladen sind; sie muß ein wenig nachhelfen, denn Ricarda Huch fährt nur zögernd mit, obwohl sie seit langem neugierig auf die Stadt ist; sie mag noch immer nicht allein verreisen, das heißt ohne Richard. Es ist ausgemacht, daß sie nach dem Ende der Semesterferien von Marie Baum noch eine Weile in Wien bleiben wird. Sie hat inzwischen einige Korrespondenzpartner dort, sie weiß, daß sie in den Wiener literarischen Zirkeln etwas gilt, zumal nach der Veröffentlichung des ‹Mondreigen von Schlaraffis›, in dem die Schriftsteller des «Jungen Wien» eine Geistesverwandte, ein neues romantisches Talent entdeckt haben; daß, wenn auch etwas verspätet, ihr Roman gerade in Wien Anerkennung gefunden hat. Sie hofft auf weitere literarische und vor allem Redaktionskontakte, denn sie will, wenn es irgend möglich ist, nicht wieder in eine Anstellung als Lehrerin zurück, sie möchte nur noch schreiben. Und tatsächlich knüpft sie, vor allem dank Marie Herzfelds Vermittlung, in jenen Wochen einige Verbindungen, die ihr in den nächsten Jahren helfen werden, als freie Autorin zu leben. Sie ist wer in Wien, eine «Celebrität», sie wird von einem «Jour» zum nächsten weitergereicht. Es schmeichelt ihr, daß Verehrer ihre Ähnlichkeit mit der Duse entdecken. Die Briefe an Marie Baum, Emma Reiff und Christiane Rassow vom Herbst 1897 verraten Animiertsein und Stolz auf ihre gesellschaftlichen Erfolge, stecken voller Begegnungen und Histörchen, aber auch

Spott über die Wiener «Literaturjünglinge», die Prätentionen ihrer Gönner: «Fräulein Herzfeld könnte man vielleicht als unausstehlich auffassen, aber auch als ganz nett. Jedenfalls ist sie sehr klug, aber eitel zum Platzen, sie erzählt fortwährend Renommier-Geschichten, es ist sehr komisch.»

Um ihrem «Sparsystem» treu zu bleiben, ist sie nach Marie Baums Abreise in eine billige Pension in der Lammgasse gezogen. Dort logiert auch ein junger italienischer Arzt, Dr. Ermanno Ceconi, der als Assistent bei einem der ersten Zahnärzte Wiens arbeitet. Er ist beliebt bei den anderen Pensionsgästen, besonders die Frauen mögen ihn. Sein Charme, der sich gegen die Schäbigkeit seines Anzugs behauptet, ist das erste, was Ricarda Huch an ihm auffällt und – seine Güte. Die alte Mutter der beiden Pensionsinhaberinnen ist schwer krebsleidend, und keiner aus der Familie mag sich so recht um die unappetitliche und dazu zänkische Kranke kümmern. Der junge Italiener tut es mit großer Selbstverständlichkeit. Ricarda Huch registriert das so beeindruckt wie beschämt: auch ihr graut vor der Kranken. Als sie in Wien Zahnschmerzen bekommt und dringend in Behandlung muß, rät ihr jemand, sie solle zu dem Dr. Ceconi gehen, er sei «ein edler Mensch». Sie findet es etwas komisch, einen Zahnarzt mit dieser Begründung empfohlen zu bekommen, vernünftiger schiene ihr, die Kapazität statt des Assistenten zu konsultieren, dann aber versucht sie es doch mit dem Assistenten, und dem gelingt, was vor ihm noch keinem gelungen war: ihr die panische Angst vor den Behandlungen zu nehmen – Ricarda Huchs Briefe aus Zürich stecken voller tragikomischer Zahnwehgeschichten. Daß sie einen «wundervollen Zahnarzt» gefunden habe, teilt sie Marie Baum mit, die sich etwas beunruhigt über ihr langes Ausbleiben zeigt, und daß sie beschlossen habe, sich von ihm all ihre Zähne in Ordnung bringen zu lassen. Den täglichen Behandlungsterminen folgen bald regelmäßige gemeinsame Caféhausbesuche, es entwickelt sich ein heftiger Flirt, der sie ihren Verlobten in Bremen schnell vergessen läßt, sogar den Kummer um Richard. Mit dem ganz und gar unbürgerlichen Ceconi begegnet ihr etwas vollkommen Neues. Er ist nach herkömmlichen Begriffen ungebildet, das heißt, er hat keine Ahnung von Kunst und Literatur und in der Richtung auch keinerlei Ambitionen. Er ist mit Leib und Seele Arzt und träumt davon, sich irgendwann einmal zum Chirurgen spezialisieren zu können, irgendwann einmal – Ceconi ist arm. Aber er hat den Leuten, die sie bislang kannte, Erfahrungen voraus, die so bestürzend wie ihr wichtig sind. Er hat, was sie in Zürich manchmal zu entdecken glaubte, in Bremen vollkommen vermißte: soziales Empfinden. Er leidet unter Irritationen, mit denen verglichen die von Richard oder die von Hermann Eggers nichtig sind, Luxussorgen. Er ist scharfzüngig, respektlos bis zur Unhöflichkeit, und er steckt voller phantastischer Einfälle. Ricarda Huchs für damalige Begriffe reichlich unkonventionelle Erzählung ‹Die Maiwiese› wäre ohne Ceconi sicherlich nicht geschrieben worden, ohne das sie faszinierende Erlebnis seiner Beredsamkeit nicht ihr ‹Fra Celeste›. Ricarda Huch ist sehr in ihn verliebt damals, ein Gefühl, das ebenso aus heftiger erotischer Anziehung besteht wie aus dem Staunen darüber, endlich gefunden zu haben, wonach sie seit den späten Zürcher Jahren sucht, einen «wirklich interessanten Menschen», einen Menschen von «Eigenart».

Und sie ist sehr bald entschlossen, ihn zu heiraten. Obwohl alle Welt entsetzt darüber ist. Sogar die loyale Marie Baum entschließt sich zu «passiver Opposition», wie einem Brief von Hermann Eggers an sie zu entnehmen ist:

sie war es, die ihn, hinter dem Rücken der Freundin, von Ricarda Huchs Wiener Affäre überhaupt erst einmal in Kenntnis setzte.

Die Vernunft spricht auch durchaus gegen diese Ehe. Ermanno Ceconi, fünf Jahre jünger als Ricarda Huch und vorerst ohne abgeschlossene Ausbildung (auch zu einer möglichen Niederlassung als selbständiger Zahnarzt fehlen ihm noch ein paar Assistentenjahre), hat für einige jüngere Geschwister zu sorgen; seinem Vater, einem kleinen Händler in Florenz, schlägt alles, was er beginnt, zum Unsegen aus. Und als der alte Ceconi, um das Ausbleiben der finanziellen Unterstützung fürchtend, die Verbindung seines Sohnes mit einer Studierten für nicht passend erklärt, neigt er dazu, ihm zu gehorchen.

Ricarda Huch ist denn auch gegen Weihnachten wieder in Zürich und mit Ceconi erst einmal zerstritten, ohne indes ihre Ehepläne aufgegeben zu haben. Das finanzielle ist für sie das schwerwiegendste Problem. Sie erwägt sogar, eine Stelle am Wiener Mädchengymnasium anzunehmen, läßt sich aber bald von den bürokratischen Hürden abschrecken – nach der damals herrschenden Zölibatsklausel, die besagte, daß Frauen im Falle einer Verheiratung aus dem öffentlichen Dienst ausscheiden mußten, hätte das ohnehin nur eine kurze Pause in Wien finanziert. Die Vorbehalte der Freundinnen gegen Ceconis sehr italienische, sehr patriarchale Eheauffassungen scheinen ihr dagegen unerheblich. Weiß sie doch nur zu gut, daß Richards Vorstellungen von Ehe und weiblicher Rolle nicht besser sind, sie haben nur ein wenig mehr höfliche Tünche. Vielleicht schmeicheln ihr Ceconis ungebremste Eifersuchtsanfälle, seine ungenierten Bemühungen, spitzzüngig jeden aus ihrer Nähe zu vertreiben, der ihm nicht paßt – schon in Wien ist Ceconis «rabbia» ein Begriff.

Und außerdem ist es nach allem Vorgefallenen für ihr Selbstwertgefühl notwendig, diesmal geheiratet zu werden. Wie notwendig, läßt Marie Herzfelds Antwort vom 14. Februar 1898 auf einen nicht erhaltenen Brief ahnen: «Daß man als Frau sich verheiraten soll, gebe ich zu, noch mehr: ich behaupte es selbst, allein aufhängen muß man sich nicht, besonders nicht, wenn man Ricarda Huch ist …» Zwar tut Ricarda Huch seit langem, was ihre «Natur» ihr vorschreibt, doch insgeheim zahlt sie dafür mit der Angst, «verfehlt» zu sein.

Sie heiratet Ermanno Ceconi am 9. Juli 1898 in Wien. Bereits im Herbst siedeln sie nach Triest über, wo Ermanno Ceconi eine Assistentenstelle antritt.

Es ist ihm, dem ihre Vergangenheit zu schaffen macht, wahrscheinlich nicht unlieb gewesen, sie so weit mit sich fortzunehmen. In Triest hat er sie ganz für sich allein, unter Kontrolle. Sogar die Briefe, die sie empfängt, liest er mit: Ricarda Huch bittet ihre Korrespondenzpartner wiederholt darum, auf bestimmte Dinge, die sie ihnen mitteilt, in ihren Antwortbriefen nicht einzugehen. Als sie sich ihre Möbel von Bremen nach Triest schicken läßt, erhält Christiane Rassow genaue Anweisungen, was sie zuvor aus den Schubladen zu nehmen hat, damit es in Triest nicht etwa Unheil anrichte: die Briefe von Richard an sie aus den Jahren von 1887 bis 1897, all ihre Fotos aus der Zeit mit Richard. – Das wird später zur Vernichtung dieser Briefe führen; und es bleibt nicht das einzige Opfer an Vergangenheit, das sie Ceconi bringt: als 1901 Emilie Hähn in Braunschweig stirbt, wagt Ricarda Huch offenbar nicht, das, was noch an Briefen von ihr im Nachlaß der Großmutter vorhanden ist, nach München schicken zu lassen; auch diese Briefe werden verbrannt.

Sie ordnet sich zum zweiten Mal unter – Aufgabe der Frau ist es nun einmal, hingebend zu beglücken. Zwar sieht sie sich nicht als Ceconis Geschöpf und Hundchen, aber sie versucht doch, sich seinen Vorstellungen von einer Ehefrau anzupassen. Wie weit sie sich damit von dem Bild entfernt, das die Freundinnen von ihr haben, zeigen deren erstaunte bis ironische Kommentare zu ihrem neuen Dasein. Mimi von Geyso mokiert sich unverblümt über das Korsett, das Ricarda Huch nun zu tragen hat, und prophezeit, daß dieser Ehemann ihr vermutlich das Publizieren verbieten werde. Marianne Plehn glaubt nicht so recht an einen «conventionellen» Haushalt, vor allem nicht an die neuerworbenen Kochkünste ihres «Ricardachen». Keine von ihnen mochte den launischen und hitzköpfigen Ceconi nach allem, was sie von ihm hörten; hatte er, anders als der verbindliche Richard Huch, gelegentlich auch noch die Manieren eines Macho – unter sich mögen sie ihn sogar für nicht ganz standesgemäß gehalten haben. Und er hat zu keiner von ihnen Kontakt gesucht.

Ricarda Huch fühlt sich tatsächlich nicht wohl in Triest und gibt die Schuld daran der Stadt. Sie verträgt das Klima schlecht, und sie findet keinen Anschluß in der ihr fremden und fremd bleibenden Umgebung, Triest gehört damals noch zu Österreich, doch es ist eine italienische Stadt. So viel Anregungen die Schriftstellerin Ricarda Huch Italien auch verdankt, in italienischer Umgebung zu leben ist ihr beschwerlich gewesen. Sie hat ein schlechtes Gewissen deswegen: Manno könne verlangen, daß sie sich seiner Welt, seinem Lebenskreise anpasse, schreibt sie an Marie Baum. Es gibt nur wenige Menschen, mit denen sie in vorübergehenden Kontakt kommt. Und Ermanno Ceconi kann ihr da keine Brücken bauen, er vermißt gesellschaftlichen Verkehr nicht, er hat seine Arbeit und das Caféhaus.

Da sitzt auch Ricarda Huch jetzt manchmal mit ihm, nachdem sie ihn am Abend aus der Praxis abgeholt hat. Sie, die so auf freundschaftlichen Umgang, auf Gespräch angewiesen ist, auf ein «angenehm regsames Leben», hat in Triest nur ihn. Auch aus den wiederholt versprochenen Besuchen der Freundinnen wird nichts, die Reise ist zu teuer. Anfangs mag er ihr Alleinsein genossen haben, mit der Zeit merkt er, daß es eine Gefahr für ihr Zusammenleben werden könnte.

Allerdings ist es gerade die Isolation, die Ricarda Huch Zugang zu einem Bereich des Triester Lebens finden läßt, der ihr, hätte sie bürgerlichen geselligen Umgang gehabt, vielleicht verschlossen geblieben wäre. Während sie gemeinsam in der Küche wirtschaften, verbringt sie viele Stunden damit, ihrer Zugehfrau Giovanna zuzuhören, der Farfalla ihres Romans ‹Die Triumphgasse›, in dem sie das Triest der Armut und der ganz kleinen Leute schildert. Sie wird so in diese andere Welt eintauchen, daß ihr die Arbeit am zweiten Romantik-Band zeitweise ganz abseitig vorkommt; ohnedies ist diese Arbeit schwierig geworden, die meisten Bücher dafür muß sie sich aus auswärtigen Bibliotheken schicken lassen. Es ist Hedwig Waser, die immer wieder auf Fortsetzung dieser Arbeit drängt, ihre Hoffnung gerade auf die Geldkalamitäten der Freundin setzt. Denn Ricarda Huch muß publizieren, ist angewiesen sogar auf gelegentliche Rezensionsaufträge, das Gehalt des Assistenzarztes Ceconi ist schmal, und ein großer Teil davon geht nach wie vor an seine Familie, den trägen Vater, dessen Nähe Ricarda Huch in den Triester Jahren zu fürchten beginnt.

In ernstliche Gefahr gerät das auch durch die angestrengte Arbeit stabilisierte Gleichgewicht des Triester Zusammenlebens, als Ricarda Huch schwanger wird, offenbar zu ihrer Überraschung. Sie hatte nie Kinder haben wollen, sie will auch jetzt keines haben. Ihre erste Reaktion ist Panik, Empörung gegen den Ehemann, sie kann seine Nähe, seine Berührungen nicht mehr ertragen. Im Februar nimmt sie Reißaus und fährt nach Zürich. Sie fühlt sich krank. Und sie will erkunden, ob es in Zürich nicht eine Niederlassungsmöglichkeit für den Dr. Ceconi gibt. Wenn sie schon ein Kind bekommen muß, dann will sie doch wenigstens nicht mehr in Triest leben müssen. Sie geht sofort auf Wohnungssuche in Zürich, hofft darauf, daß Ceconi im März oder April nachkommen werde. Das notwendigste Geld für die Einrichtung der Praxis will ihnen Marie Baum leihen, die eine kleine Erbschaft gemacht hat. Doch mit seinen in Italien abgelegten Examina kann Ceconi in Zürich nicht praktizieren, vermutlich macht sich auch wieder ihre fehlende Niederlassung störend bemerkbar. Aber sie läßt sich von der Ärztin Anna Heer untersuchen und wohl auch beruhigen. Und sie nimmt im März am Kränzchenfest des Lesezirkels Hottingen teil, Widmann hat ihr seine Einladung geschickt. Das Fest, das diesmal im Zeichen des Orients steht, wird ihr zum Anlaß für ein spöttisches Feuilleton: ‹Eine Orientfahrt in Zürich. Etwas über schweizerische Feste› (in der Wiener ‹Neuen Freien Presse› vom 13. April 1899). Doch kaum ist es erschienen, tut es ihr leid, mit der biederen Zürcher Maskenlust so ironisch umgesprungen zu sein, aus schnöden Geldgründen, wie sie Marie Baum schreibt. In Wahrheit wohl auch aus enttäuschtem Heimweh nach Zürich: hätte sie das Zürcher Bürgerrecht oder wenigstens die Niederlassung gehabt, es hätte sich (zumal mit Hermann Reiffs Hilfe) vielleicht etwas arrangieren lassen für den Dr. Ceconi, und sie hätten dort leben können. «Die Schweiz ist doch das schönste und glücklichste Land, und ich kann es ihr nie verzeihen, daß sie mich herausgeworfen hat», wird sie an Widmann schreiben, als sie im Jahr darauf wieder dringend eine Bleibe mit Praxismöglichkeit für Ceconi sucht.

Ende März kehrt sie unverrichteter Dinge nach Triest zurück. Doch die Wochen in Zürich haben sie ein wenig getröstet. Auch fühlt sie sich schuldig Ermanno Ceconi gegenüber, noch aus Zürich hat sie ihn brieflich um Verzeihung gebeten wegen ihrer Auflehnung, der Szenen, die sie ihm gemacht hat. «Ich bin wirklich so eine häßliche Frau gewesen in der letzten Zeit, aber denke die arme Katze ist so krank, nicht?»

Das Kind wird, nicht nur vom Vater, sondern auch von der Mutter ganz selbstverständlich als ein «Bubi» erwartet. Die Glückwunschschreiben der Freunde nach der Geburt Mariettas am 9. September 1899 zeigen, daß da einige Enttäuschung zu besänftigen war.

Die Geburt ist schwer und die Zeit, die ihr vorausgeht, trübe. Ricarda Huch leidet unter Ängsten und Stimmungsschwankungen, fürchtet gar zu sterben bei der Geburt dieses späten Kindes, sie ist fünfunddreißig. In ihren Erinnerungen schildert sie das anders, erzählt von den heiteren Tagen mit Marie Baum, die zur Geburt nach Triest gekommen war – «ich nahm nachher an, unser Kind sei ein Kind des Lachens gewesen». Bereits Marie Baum, die in ihrer Biographie der Freundin doch um ein eher hochgemutes Huch-Bild bemüht war, hat dem vorsichtig widersprochen.

Und die Monate nach der Geburt scheinen ebenfalls nicht sehr heiter gewesen zu sein. Mutter und Tochter sind wiederholt ernstlich krank. Doch in dieser Zeit stellt sich heraus, daß der Dr. Ceconi auch ein geschickter Kinderarzt ist, zudem ein fürsorglicher und liebevoller Vater: daß aus dem erwarteten Bubi eine Bussi geworden war, scheint er schnell verwunden zu haben.

Trotzdem ist anzunehmen, daß die Ehe bald gescheitert wäre, hätten sie weiter in Triest oder in einer anderen italienischen Stadt leben müssen. Ricarda Huch wird zwar ihrer Tochter eine leidenschaftliche Mutter werden, nur war sie nach der widerwillig ertragenen Schwangerschaft wohl keine leidenschaftliche Ehefrau mehr. Wenn sie mit Ceconi zusammenbleiben will, braucht sie mehr Freiheit, braucht sie andere Menschen neben ihm. Triest müssen sie im Sommer 1900 ohnehin verlassen, Ermanno Ceconi überwirft sich mit dem Zahnarzt, als dessen Assistent er arbeitet, und verliert seine Stellung, ohne zunächst eine neue in Aussicht zu haben. Widmann, seit der unklugen Eheschließung mit einem wenig «erwerbsfähigen» italienischen Zahnarztassistenten unzufrieden mit seinem weiblichen Zögling, unzufrieden auch mit dem «königlichen Inkognito», unter dem Ricarda Huch in Triest lebt – oder in den italienischen Städten, nach denen Ceconi zu gehen erwägt, leben würde –, rät dringend zu München oder Berlin, wo Ricarda Huch bekannt ist. «Es wird doch auch für den Beruf Ihres Mannes vorteilhaft sein, wenn Sie in einer Gesellschaft leben, die weiß, was sie an Ihnen hat. Eine so glänzende literarische Position, wie Sie sie einnehmen, gesellschaftlich – d. h. lebend – nicht auszunützen, ist fast leichtsinnig.» Doch auch eine Niederlassung in Deutschland scheint für Ermanno Ceconi zunächst an praktischen Voraussetzungen zu scheitern, es fehlen ihm nicht nur die deutschen zahnärztlichen Examina, es fehlt ihnen beiden auch das Geld, um die genügende Anzahl von Patienten abwarten zu können. Noch am 11. Juni schreibt Ricarda Huch an Widmann, daß ihr Mann Mitte Juli fortginge, «und wir wissen noch nicht wohin!» Im Juli sind sie dann plötzlich in München – «vielleicht um dazubleiben», wie Ria Schmujlow-Claassen, eine Verehrerin der Bücher

Ricarda Huchs und bereits vor 1900 mit Marianne Plehn bekannt, Hugo von Hofmannsthal mitteilt. Und am 2. August 1900 ist in einem weiteren Brief die Rede von einer Petition mit dem «praktischen Unterzweck, Herrn Ceconi die Existenz hier vielleicht gründen zu helfen». Der Inhalt dieser «Petition» – sie wird auch in Marianne Plehns Briefen erwähnt – ist unbekannt, wahrscheinlich sollte sie bürokratische Hemmnisse aus dem Wege räumen. Was offensichtlich gelang – die «Gemeinde» der Huch-Verehrer in München muß beträchtlich gewesen sein. Ria Schmujlow-Claassen, hat in einem Brief an Hofmannsthal auch geschildert, welchen ersten Eindruck die Dichterin und ihr Mann in München hinterließen: «In ihrer Nähe wirkt sich alles zurecht, was verschoben ist. Und ihr Wesen strömt so viel Überlegenheit und eine solche Wärme aus, daß dem wohl nicht zu helfen ist, dem das nicht hilft ... Leider hat sie auch einen Mann, von dem man zugeben kann, daß er ein lieber Mensch ist, mit dem man sich gut stellen kann, da man sich mit ihm stellen muß; aber er ist in jedem Sinne das, was man ein ‹enfant terrible› nennt und besteht hartnäckig darauf, sie nicht zu sich selbst kommen zu lassen – alles in allem die sonderbarste glückliche Ehe, die man sich vorstellen kann.»

Ricarda Ceconi-Huch in München

Die ersten Jahre in München sind schwer, Marie Baum hat ihnen, wie versprochen, die Mittel für die Einrichtung der Praxis geliehen, doch oft langt der Verdienst auch für die täglichen Ausgaben nicht, dann muß um Mietaufschub gebeten, bei Freunden geborgt werden. Ermanno Ceconi hat für Deutschland seine zahnärztlichen Prüfungen nachzuholen, erst 1902 ist er offiziell auch «Zahnarzt», nicht mehr nur praktischer Arzt. Ricarda Huch schreibt ums Zeitungshonorar wie vordem in Triest; das heißt, nicht ihre Bücher, sondern die Vorabdrucke in den vielgelesenen Tagesblättern, den populären Zeitschriften bringen das nötige Geld. Sie schreibt zu viel, zu schnell, sieht sich manchmal durch eine akute finanzielle Misere gezwungen, für sie ungünstige Verträge zu unterzeichnen, deren Folgen sich noch Jahre später bemerkbar machen. Es ist auch ihr Name, der Ermanno Ceconi allmählich Patienten verschafft, von der gutzahlenden Familie Thomas Manns bis zu den selten oder nie zahlenden Schwabingern – Franziska zu Reventlow begleicht ihre Honorare beim Dr. Ceconi, indem sie ihm seine Rechnungen schreibt.

Ermanno Ceconi, nicht nur ein hervorragender Zahnarzt, sondern auch ein Plaudertalent, dessen boshafte und einfallsreiche «Geschichten» alle Welt entzücken, obwohl alle Welt ihnen nur halb glaubt, akklimatisiert sich der Münchner Atmosphäre schließlich sogar besser als Ricarda Huch; er ist bald ein Herz und eine Seele mit dem ihm an der Freude am Klatsch und an Flunkereien ähnlichen Roderich Huch, Richards Sohn; der war 1899 zum

Ricarda Huch 1901 in München, Cabinetbild aus dem Salon Elvira

Studium nach München gekommen und dank seines Charmes und seines Lästermauls für eine Weile zum Liebling der Schwabinger Literatenszene avanciert, zum «Sonnenknaben» der Kreise um Ludwig Klages, Stefan George, Karl Wolfskehl, zum Vertrauten der Franziska zu Reventlow. Auch mit dem ihm an Herkunft, Bildung, finanzieller Unabhängigkeit und bürgerlichem Lebenszuschnitt so ganz unähnlichen Privatgelehrten und Schriftsteller Karl Wolfskehl schließt Ermanno Ceconi Freundschaft, was ihn nicht hindert, sich über dessen Verehrung Stefan Georges weidlich lustig zu machen. Diese Freundschaft dauert noch in den zwanziger Jahren, Ceconi lebt da längst nicht mehr in München; was sie dauern läßt, das ist eine beiden Männern eigene naive Begeisterungsfähigkeit und Großzügigkeit, ist ihr Unprätentiöses – anspruchsvoll gebärdet sich Wolfskehl wohl für seine literarischen Lieblinge, nicht auch für sich selbst. Er ist der einzige von den Münchner Literaten, zu dem auch Ricarda Huch damals eine nähere Beziehung finden wird, trotz seiner «Georgitis».

Die Huch dieser frühen Münchner Jahre wird als ein wenig steif, zugeknöpft beschrieben. Eine «behängte alte Jungfer» nennt sie ihr Vetter, der ebenfalls in München lebende Schriftsteller Friedrich Huch, vor Freunden. Und Roderich Huch hat uns überliefert, was für Ludwig Klages aus ihren «wohl verständigen, aber doch glutlosen Lebensäußerungen» hervorging: Ricarda Huch sei einmal «enorm», gewesen, heute sei ihre Seelenfarbe nicht mehr glühend, sondern nur ein blasses Lila. «Ricarda hat gelebt», so drückte sich Klages (wie Roderich Huch meint, «etwas ehrfurchtslos») aus, versicherte aber, «es käme nur darauf an, daß der Glutstrahl sie überhaupt einmal getroffen habe, nicht aber darauf, ob er heute erloschen sei». Im Urteil von Klages wie in dem von Friedrich Huch (dessen Verhältnis zu Ricarda Huch auch von Animositäten innerhalb der Familie Huch bestimmt wird) schwingt deutlich das Wissen um die verunglückte Liebesgeschichte ihrer Jugend mit. Doch was der Klatsch als Resignation begreift, wird auch Überanstrengung, nervöse Geistesabwesenheit gewesen sein; Ricarda Huch ist bei einem Übermaß an Arbeit ständig bedrängt von den Abhaltungen durch einen besitzergreifenden Mann, durch ein anspruchsvolles Kind. Zudem findet sie wenig Vergnügen am Umgang mit Schriftstellern, sie verträgt die Selbstgefälligkeiten dieser Spezies schlecht, wie schon die mokante Bemerkung über Marie Herzfeld zeigt. «Mit Literaten kann man doch eigentlich nicht verkehren, es sei denn mit wirklich bedeutenden», wird sie später einmal an Richard Huch schreiben. Ricarda Huch hat München-Schwabing damals neugierig und amüsiert beobachtet, und sie hat, nach der Triester Öde, auch die Münchner Geselligkeit genossen – zu den literarischen Zirkeln Münchens ist sie in Distanz geblieben.

Auch in ihren Freundschaften zu Frauen meidet sie die Literatinnen deutlich, enttäuscht die ausdauernd um sie Werbenden durch ihre «Unergiebigkeit». Das mag Eitelkeit gewesen sein, ein überzogenes Gefühl ihrer Bedeutung (sie mochte schon in Zürich keine anderen Göttinnen neben sich), aber auch ein Gespür für das Vorübergehende im Ruhm solcher Autorinnen wie Gabriele Reuter oder Helene Böhlau, die gleich ihr in München lebte, dazu der Überdruß an den ständigen Gesprächen über «Frauenliteratur» – ein Begriff, der ihr suspekt ist. Und sie wird gerade von den Literatinnen immer zuerst als Frau angesprochen. Ricarda Huchs Interesse an der «Frauenfrage» ist mit ihrer Verheiratung vollends erloschen, sie äußert sich nicht selten antifeministisch. Und das wird ihr seltsamerweise leicht gemacht. Der Vortrag ‹Über den Einfluß von Studium und

Ermanno Ceconi in München, die Zeichnung entstand vermutlich 1905 oder Anfang 1906

Beruf auf die Persönlichkeit der Frau›, den sie im Oktober 1902 im ‹Verein für erweiterte Frauenbildung› in Wien hält und, auf Bitten der ihr sympathischen Ika Freudenberg, Vorsitzende des ihr weniger sympathischen ‹Vereins für Fraueninteressen›, in München wiederholt, müßte wegen seiner mangelnden Kritik am Psychiater Paul Möbius und seiner unseligen Erfindung vom «physiologischen Schwachsinn des Weibes» ihre Zuhörerinnen eigentlich zum Widerspruch gereizt haben, doch der äußert sich, wenn überhaupt, dann nur verstohlen. Der Huch werden auch ziemlich törichte Auslassungen über das eigene Geschlecht verziehen – sie ist zur Ikone geworden. In den Reaktionen auf den Vortrag fällt auf, daß sein Inhalt ihre Zuhörerinnen weniger beschäftigt als der persönliche Eindruck, den die Vortragende ihnen gemacht hat: von ihrer Gefaßtheit, Ruhe, Wärme, etwas entrückten Überlegenheit schreiben sie, von ihren «überirdischen Augen», ihren «lieblichen» Worten. Auch dabei schwingt das Wissen um ihre verunglückte Liebesgeschichte mit. Aus der «behängten alten Jungfer» des impertinenten männlichen Blicks wird im teilnehmend weiblichen eine herbe, stolze Erscheinung, ein tröstliches Sinnbild der gemeisterten Enttäuschung.

Bei allem erklärten Desinteresse an der Frauenfrage und der Frauenliteratur bevorzugt Ricarda Huch im Umgang deutlich die Frauen, und unter ihnen die nichtkonventionellen. Zu den alten Freundinnen aus der Studienzeit sind in München die Schauspielerin und Essayistin Ria Schmujlow-Claassen gekommen (die Ricarda Huch allerdings wieder fremd wird, als sie 1907 im Katholizismus ihr Heil sucht) und vor allem die Malerin Sophie von Scheve – beide eher der Boheme zuzurechnen. Ricarda Huch, die sich, nach den offiziellen Fotos zu urteilen, selber ein damenhaftes Air gibt, über Tun und Lassen ihrer Umgebung auch gern konventionell urteilt, mag die «Damen» nicht; daß sie beispielsweise mit Widmanns Tochter Johanna, die in München mit einem Arzt verheiratet und gesellschaftlich ehrgeizig ist, nicht so richtig verkehren will, wird ihr später mit einer Menge Klatsch vergolten werden. Ricarda Huch mag die Scheve, der «im Schlampigen wohl» ist, die Kette raucht, die einen viel jüngeren Mann liebt, einen italienischen Grafen, der sich als Maler, Modemacher, Innenarchitekt versucht und in Wahrheit wohl nicht einmal ein Graf ist, nur einer der im damaligen München nicht seltenen charmanten Hochstapler und Kulturgigolos; von der Scheve läßt sie sich nackt fotografieren und in Posen porträtieren, welche Marie Baum, vermutlich auch Marianne Plehn, insgeheim als frivol mißbilligen, obwohl beide die Malerin Scheve bewundern. Einigen Umgang gibt es auch mit Rose Plehn, Mariannes Schwester, und deren Freundin Mimi von Geyso, die während der Wintermonate in München leben und im Sommer auf dem Plehnschen Familiengut Lubochin im damaligen Westpreußen. Doch irgend etwas läßt Ricarda Huch zu diesen beiden Malerinnen Distanz halten. Sie ist trotz ständig wiederholter Einladungen nie im gastfreundlichen Lubochin gewesen, wohin Marie Baum und Luise von Kehler fast jeden Sommer fuhren. Möglicherweise irritierte sie, daß Rose Plehn und die Baronin von Geyso ein Paar waren. Und sicherlich irritierte sie, daß sie zu den schwärmerischen Jüngerinnen von Ludwig Klages gehörten.

Das Sommerhäuschen in Grünwald im Isartal beziehen die Ceconis im Mai 1901, anfangs zur Miete, später gehört es ihnen, dank einem Darlehen wieder einmal von Hermann Reiff. Am produktivsten ist Ricarda Huch während der warmen Jahreszeit, Grünwald wird im Sommer ihre Schreibstube. Sie wohnt dort draußen mit Marietta und einer Haushälterin, Margaret Liedoll, deren Mann Alwin, ein Arbeiter aus München, kommt an den Wochenenden, versorgt den Haushalt mit neuen Vorräten und macht sich als Handwerker und Gärtner nützlich. An den Wochenenden kommt auch Ermanno Ceconi, meist in Begleitung von Freunden. Der Tochter Marietta, die nur Bussi (Kätzchen) heißt, ist die Mutter in einer Art willenloser Zärtlichkeit zugetan. Bussi genießt mehr Freiheiten als andere Kinder der Zeit, das macht sie zu einer eigenwilligen kleinen Person, die sich selbstbewußt unter den Erwachsenen bewegt; von den Freunden des Hauses wird sie wegen ihres originellen Plappermauls geliebt, fernerstehende Besucher haben sie wohl eher als Zumutung empfunden. Bussi regiert das Haus, den Tagesablauf, auch die Gäste – ein «kleines Gräuel» nennt Frieda von Bülow sie nach einem in Grünwald verbrachten Nachmittag. Frieda von Bülow gehört freilich zu den Literatinnen, die sich vergeblich um Ricarda Huch bemühten.

Die Ehe der Ceconis ist alles in allem gut: dank Grünwald, ihrem «Asyl», das Ricarda Huch zu sich selbst kommen läßt, dank der engen Beziehungen zu den alten Freundinnen, die sie nun wieder um sich versammeln kann; außer denen, die ohnedies in München leben, wie Marianne Plehn und Frieda Duensing, kommen jetzt auch Marie Baum, Luise von Kehler, Lucia Morawitz, zuweilen auch Hedwig Waser und Emma Reiff zu Besuch. Der temperamentvolle Ceconi vergöttert seine Frau. Und gelegentlich betrügt er sie. Ricarda Huch übersieht das – wenn sie es denn überhaupt bemerken sollte. Sie hat die schon früher an ihr zu beobachtende Fähigkeit, Dinge, die sie und ihre Arbeit stören könnten, einfach nicht zur Kenntnis zu nehmen, inzwischen weiter ausgebildet. Sie kann abschalten, auch im Ehealltag; eine Fähigkeit, die Ceconi, der auf ständige Anwesenheit und Zuwendung angewiesen ist, irritiert.

Egoistisch nennt er sie, wenn sie sich ihm allzu sehr entzieht, und manchmal läßt er seinem Groll in aller Öffentlichkeit freien Lauf, beschimpft sie wohl gar als «perfida cratura» – eine ihrer Freundinnen hat uns das Wort überliefert. Er ist eifersüchtig auf diese Freundinnen, vor allem auf die, die vor ihm da waren, immer noch eifersüchtig auch auf Richard Huch, der in die Romane ‹Vita somnium breve› (später ‹Michael Unger›) und ‹Von den Königen und der Krone› eingegangen ist. Daß Richard Huch für ihren Romanhelden Michael Unger Modell gestanden hat, belegen auch Ricarda Huchs Briefe ab 1905 an Richard Huch: es ist sein Roman. Der Roman um seine Entscheidung gegen die Geliebte und für die Familie, die sie bereits 1897 in so angestrengten Briefen hatte gutheißen wollen. Kenner der Münchner Szene mögen diese Entscheidung Michael Ungers mit einiger Ironie betrachtet haben: ist doch Roderich Huch – das Vorbild für den Sohn Mario, dem zuliebe Michael Unger auf seine Geliebte und auf seinen neuen Beruf verzichtet – neuerdings eher ein Mißvergnügen für den Braunschweiger Vater.

Ricarda Huch nimmt Ceconis gelegentliche Szenen nicht tragisch – ja, vermutlich amüsiert sie sogar, was andere erschreckt. Er ist der scharfzüngige Poverino, der Bajazzo und Außenseiter geblieben, als den sie ihn einmal kennengelernt hatte, ist kein gesetzter, glatter Bürger geworden. Das gefällt ihr. Und sie kann mit ihm nach ihrem Geschmack leben, immer ein wenig außerhalb der bürgerlichen Gesellschaft Münchens, außerhalb auch der literarischen Klüngel, mit den Rechten und den Freiheiten, die der Status der verheirateten Frau ihr sichert, dabei weitgehend befreit von den Repräsentationspflichten der bürgerlichen Ehefrau. Auch Ermanno Ceconi, ein exzessiver Arbeiter und leidenschaftlicher Caféhausbesucher, liebt

Ricarda Huch mit der Tochter Marietta im Sommer 1905 in Grünwald, Aufnahme von Sophie von Scheve

die Geselligkeit, die Unterhaltung mit Freunden, doch keine Gesellschaften, weder die der Bürger noch die der Bohemiens.

Aber lebt sie wirklich nach ihrem Geschmack? An Reisen darf sie, die so leidenschaftlich gern unterwegs ist, nicht mehr denken, sie sind zu teuer. Einige Male ist sie für ein paar Tage in Zürich, vermutlich eingeladen von den Reiffs. Ein Ausflug nach Italien, den sie gemeinsam mit Ceconi unternimmt und durch eine schnelle Nebenarbeit finanziert, ist nur kurz und dient nicht dem Vergnügen, sondern der Vorbereitung für ihre ‹Geschichten von Garibaldi›. Und seitdem sie Frau Dr. Ceconi heißt (sie selber besteht darauf, so vorgestellt zu werden), Korsett und hochgeschlossene Kleider trägt, verrostet ihr Fahrrad im Schuppen. Obwohl doch in Grünwald an fast jedem Wochenende eine Kavalkade vergnügter Radler bei ihr einfällt, Ceconi und seine Freunde. Der Nichtbürger und Wahlschwabinger Ceconi hat sehr prüde Vorstellungen davon, was sich für eine Ehefrau und Mutter schickt. Das Rad schickt sich offenbar nicht. Die Gräfin Reventlow radelt, die Gräfin gehört wohl zum Bekanntenkreise Ceconis und seiner Freunde, aber selbstverständlich nicht auch zum Umgang Ricarda Huchs, so weit gehen die Sympathien ihres Ehemannes für Schwabing nicht. Es ist schon erstaunlich, daß Ricarda Huch sich mit der Scheve befreundet hat, vermutlich weil die älter ist und – im Gegensatz zur Reventlow – immerhin eine bekanntе Malerin. Ceconi allerdings würde, wenn er könnte, die Scheve vergraulen, er mißbilligt ihre Laxheit in Fragen der Moral. Doch die Scheve kann man nicht vergraulen, die Scheve ist Baronin von Scheve, in der Münchner Kunstszene von einigem Einfluß und – obwohl sie davon wenig Gebrauch macht – nicht ohne Verbindungen zur Münchner Gesellschaft. Sophie von Scheve lacht, wenn der Dr. Ceconi ihr seine Mißbilligung zeigt. Und Ricarda Huch bewundert ganz deutlich die Souveränität, mit der diese Freundin ihr weder von einer Ehe noch gar von bürgerlichen Konventionen eingeengtes Leben lebt. Ein Leben, wie sie selber es nicht wagen würde, dazu ist sie zu schüchtern, zu sehr von Vorurteilen geprägt – eine Bürgerliche eben, keine Baronin oder Gräfin. Ihr Hochmut ist keiner der Geburt, sondern nährt sich aus dem Tun und ist damit ständig gefährdet. Äußere Sicherheit gibt ihr, die doch von den Damen gelangweilt ist, nur das damenhafte Benehmen.

Nein, so ganz nach ihrem Geschmack dürfte das Münchner Leben für Ricarda Ceconi-Huch nicht gewesen sein. Und was sie oft ein wenig geistesabwesend erscheinen ließ, war wohl auch dieses ihr altbekannte Gefühl des Eingeengtseins – wie Achill in Mädchenkleidern oder wie ein alter Heidengott im Christenhimmel! Nur hat sie nicht mehr so viel Zeit, diesem Gefühl nachzusinnen. Manchmal allerdings, so wenn sie auf ein paar Tage in Zürich ist und auch Sophie Walder besucht, hat sie Phantasien davon, wie es wäre, wieder in einem der Zimmer der ihr vertrauten Pension Walder zu sitzen, wieder allein und ungebunden zu sein. Aber wie könnte sie Manno und Bussi wegdenken wollen?

Das Wiedersehen mit Richard

Im Sommer 1905 beginnt Ermanno Ceconi einen Flirt ausgerechnet mit Käte Huch, Richard Huchs Tochter, die Medizin studiert und nach zwei Semestern in Zürich an die Münchner Universität gewechselt ist. Die studierenden Kinder der Braunschweiger Familie zieht es nach München. Hans Hähn war der erste, dem es dort und besonders in der Gesellschaft der «Malweiber» gefallen hatte. Ihm waren Richards Halbruder Friedrich Huch und Roderich Huch gefolgt, Friedrich Huch hatte sich 1903 ganz in München niedergelassen. Und nun entdeckt auch Käte Huch, die es im braven Zürich etwas langweilig gefunden hatte, die Reize München-Schwabings. Der vorsichtige Friedrich Huch, wohl ein Schwabinger, doch zugleich auf bürgerliche Reputation bedacht, auf Mimikry – er ist homosexuell und will das tarnen –, zeigt sich besorgt: Käte verkehre im Kreise der Reventlow, die schon Roderich auf dem Gewissen habe, schreibt er Ricarda Huch im Juni 1905, sie solle sich um Käte kümmern. Möglicherweise gilt sein Wink weniger der Reventlow als vielmehr bereits Ceconi. Ricarda Huch, die in Grünwald arbeiten will und für diese jüngste Tochter Richards, deren Geburt ihr einmal Kummer gemacht hatte, ohnedies wenig Sympathie aufbringt, hat die familiäre Fürsorge für Käte in München ganz einfach ihrem Mann überlassen. Daß er sich in Käte verliebt, mag der pure Zufall sein, aber möglicherweise ist bei dem boshaften Dr. Ceconi auch ein wenig Rachsucht im Spiel. Diesmal allerdings droht aus einem seiner «Techtelmechtel» Ernst zu werden. Käte ist noch ganz jung, ist unschuldig, nicht zu vergleichen mit den zumeist verheirateten Frauen der Münchner Gesellschaft oder der Münchner Boheme, mit denen Ceconi sonst anbandelt. Käte ist so entzückt von dem charmanten und in München allseits beliebten «Manno» – von dem ihr der Bruder Roderich bereits Wunderdinge berichtet haben mag –, daß sie ihn heiraten will. Manno hat ihr erzählt, Ricarda und er führten schon lange keine richtige Ehe mehr miteinander. Ceconi, der inzwischen von Roderich in die Braunschweiger Familie eingeführt ist, hat auch eine Unterredung mit Lilly Huch, und die wittert vielleicht eine Gelegenheit, ihrer schrecklichen Schwester endlich einmal eins auswischen zu können. Lilly verordnet dem Paar wohl ein Jahr Wartezeit, in dem sie sich selten sehen und ein wenig häufiger schreiben dürften, erklärt sich aber einverstanden mit dieser Liebesgeschichte ihrer Tochter – vorausgesetzt Ricarda sei damit einverstanden. Richard Huch wird, wie offenbar in noch manches andere, worüber Lilly und die Kinder sich ungescheut verständigen, vorläufig nicht eingeweiht – es könnte ihn, den vielbeschäftigten Anwalt und etwas hinter der Zeit zurückgebliebenen Patriarchen aufregen.

Ricarda Huch ist natürlich nicht einverstanden! Es kommt wohl zu Scheidungsgesprächen zwischen ihr und Ermanno Ceconi, gleichzeitig aber macht sie dem Verhältnis zwischen ihm und Käte schnell und ein für allemal den Garaus, indem sie Käte wissen läßt, daß Ceconi ihr in entscheidenden Punkten keineswegs die Wahrheit gesagt hat. Sie informiert Roderich, aller Familienmitglieder Zwischenträger, von Mannos «abscheulicher Unehrenhaftigkeit», seiner «Lügenhaftigkeit». Roderich schüttelt zwar den Kopf über seine Tante Ricarda, die an Manno, dem notorischen Geschichtenerzähler, plötzlich die Handlungsweise eines Ehrenmannes vermissen will. Doch er unterrichtet Käte vom, wie es scheint, keineswegs nur platonischen Zustand der Ehe Ceconi-Huch. Und Käte, erschreckt vom Ausmaß der Flunkereien Mannos, auch vom Zorn der verehrten Tante Ricarda, gibt Ermanno Ceconi den Laufpaß und verläßt München. Ihr Studium wird sie in Jena fortsetzen.

Ricarda Huch ist zwar in diesem Herbst 1905 nicht in die Münchner Wohnung zurückgekehrt, sondern mit Bussi und der Haushälterin Margaret draußen in Grünwald geblieben. Als aber Marie Baum, die gleich anderen Besuchern Zeugin einer heftigen Szene zwischen der Freundin und ihrem rabiaten Mann geworden sein muß, zur Scheidung mahnt, wehrt sie ab. Offenbar ist ihr Zorn inzwischen wieder verraucht. Sie hängt an Ceconi, trotz seiner Amouren, seiner Eifersucht, seiner nicht immer ganz gesellschaftsfähigen Launen und Wutanfälle vor Freundespublikum. Sie weiß, daß er sie im wesentlichen akzeptiert, wie sie ist, er hat ihr die Grünwalder Freiheit gelassen, hat sich nie in ihre Arbeit eingemischt, seit sie in München leben auch nicht mehr ernstlich in ihre Freundschaften. Und er ist ein fürsorglicher Vater, auch das bedeutet ihr viel, denn das Kind strengt sie oft an.

Doch die Geschichte mit Käte, der sie so erfolgreich begegnet ist, hat Ricarda Huch – die andere Ricarda Huch! – auf seltsame Gedanken gebracht: sie will Richard wiedersehen. Gerade Käte bietet ihr einen Anlaß dafür, zumal sie erfährt, daß Richard bislang von der Beziehung seiner Tochter zu Ceconi, den er in Braunschweig als guten Freund Roderichs kennengelernt hat, noch gar nichts weiß; sie besteht darauf, daß Ceconi und sie mit ihm reden. Richard Huch wird also von Ermanno Ceconi zu einem Gespräch nach München gebeten und fährt anschließend nach Grünwald hinaus.

In ihren späteren Briefen an Richard Huch behauptet Ricarda Huch wiederholt, Ermanno Ceconi habe die Unterhaltung zwischen ihr und Richard gewollt: er habe die zwischen ihnen beiden noch immer in Rede stehende Scheidung wegen Käte von dieser Unterhaltung abhängig gemacht. Nach einem Brief von Roderich an Ricarda Huch aber sieht das etwas anders aus: Ricarda, so schreibt Roderich, habe, trotz vager Befürchtungen Ceconis, auf einer Begegnung zwischen ihr und Richard bestanden, sie habe diese Begegnung wegen eines Unwohlseins sogar um acht Tage verschoben. Und nach dem, was folgte auf Richards Besuch in Grünwald, den er vermutlich mit einigen peinlichen Gefühlen antrat (doch in dem guten Glauben, er gelte vor allem der Erörterung von Familienvaterangelegenheiten), möchte man Roderich Huchs Version vertrauen.

Die Begegnung am 14. Oktober 1905 in Grünwald wird ganz von Ricarda Huchs impulsivem Temperament bestimmt, sie ist es, die dem ehemaligen Geliebten nach kurzer Zeit umstandslos die Arme um den Hals legt, die in ihrer Umarmung den «armen Schatten» wieder «auftaut» und damit die Liebesgeschichte noch einmal von vorn beginnen läßt. Richard Huch fährt erst am Abend des 15. Oktobers nach München zurück.

Ob das Sichwiederfinden in der Umarmung nun ein wenig kalkuliert war oder auch für sie überraschend kam – sicher ist nur: die Begegnung in Grünwald wurde für Ricarda Huch zum Triumph über jene entsetzliche Nacht in Köln und Hannover von Anfang Februar 1897, über alles, was darauf an Qual, Verwirrung, auch Erstarrung folgte. In einem Augenblick sind neun Jahre wie ausgelöscht, sie fühlt sich wieder jung geworden, es braust in ihrem Körper, wie sie Marie Baum unmittelbar nach der Begegnung schreibt, es will ihr scheinen, als hätte sie die vergangenen Jahre nur künstlich gelebt, nie spontan. «Ach, daß ich die Sehnsucht wiederhaben darf!»

Und die Freundinnen fühlen mit ihr, jubeln, weil sie «die alte Ricarda» wieder haben, der die «Gabe der Liebe» verliehen ist, weil sie teilhaben dürfen an dieser «wundervollen Offenbarung von der Unzerstörbarkeit der Liebe», an deren «Auferstehung». Ihrer aller Lieblingsmärchen ist nicht mehr nur eine Erinnerung, blaßlila und etwas vergilbt, es hat seine glühende Seelenfarbe zurückgewonnen – sozusagen «enorm». Und es lebt nicht nur im Kreise der Freundinnen, dem sich ohnedies unzählige Verehrerinnen zurechnen, sondern auch in Literatenzirkeln. Daß Roderich Huch ihr und anderen von Ricarda erzählt habe, notiert Franziska zu Reventlow in ihr Tagebuch, «das hatte für mich etwas direkt ergreifendes, wie ein Ursleukapitel».

Über die Vorgeschichte der Wiederbegegnung mit Richard wird Ricarda Huch auch Marie Baum nicht genau informieren: «Gott weiß, was für geheimnisvolle Ströme meine Rettung herbeiführten, denn ich habe ja nichts dazu getan ...» Es gibt im Chor der Freundinnenstimmen, der auf die Mitteilung einer «merkwürdigen Schicksalsfügung» antwortet, nur eine, die auch ein kurzes, nachdenkliches Innehalten verrät: «hättet ihr diese Begegnung *gesucht*, ich glaube, ich wäre furchtbar erschrocken darüber ...», schreibt Hedwig Bleuler-Waser.

Und Ricarda Huch ist tief drinnen auch erschrocken; vom ersten Moment der Besinnung an weiß sie, daß sie zu zahlen haben wird für das, «was die Alten die Hybris nannten, worauf die Rache der Götter folgte», wie es in den Briefen an Richard über das verlorengeglaubte «Araratgedicht» (‹Sinkt nun der Frühlingstraum verwelkt von allen Bäumen›) heißt, das von der Überhebung der Liebe spricht. Vom ersten Moment der Besinnung an ist auch die Angst da – und die Krankheit. Deren Diäten stehen in seltsamem Gegensatz zum Überschwang der Gedichte, die sie nun wieder schreibt: ungemischte Hafersuppe und Eifelkakao neben ‹Du kamst zu mir, mein Abgott, meine Schlange …› Die Angst wittert Dinge, die Richard noch gar nicht gesagt hat, und versucht, sie zu ignorieren, wenn er sie schließlich sagt. Erschreckende Ambivalenzen in ihrem Verhältnis zu der doch so vergöttert geglaubten Tochter treten zutage. Grünwald, ihr Refugium, gerät in Gefahr, mit all den Freiräumen, die sie sich in der Ehe mit Ermanno Ceconi erworben hatte. Sie gibt sich preis, ein Stück nach dem anderen, stellt sich blind und taub und dumm, will – eine hellsichtige und produktive Träumerin – wieder einmal ihre Träume nicht wahrhaben. Und das alles, um ihren alten romantischen Traum von der Liebe zu retten, den sie bereits vor zehn Jahren einmal unter die «Lügenmärchen» verwiesen hatte.

«Ach, wär ich nur sein Hündlein klein»

Richard Huch wird an jenen Oktobertagen in Grünwald einfach mitgerissen von ihrem Temperament. Was sich da an Erstaunen über so viel unerwartete Annäherung geregt haben mag, wertet er anfangs noch als Steifigkeit, Blödigkeit – das Gefühl, wieder «in Besitz» genommen worden zu sein, wagt er erst Wochen später zu äußern. Auch ihn überwältigt die Entdeckung eines nach so vielen Jahren immer noch heftigen Begehrens, auch er fühlt sich wieder jung. Und die Aussöhnung erleichtert ihn, die Trennung von 1897 hatte in ihm das quälende Gefühl hinterlassen, nicht entscheidungsfreudig genug, ein schwankendes Rohr im Winde zu sein, sich vor der Geliebten «unmännlich» benommen zu haben. Die Geliebte verzeiht ihm. Zwar kann sie nicht umhin, ihn während der beiden Tage in Grünwald an die schrecklichen Szenen vom Februar 1897 zu erinnern, ihm all die verletzenden Worte zu wiederholen, die er ihr in Köln und Hannover gesagt hat, doch sie vergibt ihm. Das erfüllt ihn mit Dankbarkeit, so beklommen ihn ihre Erinnerungen auch machen. Diese Beklommenheit werden ihre späteren Briefe, sobald sie Vergangenes erwähnen, gar ihre neu entstehenden Gedichte, in denen sie nun auch das Erlebnis der Trennung zu verarbeiten sucht, immer wieder in ihm heraufbeschwören, doch ebenso sein Gefühl der Dankbarkeit. Damit bindet sie ihn – vorläufig.

Für sie steht bereits während der Grünwalder Tage fest, daß sie sich bald wieder irgendwo treffen werden. Und auch er ist in den auf die Begegnung folgenden Briefen damit einverstanden, daß sie ihr Verhältnis fortsetzen, ihr Verhältnis wohlgemerkt: das aufregende Reiseleben von Dr. Hagen und seiner kapriziösen Gefährtin. Von einer zukünftigen Ehe – das heißt auch von seiner Scheidung – ist damals noch nicht die Rede. Im Gegenteil, als er sofort nach dem Wiedersehen auf Ricarda Huchs Scheidung drängt, weil ihm sonst weitere Beziehungen zwischen ihnen unmöglich wären, schreibt er, zwar sei auch er verheiratet, doch seien sie in diesem Punkte noch nie gleich gewesen.

Ricarda Huch akzeptiert das – anfangs. Mahnt sogar, er möge ja auch alles so einrichten, daß ihm aus ihrer neuen Liebe nicht etwa Ungelegenheiten in Braunschweig entstünden. Sein Wille und nur sein Wille geschehe. Als sein «Geschöpf» begreift sie sich aufs neue, das Wort vom «treuen Hundchen» taucht wieder auf. Sie überbietet sich geradezu in Gesten und Phantasien der Hingebung und Sorglichkeit.

Und dennoch provoziert sie ihn ständig, indem sie ihn zum Mitwisser der Dramen um ihre Scheidung macht. Die Scheidung von Ermanno Ceconi fällt ihr schwer. Zum einen, weil sie ihn vermutlich nicht verlassen hätte, wenn Richard nicht wieder in ihrem Leben aufgetaucht wäre. Zum anderen, weil Ceconi sie ihr schwer macht. Hatte er sich vorher Kätes wegen scheiden lassen wollen, das zumindest gesagt, so tobt er jetzt vor Eifersucht, bettelt geradezu, sie möge bei ihm bleiben. Einmal will er weder sie noch das Kind hergeben. Ein andermal droht er, sie als «Ehebrecherin» zu verklagen und ihr Bussi zu nehmen. Ein nächstes Mal will er das Kind und sie nie wiedersehen, fordert sie auf, München zu verlassen, andernfalls wolle er seine Praxis aufgeben und nach Italien gehen. Und so immer wieder von vorn; er zieht alle Register. Seine Verzweiflungsausbrüche und seine berühmte «rabbia» erschüt-

Ricarda und Richard Huch Ostern 1906 in Straßburg

tern die Münchner Freundeskreise, den ersten Gerichtstermin ignoriert er einfach. Doch endlich willigt er in die Scheidung ein und nimmt, wie von einem Ehrenmann zu erwarten, die Schuld auf sich. Da die von ihm angegebene Zeugin (vermutlich eine, die er nach ihrem ohnehin beschädigten Ruf ausgesucht hatte) vom Gericht nicht auszumachen ist, tut ihm die großzügige Reventlow den «Freundschaftsdienst» und bezeugt, daß sie mit Dr. Ceconi die Ehe gebrochen habe. Ihr Tagebuch vermerkt einige Heiterkeit wegen der voneinander abweichenden Zeitangaben. Die Scheidung wird im März 1906 ausgesprochen.

Da Ricarda Huch während der Monate draußen in Grünwald lebt, auch einige Male mit Richard auf kurzen Reisen ist, berührt sie der Klatsch in München wenig. Selbst die Dispute, die der aufgebrachte Dr. Ceconi an den Grünwalder Wochenenden mit ihr darüber führt, ob er in Italien nicht sogar straffrei ausginge, wenn er sie, das treulose Eheweib, einfach umbrächte, findet sie im nachhinein eher «komisch». Was sie nervös macht, das ist der unberechenbare Wechsel seiner Gefühle – einmal der blanke Haß, dann wieder die «zarteste Rücksichtnahme», das Werben um ihre Zuneigung – und die Ungewißheit, wie er sich letztlich zu ihr stellen wird. Sie möchte sich in Freundschaft von ihm trennen, ihn nicht ganz verlieren. Zum einen wegen der Tochter, die an ihm hängt, «unser Mannochen» nennt sie ihn liebevoll und respektlos, obwohl sie mehr auf ihn als auf die Mutter hört. Und zum anderen fühlt sich Ricarda Huch diesem Mann nach wie vor verbunden.

Daß sie nie eheliche Liebe, wohl aber Zärtlichkeit für Ermanno Ceconi empfunden habe und noch empfinde, schreibt sie an Richard. Weder ein erotisches noch ein geistiges Band habe sie miteinander verbunden, jedoch ein «Herzensgefühl». Sie schreibt unaufhörlich von Manno;

dabei mag, was sie von ihrem derzeitigen Verhältnis zu ihm erzählt, einigermaßen zutreffend sein, das Bild aber, das sie von ihrer Ehe entwirft, ist retuschiert. Wenn sie Richard versichert, daß sie außer ihm nie einen Mann begehrt habe, dann stimmt das für die erste Zeit mit Ceconi ganz sicher nicht, vermutlich nicht einmal für die letzten Münchner Jahre. Schwer vorstellbar, daß der temperamentvolle und sieggewohnte Ermanno Ceconi sich mit der bloßen zärtlichen Zuneigung seiner Frau begnügt haben sollte. Ricarda Huch huldigt ihrem neuen, sprich alten «Herrn» damit, daß sie den vorhergehenden zum Kinde macht, zum «armen Manno». Das ist ihre übliche Verkleinerungstaktik, doch die Wendung bedeutet in diesem Falle noch etwas anderes: Sie hat ein schlechtes Gewissen Ceconi gegenüber, dem sie eine Gemeinschaft aufkündigt, die auch ihr viel bedeutet – wie viel, das wird ihr freilich erst während der Trennung deutlich.

Und natürlich schildert sie die Leiden des armen Manno um sie, die Seelengefährtin, die immer wieder Begehrenswerte, auch deshalb so ausführlich, weil sie hofft, Richard aus seiner Reserve locken zu können, indem sie ihn eifersüchtig macht. Denn eine Reserve ihr gegenüber spürt sie von Anfang an. Zwar sind auch seine Briefe an sie überschwengliche Liebesbriefe – der hypnotischen Kraft der ihren ist schwer zu widerstehen: «seelische Abhängigkeit» wird er das später nennen –, doch hinter den allzu blumigen (also forcierten) Versicherungen seiner Leidenschaft ist er ständig bemüht, sie auf Distanz zu halten. Er will sie – allerdings nicht mit der Unbedingtheit, die sie voraussetzt. Er weiß nur zu gut um das Fordernde, das sich hinter ihren verbalen Unterwerfungsgesten verbirgt. Sie ist ihm von jeher auch anstrengend gewesen, und er ist älter geworden, noch bürgerlicher. Vom ersten Moment an versucht er, dem Verhältnis seine Bedingungen aufzuzwingen. Er versucht auch bald wieder, sie zu schulmeistern. Es entzückt ihn, daß sie nach der Begegnung mit ihm erneut Gedichte schreibt – ihre Jahre mit Ceconi waren eine lyriklose Zeit –, doch die Ekstatik, die wilde Leidenschaftlichkeit dieser neuen Gedichte erschreckt ihn auch. Und den ersten Band ihrer ‹Geschichten von Garibaldi› bemäkelt er, noch ehe er die Druckbogen, die sie ihm schickt, zu Ende gelesen hat, obwohl er weiß, daß sie wegen dieser Arbeit, in die sie die letzten Jahre investiert hat und die ein finanzieller Mißerfolg zu werden droht, ohnedies verunsichert ist. Er macht Anstalten, sie zu redigieren, meint schließlich gar, sie hätte besser daran getan, bei ihren Romanen zu bleiben. Doch wenn es um ihr Schreiben geht, läßt sie sich von ihm nicht beirren, sie sähe keinen Sinn darin, einen Roman nach dem anderen und letztlich immer wieder das gleiche zu erzählen, entgegnet sie: sie müsse sich neue Aufgaben stellen.

Vor allem versucht er, ihre Hoffnungen auf eine gemeinsame Zukunft zu dämpfen. Denn natürlich war die Demut, mit der sie ihn gebeten hatte, sich durch ihre erneute Beziehung nicht in seinen Familienverhältnissen stören zu lassen, dem ersten Überschwang geschuldet. Sehr bald taucht wieder ihr Vorschlag auf, er möge Lilly ins Vertrauen ziehen: die, an Erfahrung reicher, werde jetzt ein Einsehen haben und ihnen ein häufigeres Zusammensein gestatten. Sie referiert ihm Friedrich Huchs Meinung, der, von Ermanno Ceconi über die Ereignisse informiert, aufgeregt erklärt hatte, Richard müsse sich nun sofort scheiden lassen: immerhin habe er 1897 der Anwaltskammer sein Ehrenwort gegeben, jede Beziehung zu Ricarda Huch abzubrechen. Wenn ihr Wiedersehen in Braunschweig bekannt würde, könnte ihn das seine Zulassung als Anwalt kosten. Richard antwortet zunächst ausweichend; es ist anzunehmen, daß er gerade seine Ehe als einen Schutz vor den Ansprüchen der Geliebten betrachtet. Vor seinem Sohn Roderich macht er kein Hehl daraus, daß es ihm so ernst mit dieser wiedergefundenen Liebe gar nicht sei, daß ihn auch die sechsjährige Tochter störe. Er hat sie während seines Besuchs in Grünwald nur flüchtig kennengelernt, aber er weiß vom Hörensagen, wie verzogen und anstrengend sie ist, wie sehr auch ihrem Vater ähnlich. Und das Kind hindert die Bewegungsfreiheit der Geliebten, sie steht ihm nicht mehr uneingeschränkt zur Verfügung, jedes Treffen ist davon abhängig, ob und wann Ricarda Huch jemanden findet, der sich während ihrer Abwesenheit um Bussi kümmert. Roderich Huch erzählt zwar nicht gerade der Tante Ricarda, aber dem Freund Manno von der Aversion seines Vaters gegen die «unausstehliche» Bussi. Und es ist sehr wahrscheinlich, daß es auch diese Informationen sind, die Ceconis zornigen Widerstand gegen die Scheidung provozieren. Einmal macht er den Vorschlag, sie möge das Kind ihm überlassen, und begründet das damit, daß er nur ihr Bestes wolle: das Kind werde ihr und Richards Unglück sein. Aber Ricarda Huch will die ihr hinterbrachten Bemerkungen von Richard einfach nicht glauben: Richard kann nicht ernsthaft etwas gegen ein Kind haben, das sie «gemacht» hat, wie die Italiener sagen, das sie in einem Gedicht, das er inzwischen kennt, sogar das «Weihgefäß» nennt, in dem sie ihre Glut für ihn, den abwesenden Geliebten, geborgen habe. Doch seine von ihr sehr wohl und sehr genau wahrgenommene Ablehnung des Kindes wird allmählich ihren Blick auf die Tochter verändern, immer öfter wird sie Eigenheiten Bussis als strapaziös, gar als Unarten registrieren, die geeignet sein könnten, den empfindlichen Geliebten zu stören. Ja, sie selbst wird sich zunehmend von dem kleinen «Vampyr», seiner Plauderlust und seinen Besitzansprüchen gestört fühlen.

Bereits im November 1905 muß auch Richard Huch plötzlich an Scheidung denken – widerwillig, wie Ricarda Huch merkt, wenn sie auch zunächst nicht begreift, weshalb. Die Idee zur Scheidung kommt von Lilly, die aus Braunschweig fort will – tatsächlich geht sie noch vor Weihnachten 1905 nach Berlin –, um Richard Anlaß zu geben, auf «bösliche Verlassung» zu klagen. Aus «Edelmut», wie Richard schreibt, weil sie, ohne bislang von ihrer beider Wiederbegegnung zu wissen, eingesehen habe, daß seine Leidenschaft für Ricarda in den vergangenen acht Jahren nicht aufgehört habe und es also für sie an der Zeit sei, ihn endlich freizugeben und fern von ihm ein «eigenes Leben» zu beginnen. Von ihrem «schönen Entschlusse» schreibt er – und gleich darauf, was er Lilly an juristischen Bedenken gegen diese Scheidung habe eröffnen müssen! Für wie unsicher er den Ausgang des Prozesses bei näherer Überlegung halte und halten müsse. Ricarda Huch gerät außer sich, als sie das liest: wie er Lilly nicht sofort habe zureden können! Man könne meinen, er wolle die Scheidung gar nicht.

Vermutlich wollte er sie tatsächlich nicht. Wenn auch Lilly mit der «böslichen Verlassung» die Schuld auf sich nimmt und damit den Fortbestand seiner beruflichen Existenz in Braunschweig ermöglicht, hat er allen Grund, das Gerede in Braunschweig und mit ihm letztendlich doch berufliche Schwierigkeiten zu fürchten. Denn die Beweggründe für Lillys überraschenden Entschluß, die Richard lange beschweigt, sind weniger «schön» und «edelmütig» als vielmehr eine ziemliche Prüfung für seine Eitelkeit. Lilly hat ein Verhältnis mit einem Studienfreund ihres Sohnes Roderich, Friedrich Gaus, der als

Rechtspraktikant in Richards Kanzlei arbeitet. Als sie – natürlich durch Roderich – von Ricarda und Richards Wiedersehen, von Ricardas Scheidungsabsichten erfuhr, wurde ihr wohl klar, daß ihr das die Chance gab, ohne allzu unliebsame Auftritte und ohne seine finanzielle Unterstützung zu verlieren, von Richard loszukommen. Vermutlich ist ihr sofort eingefallen, was auch Friedrich Huch eingefallen war: das der Anwaltskammer gegebene Ehrenwort. Und sie hat Richard vor die Alternative gestellt, entweder er lasse sie unter zivilen Bedingungen gehen, oder er selbst müsse Braunschweig verlassen. Lilly trägt sich mit dem Gedanken, das Abitur nachzuholen und anschließend zu studieren. Bevor sie aus Braunschweig fortging, hatte sie bereits versucht, sich schreibend von Richard zu emanzipieren, und einen Roman verfaßt, ‹Bericht über meine Ehe›, den Friedrich Huch, der Ricarda Huch später davon erzählen wird, schlecht, aber rührend findet.

Es ist das erste Mal, daß Lilly, die doch ständig als Schatten hinter der Geschichte von Ricarda und Richard Huch steht, etwas kenntlicher wird. Keine der gelegentlichen Äußerungen über sie haben ihr wirklich Profil geben können. Es blieb im weiblichen Urteil, wohl auch in dem Richards – das man bis 1897 freilich nur sehr verwischt zwischen den Zeilen Ricarda Huchs lesen kann –, bei der vagen Kontur einer unzufriedenen und launischen Person, die sich an ihre Rolle als Gattin und Mutter klammerte, weil das Aufgeben dieser Rolle sie ins gesellschaftliche Abseits gebracht hätte. Wobei zu fragen ist, wie anders sie sich eigentlich hätte verhalten, gar entscheiden können: als Lilly, die mit zwanzig Jahren geheiratet hat, merkt, daß ihr die «vollkommene Hingebung» in der Ehe nicht gelingen will, hat sie drei Kinder und lebt in einer Umgebung, die einen Ausbruch von ihr nicht nur nicht toleriert, sondern noch unnachsichtiger verurteilt hätte, als sie das Tun ihrer Schwester verurteilte. Neben der Stereotype von der kühl berechnenden wie zugleich in wilden Gefühlsausbrüchen schwelgenden Ehefrau, gibt es – in den Äußerungen der jungen Männer ihrer Umgebung – ein anderes Bild von Lilly: das einer lange gut aussehenden, lebendigen und gescheiten Frau, mit der man sich gern unterhält, weil sie sich angenehm von den konventionellen Braunschweiger Damen unterscheidet. Allerdings bleibt auch dieses Bild vage, ohne wirklich anschauliche, persönliche Züge. Der Student Hans Hähn war nicht nur mit der in Zürich lebenden Ricarda Huch gut Freund, sondern zur gleichen Zeit auch mit Lilly; um Lilly nicht zu verletzen, hatte er sogar darauf verzichtet, in Zürich zu studieren, und war nach München gegangen; er bewunderte Ricarda Huchs Ursleu-Roman, doch die Figur von Lilly-Lucile hielt er für mißglückt: «Das einzig Dumme ist Lucile. Lilly ist einfach netter, viel bedeutender, reicher und reizvoller ...» Friedrich Huch charakterisierte Lilly als unternehmend und gesellig. Und ihr Sohn Roderich urteilte in einem Brief an Ricarda Huch vom November 1900, daß im Gegensatz zu seinem Vater, «dem das Alter nicht steht», seine Mutter immer jünger werde: Vielleicht konserviere sie sich deshalb, weil sie nicht richtig lebe, meinte Roderich.

Und nun hat Lilly plötzlich einen viel jüngeren Geliebten und dazu eine Vorstellung von einem «eigenen Leben», das sie sich schaffen will. Sie wird in den nächsten Jahren viel Energie und Ehrgeiz in diese Vorstellung investieren und nach allerlei Schul- und Universitätsschwierigkeiten achtundfünfzigjährig in Heidelberg mit einer Arbeit über

Kant zum Doktor der Staatswissenschaften promovieren. Sie hat dieses Studium nicht mehr recht genutzt, auf die Dissertation folgte noch eine zweite Arbeit über Kant, die sie im Selbstverlag publizierte, eine Weile hat sie als Hauslehrerin gearbeitet. Es macht den Eindruck, daß Lilly mit ihrem späten Gang an die Universität auch etwas nachzuahmen versuchte, auf eine Konkurrenzsituation reagierte, in die sie sich seit Jahrzehnten gedrängt fühlte; daß sie Minderwertigkeitskomplexe abzuarbeiten hatte – wie vielleicht auch Ricarda Huch sich und der Schwester einst beweisen mußte, daß sie kein häßliches Entlein war. – Doch geht es bei diesen Konkurrenzen nicht bloß um die vielberedete Rivalität von Schwestern: auch Rudolf und Ricarda rivalisierten. Ricarda Huch hat früh ein Gespür für etwas Ungemütliches im vorgeblich so harmonischen, als «Phäakenleben» beschriebenen Dasein im Hause Huch an der Braunschweiger Hohethorpromenade gehabt: daß diese drei Kinder von jeher unglücklich waren, entdeckt sie in den Zürcher Jahren bei der Betrachtung von Familienfotos. 1929 schildert sie Marie Baum ein Treffen mit den beiden Geschwistern («das erste Mal seit 1886 daß wir drei zusammen waren») als «eigentlich hübsch, bis auf die Familiengespenster, die umgehen, von denen man aber nicht spricht».

Weihnachten 1905 erhält Ricarda Huch einen Brief von dem ihr und Lilly einst so wohlgesonnenen Hans Hähn, der inzwischen in Richard Huchs Anwaltskanzlei eingetreten ist und langsam das wird, was er keineswegs hatte werden wollen, ein braver und dabei mißvergnügter Braunschweiger Bürger. Der Brief redet von ihren und Lillys «Verrücktheiten», zu deren unglücklichem Opfer der arme Richard geworden sei. Lilly scheine die umgekehrte Entwicklung durchzumachen wie sie, schreibt Hans Hähn, die ganze Familie habe eine unglückliche Blutmischung, ausgenommen Richard und Rudolf.

Ricarda Huch, der schon die Zusammenstellung des wenig geliebten Bruders mit dem vergötterten Geliebten unsympathisch ist, weiß nicht, was «das hirnverbrannte Zeug» soll. «Absolut nicht zu verstehen, wie das gemeint sein könnte!» beklagt sie sich bei Richard. Der antwortet, er vermute zu verstehen, was Hänschen gemeint habe, doch das Ganze sei unwichtig, sie möge es vergessen.

Es ist unklar, wann eigentlich und durch wen Ricarda Huch von Lillys Affäre mit Gaus, also den wahren Hintergründen von Richards Scheidung, erfuhr. Möglich, daß sie bereits davon wußte, als sie den Brief von Hans Hähn las, daß sie mit gespielter Ahnungslosigkeit Richard zum Reden provozieren wollte, um es, als Richard nicht reden wollte, vorzuziehen, sich weiterhin ahnungslos zu stellen, denn sie spürt eine schreckliche Gereiztheit hinter seinen Briefen. Ceconi könnte es ihr erzählt haben, der hat gerade um diese Zeit eine Unterredung mit Roderich gehabt, nach der sein Zorn gegen sie neu aufgeflammt ist, so heftig, daß er Weihnachten nicht nach Grünwald hinauskommt und Bussi erzählt werden muß, er sei nach Italien gefahren. Es ist aber ebensogut möglich, daß sie noch eine ganze Weile ahnungslos blieb, daß Ceconi nach der Unterredung mit Roderich zwar außer sich war, weil er das (auch ihn beleidigende) Gefühl hatte, seine Frau mache sich zum Narren, daß er aber nicht wußte, wie er ihr das sagen sollte, ohne sie, um deren Rückkehr er damals noch immer wirbt, empfindlich zu verletzen. Über die Gründe von Lillys Weggang aus Braunschweig wird er erst zu reden beginnen (dann allerdings mit Vehemenz), als er merkt, daß seine Partie verloren ist, daß Ricarda Huch nicht zur Einsicht kommen will, daß sie entschlossen ist, Richard zu erobern – koste es, was es wolle.

Es mag also sein, daß Ricarda Huch für Richards Gereiztheit vorerst seine ihr noch von früher her bekannte Furcht vor Entscheidungen verantwortlich macht, auch die Furcht, seine seit 1897 so mühsam wieder aufgebaute berufliche und gesellschaftliche Reputation könne durch die Scheidung erneut Schaden nehmen. Ist er doch ohnedies tief enttäuscht darüber, bei der Verleihung des Titels Justizrat wieder einmal übergangen worden zu sein. Eine Enttäuschung, die Ricarda Huch zum ersten Mal von «einer gewissen jetzt noch höchst reizvollen Anlage zum Bourgeoisen» bei ihm sprechen läßt. Weniger zurückhaltend reagiert sie auf seine Furcht vor Vermögensverlust, wenn auch, betrachtet man ihre (und Ceconis) Einstellung zum Besitz, immer noch erstaunlich nachsichtig.

Die Trennung von Lilly greift Richards Kapital an, von dem er ihr einen Teil überschreiben muß, der ihr 4000 Mark an Zinsen im Jahr bringt. Das sei zu wenig an Unterhalt, protestiert Ricarda Huch erschrocken. Etwa so viel habe sie während der letzten Jahre in Zürich gehabt, und Lilly werde nicht immer in Pensionen leben, auch einmal die Kinder bei sich sehen wollen. Doch sie wird, obwohl sie wiederholt auf das Thema zurückkommt, nichts ausrichten. Lilly sei mit der getroffenen Vereinbarung einverstanden, erklärt Richard lakonisch. Und tatsächlich scheint Lilly seine Unterhaltsvorschläge fast widerspruchslos hingenommen zu haben. Möglicherweise in der Ahnung, Richard könne es doch noch einfallen, auf ganz anderen Scheidungsmodalitäten zu bestehen, ihr wegen Ehebruchs den Prozeß machen und sie ohne jede Unterstützung lassen. Zu seinen juristischen Spitzfindigkeiten, mit denen er die Unmöglichkeit dieser Scheidung, also das wahrscheinliche Scheitern des Prozesses, vor Ricarda Huch zu begründen versucht, gehört, daß eine Klage wegen böswilligen Verlassens bei gleichzeitiger finanzieller Unterstützung der verklagten Ehefrau für gewissenhafte Richter wie eine Trennung nach Verabredung aussehen könne, und eine Scheidung auf gegenseitiges Verlangen sei juristisch nicht zulässig. – Als die Scheidung von Lilly schließlich ausgesprochen wird, stellt sich heraus, daß er ihr die Summe, welche die 4000 Mark an jährlichem Unterhalt abwerfen soll, auch keineswegs, wie er einst behauptete, überschrieben hat, er hat sie nur gesondert bei der Bank deponiert. Sie bleibt Teil seines Kapitals, wenn auch ein Teil, der sich, zu seinem Kummer, nicht vermehrt.

Ricarda Huch sieht sich bald in noch andere ihr unangenehme Gelderörterungen mit ihm verstrickt. Es scheint, daß er bei ihr, der erfolgreichen Autorin, etwas Geld vorausgesetzt hatte – in Wirklichkeit besitzt sie nichts, es sei denn die zu erwartenden Honorare bei Nachauflagen ihrer Bücher; Ceconi und sie haben von der Hand in den Mund gelebt, was die wachsende Praxis abwarf, ging für die Kredite drauf, die am Anfang in München aufgenommen werden mußten. Und es scheint auch, Richard habe Angst gehabt, ihr ihm unliebes Kind könne eines Tages gar noch Anspruch auf einen Teil seiner Hinterlassenschaft machen, also das Erbe seiner Kinder vermindern. Die Entdeckung, daß der Mann, bei dem sie Großzügigkeit immer als selbstverständlich vorausgesetzt hatte, soviel Lust am Geldausgeben wie am Geldverdienen, inzwischen besessen ist von der Lust am abstrakten Geld, muß Ricarda Huch einigermaßen bestürzt haben; gesagt hat sie ihm das nicht. Sie hat ihn nur immer wieder zu beruhigen versucht, ob seiner ständigen Sorgen ums Kapital, um dessen Vermehrung durch Zins und Zinseszins, um eine seiner würdige Hinterlassenschaft, hat ihm klarzumachen versucht, daß für seine Kinder, so wie er ihr seine Vermögenslage darstelle, mehr als ausreichend gesorgt sei. Und für sie beide würde ja sie mitsorgen. Sie stellt sich ahnungslos gegenüber seinen umständlichen Erörterungen um Trennung oder Nichttrennung ihrer «ökonomischen Personen» – möglicherweise ist sie wirklich ahnungslos, immerhin ist sie unvorsichtig genug, ihm zu erklären, auf den leichtsinnigen, geldüntüchtigen Ceconi wolle sie bei ihrer finanziellen Vorsorge für Bussis Zukunft nicht rechnen: sollte er tatsächlich einmal viel verdienen, so wünsche sie, daß er seinen alten Traum wahrmache und sich zum Chirurgen ausbilden lasse. Richard gibt es schließlich indigniert auf, mit ihr zu irgendwelchen Geldvereinbarungen, gar schriftlich fixierten, zu gelangen, doch seine ständigen Erörterungen ums Geld bleiben.

Als im Januar 1906 Christiane Rassow in Bremen stirbt, fallen Ricarda Huch die Briefe von Richard und die Bilder wieder ein, die sie 1898 nicht mit den Möbeln hatte nach Triest kommen lassen. Vielleicht existieren sie noch? Sie schreibt an Senator Rassow. Aber Christiane Rassow hat die Briefe, da Richard, der darüber verfügen sollte, sich nie meldete, irgendwann verbrannt; bis auf einige, die nicht von seiner Hand kamen, die Fotos und noch ein paar Erinnerungsstücke. Ricarda Huch ist untröstlich: die vielen Briefe von 1887–97! Warum hat Richard sie, als Christiane Rassow ihm deswegen schrieb, nicht an sich genommen? Das wird sie ihm nie verzeihen! Richard indessen beschäftigt ein ganz anderer Verlust. In Bremen geblieben war, weil mit zuviel unguter Erinnerung behaftet, auch die einsträngige Perlenkette, die er, neben ein paar anderen kleinen Schmuckstücken, gegen die Diamantbrosche, das unselige Weihnachtsgeschenk von 1893, eingetauscht hatte. Ricarda

Huch will sie auch jetzt nicht haben, einem spontanen Einfall folgend, schenkt sie die Kette Tilda, Christiane Rassows Tochter. Richard kann das lange nicht fassen: wenn sie selbst ein so teures Geschenk von ihm nicht mehr haben wolle, dann hätte sie es an eine seiner beiden Töchter weitergeben müssen. Ricarda Huch, die an die Töchter vermutlich überhaupt nicht gedacht hatte, rechtfertigt sich mit ihrem Aberglauben: die Kette sei mit Unglück beladen, zwar wünsche sie auch Tilda Rassow nichts Böses, aber so weit erfreche sich das Schicksal wohl nicht. Doch Richard pocht auf den Wert des so leichtsinnig verschenkten Gegenstandes: bei ihren momentanen Geldschwierigkeiten hätte sie die Kette wenigstens verkaufen können! Und Ricarda Huch, bemüht, seinen Groll eher ihrer Unüberlegtheit als seiner überraschenden Kleinlichkeit zuzuschreiben, glaubt schließlich, sich wieder einmal entschuldigen zu müssen.

Nur in einem widerspricht sie ihm mit Erfolg: er kauft kein Haus, als das mit Lilly bewohnte aufgegeben wird. Ein Haus in Braunschweig – das muß ihr wie eine Kette am Fuß vorgekommen sein. Hat sie nicht auch von seinen Kindern immer wieder gehört, daß sie Braunschweig verabscheuen und eines Tages von dort weggehen werden? Eine große Wohnung genüge ihnen, meint sie, überhaupt sollten sie beide weniger Geld für Wohnung und dafür mehr für Reisen ausgeben. Der Vorschlag zeigt, wie sie sich die gemeinsame Zukunft mit Richard vorstellt, auf Reisen. Ihre Vergangenheit mit Richard ist eine auf Reisen gewesen. Auch in der Gegenwart zehrt sie vorwiegend von den paar wegen des Kindes jedesmal nur unter Schwierigkeiten zu arrangierenden Reisen mit ihm. Sie sind bald nach dem Wiedersehen in Grünwald gemeinsam in Leipzig gewesen, Anfang 1906 in Bamberg und noch einmal in Regensburg, nach der Scheidung bei Marie Baum in Karlsruhe und von da aus in Straßburg. Wieder mit ihm gemeinsam verreisen zu wollen, das gehörte zu ihren ersten Zukunftsplänen während der Begegnung in Grünwald – vielleicht hätte sie ein Arrangement, das diese gemeinsamen Reisen ermöglichte, der Trennung von Ceconi vorgezogen, wären die beiden Männer überhaupt zu einem Arrangement bereit gewesen?

Doch gerade diese ihr wichtigen Reisen werden das derzeit ohnehin prekäre Gleichgewicht ihres Daseins in Gefahr bringen. Ceconi, der an den Wochenenden weiterhin nach Grünwald kommt, hat plötzlich Einwände gegen ihre Treffen mit Richard. Er weiß längst, daß sie stattfinden, bereits stattgefunden haben, als Ricarda Huch noch gar nicht geschieden war. Vielleicht hat er sich, gerade wegen der immer noch gemeinsamen Wochenenden, der gemeinsamen Besuche bei Bekannten in Grünwald, Ricarda Huchs gelegentlichen Besuchen in München, doch wieder Hoffnungen auf eine gemeinsame Zukunft gemacht, zumal er genau weiß, wie wenig einverstanden Richard mit seiner eigenen Scheidung ist. Als er, weil Ricarda Huch mit ihm Absprachen wegen Bussi treffen will, von einem geplanten längeren Sommerurlaub mit Richard hört, gerät er in einen wahren «Paroxismus der Wut». Und Ricarda Huch begreift, sie muß entweder aus Grünwald fort, das sie Ceconi schon des Kindes wegen schlecht verbieten kann, oder sie muß darauf verzichten, Richard vor seiner Scheidung wiederzusehen. Das eine erscheint ihr so unerträglich wie das andere, wenn auch das letztere beinahe leichter durchzuführen.

Sie hat wegen der unaufhörlichen Szenen mit Ceconi schon einige Male erwogen, aus Grünwald fortzugehen. Auch Freunde wie Plehn oder Wolfskehl haben ihr dazu

Ausschnitt aus einer Fotografie von Sophie von Scheve – «Eben hat Schevchen mich photographiert, sie braucht es für ein Bild», schrieb Ricarda Huch am 22. Juni 1906 aus München an Richard Huch. Nach dieser Fotografie entstand ganz offensichtlich das Gemälde Ricarda Huchs von Sophie von Scheve, das jetzt in Marbach hängt.

geraten, sie wissen, daß sie mit Ceconi nicht in das freundschaftliche Verhältnis kommen wird, das sie wünscht; solange er sie sieht, wird es auch Spektakel geben. Aber sie mag ihm das Kind nicht wegnehmen, an dem er hängt wie das Kind an ihm. Er hat in die Scheidung nur eingewilligt, weil sie ihm versprochen hat, sie werde München vorläufig nicht verlassen. Außerdem fürchtet sie, mit dem Kind in einer ihm fremden Umgebung allein nicht leben zu können. Im Moment schiene ihr am einfachsten, wenn sie fortginge und das Kind vorerst beim Vater ließe, doch dafür ist es zu spät, sie hat den Zeitpunkt verpaßt, an dem sie sich darüber mit Ceconi noch hätte einigen können.

Als sie Richard von dem neuen Krach berichtet, verlangt er, daß sie Grünwald sofort verläßt, ja, er macht ihr Verhältnis davon abhängig. Dem ebenfalls Eifersüchtigen paßt ohnehin nicht, daß Ceconi sich weiterhin in Grünwald zu Hause fühlt. Und die fortwährenden Gedanken, die Ricarda Huch sich nach wie vor um den «armen Manno» macht, irritieren ihn. Zwar kann er sich über das Maß an Teilnahme und hingebender Aufmerksamkeit, das die Geliebte ihm widmet, keineswegs beklagen – sogar Stenographie will sie lernen, um ihm, wenn sie demnächst verheiratet sind, als Gehilfin dienen zu können. Schmerzlich sei ihr, so bekennt sie, daß er sich jetzt, wenn er des Abends arbeitsmüde ist, allein die Pantoffeln zum Wechseln holen müsse. Aber er fordert mehr; verletzt durch den Weggang von Lilly, ist er unersättlich in seinem Bedürfnis nach Trost, er fühlt sich verkürzt um das Maß an Teilnahme, das ihr erster Ehemann ihr immer noch abverlangt. Und daß dieser anspruchsvolle und dazu unberechenbare Italiener, den er insgeheim für so unseriös hält wie seinen Sohn Roderich, ihm nun gar noch die Reisefreiheit beschneiden will, kann er keineswegs dulden. Richard begründet die

Notwendigkeit ihrer Abreise aus Grünwald auch damit, daß Mannos hemmungsloses Gerede über die Lilly-Gaus-Affäre den Prozeß mit Lilly gefährden könne. Er weiß, wie erschreckt Ricarda Huch auf jeden Hinweis darauf, seine Scheidung könnte abgelehnt oder doch zumindest verzögert werden, reagiert. Und sie endlich aus Grünwald, das ihm als Teil ihrer Vergangenheit ein Dorn im Auge ist, fortzubringen, ist ihm sogar eine Genugtuung. Für ihn steht fest, daß sie dorthin nicht zurückkehren wird.

Auch Marianne Plehn, die seit Bremen immer ein wenig um den Ruf ihrer unvorsichtigen Freundin bangt, rät wieder einmal zur sofortigen Abreise, weil sie fürchtet, es könne, nachdem die Trennung von Ceconi, die in München genug Staub aufgewirbelt hat, einigermaßen glimpflich überstanden ist, doch noch zu einem Skandal kommen.

Ricarda Huch ist vollkommen überfordert von der Situation. Sie weiß nicht, wie sie mit Bussi fertig werden soll, wenn sie ihr Grünwald nimmt. Ceconi, als er von ihrem geplanten Weggang hört, erklärt heftig, seinetwegen brauche sie nicht abzureisen, er werde nicht wieder nach Grünwald hinauskommen. Wie aber sollte sie Bussi das erklären? Und Richard läßt keinen Zweifel daran, daß bei Nichtbefolgen seiner Wünsche Liebesentzug droht – der Schrecken darüber läßt sie in einen wahren Taumel der Folgsamkeitserklärungen und Entschuldigungen wegen ihrer Ängstlichkeit geraten. Mitte Juli reist sie nach Zürich ab.

Als geschiedene Frau in Zürich

«Wie merkwürdig, wieder bei Frau Walder zu sein und Briefe von Dir zu bekommen!» schreibt Ricarda Huch am 15. Juli 1906 an Richard. Die Reise mit Bussi ist weniger anstrengend verlaufen, als sie befürchtet hatte. Sie sind über den Bodensee gefahren – und es war wie früher, wenn sie nach den Trennungen von Richard, den verweinten Nächten im Coupé, sich durch die «Freiheitsluft» überm See, der Abschiedsschmerz und trübe Gedanken wegblies, neu belebt und getröstet fühlte.

In Zürich hat sie das Samstagsabendgeläut empfangen – «Ach das schöne Geläut, das ist auf der ganzen Welt nicht so wie in Zürich». Die Pension Walder ist wieder einmal umgezogen, in die Plattenstraße nahe dem Zürichberg; gleich am nächsten Tage werden sie zum alkoholfreien Kurhaus mit seiner unvergleichlichen Aussicht oben am Berg spazieren. Und Bussi ist geneigt, Zürich fast so schön wie Grünwald zu finden. Sie haben Freunde hier, die auch das Kind von früheren kurzen Besuchen her kennt. Hedwig Waser, seit 1901 mit dem Psychiater Eugen Bleuler verheiratet, lebt mit ihrer Familie im parkumgebenen Klinikum Burghölzli; die Reiffs, die inzwischen zwei Mädchen adoptiert haben, wohnen sommers im «Rothaus» in Rüschlikon, zu dem man mit dem Dampfer fährt. Marianne Plehn, erleichtert darüber, ihr «Ricardachen» aus dem Umkreis des explosiven Dr. Ceconi zu wissen, neidet ihr dies Zürich sogar ein wenig, für sie ist es «der Ort, dahin unsereins gehört». Ricarda Ceconi-Huch erhält wenig später für ein paar Jahre auch das Niederlassungsrecht in der

Schweiz – ein Heimatschein aus München macht es endlich möglich.

Doch die zauberische Wirkung Zürichs hält nicht lange vor. Ricarda Huch kann nicht arbeiten, obwohl sie es dringend müßte. Bussi, der «kleine Vampyr», hatte schon in Grünwald für beständige Abhaltung gesorgt, aber dort gab es noch die Margaret, auch die Kinder aus der Dorfschule, den Garten rings um das Haus, und an den Wochenenden kam der Vater. In Zürich wohnen Mutter und Tochter gemeinsam in einem Zimmer, Bussi mag nicht allein sein. Vielleicht wäre ein zweites Zimmer auch zu teuer. Ricarda Huch ist ganz ohne Geld momentan. Durch die lange und vorderhand nicht honorierte Arbeit an den ‹Geschichten von Garibaldi› ist ihr Konto wieder einmal leer. Sie hatte, weil sie den aufgebrachten Ceconi nicht um Geld bitten wollte, schon vor der Reise von Richard leihen müssen; als die erste Pensionsrechnung bei Frau Walder fällig wird, muß sie das wiederholen. Richard beschwört sie in seinen Briefen geradezu, ein zweites Zimmer zu mieten, ein Kindermädchen zu engagieren, auf die Kosten dafür keine Rücksicht zu nehmen. Er bietet ihr an, in Zürich ein Konto einzurichten, von dem sie nach Bedarf abheben kann. Aber Ricarda Huch übergeht dies Angebot, sie «borgt» nur hin und wieder von ihm, und diese Borgbriefe sind ihr fatal. Vielleicht, weil er in seinen Briefen viel zu viel von Geld und Geldsorgen redet. Vielleicht, weil sie spürt, daß ihre finanzielle Selbständigkeit ein letzter Rest von Unabhängigkeit ihm gegenüber ist, den sie nicht auch noch aufgeben darf. Vielleicht will sie das zweite Zimmer und das Mädchen auch gar nicht, weil sie glaubt, dem Kind, das sie, so plötzlich und ohne ihm die wirklichen Gründe zu nennen, aus seiner vertrauten Umgebung gerissen hat, die Opfer an Zeit und Nerven schuldig zu sein.

Bussi beginnt bald, ihren Vater zu vermissen, kann immer weniger begreifen, was sie so ungewohnt lange in Zürich wollen, da sie doch in Grünwald und München ihr Zuhause haben. Vermutlich weiß die Sechsjährige um diese Zeit noch nicht einmal, daß die Eltern inzwischen geschieden sind. Ricarda Huch ist keine konventionelle Mutter, sie hält nicht viel von Erziehung, wäre wohl auch gar nicht fähig dazu. Aber sie ist doch noch überaus konventionell in ihren Vorstellungen davon, was einem Kinde an Wahrheit zuzumuten ist. Vielleicht ist sie auch einfach feige. Und Bussi spürt ihre Unsicherheit natürlich und nützt sie, erbarmungslos wie alle Kinder in solchen Fällen, weidlich aus. Ihre Fragen nach «unserem Mannochen», ihr Heimweh, ihre wachsende Ungeduld mit der provisorischen und beengten Existenz in Zürich werden für die Mutter zur Qual. «Die Verantwortung für Bussi allein zu haben ist mir ungewöhnt und drückte von jeher auf mich, wenn es mal vorübergehend vorkam. Nicht daß es mir geradezu unangenehm wäre, aber es nimmt mir Kraft und Ruhe weg», schreibt sie an Richard.

Als anstrengend erweist sich auch die Vorbereitung der gemeinsamen Ferienreise mit Richard. Sie könnten Bussi ganz einfach mitnehmen, wenn sie sich den Reiffs mit ihren beiden Töchtern und dem dazugehörigen Kindermädchen anschlössen. Das aber will Richard nicht – vorgeblich, weil er, um den Verlauf seines Scheidungsprozesses nicht zu gefährden, momentan nicht zusammen mit Ricarda Huch in der Schweiz gesehen werden darf. In Wahrheit wohl eher, weil er keine Lust hat, die Geliebte mit deren Kind zu teilen, das, wie ihm in Briefen immer wieder erzählt wird, partout nicht allein schlafen will – «was ja wohl nur auf meine Kosten geschehen könnte», schreibt er. Es gibt viele Briefe hin und her darüber, wie

Bussi für einige Wochen unterzubringen wäre. Schließlich hat Ricarda Huch die rettende Idee, Luise von Kehler darum zu bitten, mit Bussi und den Reiffs in die Berge zu gehen. Luise von Kehler ist dazu bereit, zumal sie die Aussicht auf kostenlose Ferien verlockend findet, weilt aber – fahrende Künstlerin, die von einem Porträtauftrag zum nächsten zieht – gerade in Genua, wo sie die Kinder einer mit den Reiffs verwandten Familie malt. Als sie mit dem Bild fertig ist, bekommt sie eine Influenza. Ricarda Huch muß immer wieder um Aufschub der Reise bitten, ehe sie endlich, ziemlich nervös, wie anzunehmen ist, dem, wie ebenfalls anzunehmen, ziemlich gereizten Richard in die Arme sinken kann. Um ihn für die durch Bussi verursachte Unbill zu entschädigen, wird sie, obwohl sie das anfangs abgelehnt hatte, über Bussis Geburtstag am 9. September wegbleiben.

Die beiden fahren nach Belgien, sehen Gent und Brügge wieder, logieren dann im Grandhotel in Zandvoort. Sehr vergnüglich scheinen die vier Wochen in Zandvoort nicht gewesen zu sein, von Richards «Apathie», seinen «alkoholischen Extravaganzen» ist in späteren Briefen die Rede, von ihrer Aufregung, als er einmal zu weit hinausgeschwommen war, von seiner barschen Zurechtweisung, sie solle sich nicht dauernd in seine Angelegenheiten mischen. Richard verbietet ihr schließlich, aus Zandvoort zu zitieren, ja sogar an Zandvoort zu denken. Doch es muß dort auch glückliche Momente gegeben zu haben; daß ihr Korsett ihn ständig ärgerte, erfahren wir aus Ricarda Huchs Briefen, daß sie ohne Nachthemden schliefen. Er geht auf so etwas nicht ein, fühlt sich wohl gar geniert durch solche Briefstellen. Er ist prüde. Sie dagegen liebt diese kleinen Erinnerungen. Sie liebt auch die Träume, aus denen sie aufwacht, als wäre er wirklich bei ihr gewesen. Und ent-

Ricarda und Richard Huch im August 1906 im belgischen Seebad Zandvoort

schuldigt sich dann dafür, daß sie ihm davon schreibt, weil er es ja «häßlich findet, so zu träumen». Häufiger in den Wochen nach und bereits in denen vor der gemeinsamen Reise erwähnt sie allerdings ganz andere, ängstigende Träume – «daß Du kalt und lieblos zu mir wärest». Und auf Zandvoort folgt nur ein einziges Gedicht: ‹Sieh mich, das Meer, das dir zu Füßen brandet› – eine Vereinnahmungsphantasie.

Luise von Kehler und Bussi erzählen, als Ricarda Huch zurückkehrt, überaus zufrieden von ihren Ferien. Bussi hat in den Bergen sogar gelernt, allein zu schlafen, was sie allerdings bald wieder verlernen wird. Es dauert nicht lange, und Ricarda Huch hat, hin- und hergerissen zwischen ihrem Wunsch zu arbeiten und der Notwendigkeit, sich mit der Tochter zu beschäftigen, dem Kind gegenüber wieder die ambivalenten Gefühle, die ihr neuerdings zu schaffen machen. Warum muß etwas, das sie so liebt, sie so stören?, fragt sie. Sie registriert an der Tochter alle Untugenden ihres Vaters: sie schwatzt ohne Unterlaß, sie will nicht laufen mit der Mutter, die ein paarmal täglich «spazieren rasen» muß, sie mault, wenn sie mit auf den Zürichberg soll, weint des Abends gar vor Erschöpfung. Vielleicht, so fürchtet die Mutter, ist sie nicht ganz gesund? Richard Huch sieht das weniger ängstlich und – da ihm noch die Pummeligkeit des Kindes unsympathisch ist – auch boshafter: er findet es ganz natürlich, wenn Bussi es nicht liebt, «ihren kleinen dicken Körper den Berg hinan zu schleppen». Für ihn steht fest: sie «gravitiert» mehr nach dem Vater.

Bussi geht nach den Ferien in eine Zürcher Schule, in die Beustsche Privatschule, in einer anderen war kein Platz mehr zu finden gewesen. Dr. Beust, der Leiter des nach Fröbels Methoden arbeitenden Instituts, hatte Ricarda

Huch einst in Naturwissenschaften für das Abitur vorbereitet. Die Schule ist teuer, und sie beschäftigt Bussi nur wenige Stunden am Vormittag, in denen Ricarda Huch zu arbeiten versucht, in der Pension oder in der Stadtbibliothek – sie schreibt an den Porträts für ‹Das Risorgimento›. Damals hat sie wohl auch schon angefangen, sich ausführlicher mit der Geschichte des Federigo Confalonieri und seiner Verbannung auf die Festung Spielberg zu beschäftigen – die Spielberg-Atmosphäre ist ihr nahe, fühlt sie selber sich doch in Zürich zunehmend wie in einer Art Verbannung.

Die Freundinnen, mit denen Ricarda Huch hier einst studierte, leben jetzt zumeist anderswo. Salomé ist zwar in Zürich verheiratet, sie sehen sich sogar einmal auf der Straße, gehen aber wortlos aneinander vorüber, was Ricarda Huch gleich danach leid tut, obwohl sie mit Salomé schon vor 1894 auseinandergekommen ist. Und in der Freundschaft mit Hedwig gibt es – wie bereits deutlich wurde – immer wieder einmal Spannungen. So hat der Aufsatz, den Hedwig Bleuler-Waser 1904 in der ‹Berliner Frauenrundschau› über sie veröffentlichte, Ricarda Huch deutlich geärgert – und gerade in diesem Porträt, das auch ihr Widersprüchliches, ihre Schwächen beschreibt, wird sie lebendig. Einen von Hedwig Bleuler-Waser geplanten umfangreicheren biographischen Essay hat sie danach beim Verleger einfach blockiert, mit dem Hinweis auf die Freundschaft zwischen ihnen beiden, die solche auf Persönliches eingehende Arbeiten verunmögliche. Und Hedwig hat sich für solche und andere Bevormundungen gerächt, sei es im Betonen ihrer Schulerfolge und ihres endlichen Eheglücks, sei es mit Zitaten aus der Korrespondenz zwischen ihr und Richard Huch, von der sie genau weiß, daß sie die Freundin irritiert. Was an Hedwig

Bleuler-Waser möglicherweise wirklich etwas enervieren konnte, das war die Gefährtinnenmentalität, die sie, ähnlich wie Ricarda Huchs Braunschweiger Freundin Etta Wernicke, während ihrer Ehe entwickelte. Hedwig Waser war eine passionierte Lehrerin und ist ungern aus dem Schuldienst geschieden – für eine Frau endete eine öffentliche Anstellung damals mit ihrer Verheiratung. Wie ihre Dissertation und die daraus entstandene umfangreichere Studie über den Schweizer Schriftsteller Ulrich Hegner beweisen, war sie auch eine begabte Literaturwissenschaftlerin, bei ihrem Temperament und ihren pädagogischen Talenten wäre sie sicher eine gute Universitätslehrerin geworden. Tatsächlich wollte sie sich nach ihrer Heirat in Zürich als Privatdozentin niederlassen und hatte die venia legendi bereits beantragt, zog diesen Antrag aber während der ersten Schwangerschaft, die mit einer Fehlgeburt endete, zurück. Sie wurde (schließlich Mutter von fünf Kindern) Bleulers Mitarbeiterin, Präsidentin des Alkoholgegnerinnenbundes, eine Schweizer Frauenvereinsfrau, Gelegenheitsliteratin. Sie war überaus tätig, aber sie war nicht mehr so ganz Hedwig Waser. Ihr nicht recht gestillter Ehrgeiz zersplitterte sich in zu vielerlei, ließ sie sich wohl auch zu Dingen äußern, von denen sie nicht genügend verstand.

Wobei nicht sicher ist, ob Ricarda Huch jemals genauer über das nachdachte, was sie an der Freundin gern als vorlaut und geltungssüchtig interpretierte; was ihr auf die Nerven ging, wurde immer nur fallweise festgemacht. In jenen sie verunsichernden Zürcher Monaten findet sie, wie sie an Richard schreibt, Hedwig etwas «angreifend» durch ihre «massenhaften psychologischen Beobachtungen». Hedwig ist an der Seite des Analytikers Bleuler selbst zur Analytikerin geworden und hat für alle Probleme der Freundin eine einschlägige Erklärung: für die Schwierigkeiten mit der verzogenen Bussi, für die Schwierigkeiten mit Ceconi (den Hedwig nie mochte), für die Schwierigkeiten mit Richard (den Hedwig blindlings mag, seitdem sie die Freundin zum ersten Male von ihm erzählen hörte), für Ricarda Huchs Magenbeschwerden, die von Hedwig ganz freudianisch als Symptome eines unbefriedigenden Sexuallebens interpretiert werden. Ricarda Huch mag diese Theorien nicht, und sie mag den Psychiater Eugen Bleuler nicht, «ich kann leider durchaus nicht mit Bleuler verkehren, was mir doch sonst bei wenig Menschen passiert», schreibt sie Richard im November 1906. «Jedes Wort was er sagt fängt an mich zu reizen, ich glaube aber auch, ihn jedes von mir. Er löst alle Probleme mit der Sexualität – jedes Gespräch, das man versucht, endet da. Und dabei ist er so klein und häßlich und plebejisch und ganz ohne Humor – übrigens aber vorzüglich ...»

Ricarda Huch mag auch den Professor Alfred Stern nicht, in dessen Haus sie schon während ihrer Zürcher Berufsjahre verkehrt hatte. Der Grund für ihre seit Studienzeiten an bestehenden Antipathien ist nicht ganz ersichtlich, zumal sie sich, wie schon früher, so auch später noch des öfteren brieflich um Rat an den Historiker Stern wenden wird. 1906 in Zürich mochte sie den Eindruck haben, daß er ihr in den Schwierigkeiten um die Veröffentlichung der ‹Geschichten von Garibaldi› nicht genügend beistand. Aber es könnte auch sein, daß ihr – wie der früher oft gemeinsam mit ihr zu Gast gebetenen Marie Baum – die Atmosphäre im Sternschen Hause nicht behagte: «gräßlich» nennt sie den Professor anläßlich der Aussicht auf ein Mittagessen dort im November 1906, «sie ist eine nette Frau, im Herzen unglücklich und denkt gewiß: ach, wer sich auch so scheiden lassen könnte». Immerhin scheinen der Professor Stern und seine Frau, neben den Reiffs und

Hedwig Waser, die einzigen gewesen zu sein, von denen Ricarda Huch in diesen Zürcher Monaten eingeladen wird.

Widmann meldet sich im Oktober 1906 mit einem überschwenglichen Lob des ersten Bandes ihrer ‹Geschichten von Garibaldi›, das ihr ungemein wohltut. Der geringe Erfolg dieser auf drei Bände angelegten Arbeit, in die sie so viel Zeit investiert hat und mit der sie jetzt auch zu wenig verdient, irritiert sie; der erste Band, ‹Die Verteidigung Roms›, war wenigstens zu Teilen von den ‹Süddeutschen Monatsheften› vorabgedruckt worden, für den Vorabdruck des zweiten Bandes, ‹Der Kampf um Rom›, findet sie keine Zeitschrift mehr – er befriedige das Unterhaltungsbedürfnis der Leser nicht, teilen die Redaktionen ihr höflich mit. Der dritte Band schließlich wird, da offenbar auch das Interesse des Verlages nachläßt, von ihr nicht mehr vollendet werden.

Widmanns Bewunderung ihres ersten Garibaldi-Bandes aber ist grenzenlos – er beneide sie geradezu um den «männlichen Geist» dieses Buches, schreibt er. Er richtet seinen Bewunderungsbrief vom 27. Oktober 1906 an ihre Zürcher Adresse, er ist von ihrer Scheidung unterrichtet. Doch als sie, die das betont Beiläufige seiner Bemerkung über diese Scheidung übersieht, sich ihm öffnet, ihn, wie in alten Zeiten, zu ihrem Beichtvater macht, ihm etwas sagen zu können glaubt, was ihr wichtig ist und was niemand in ihrer näheren Umgebung verstehen will – daß die schroffe Trennung von Ceconi ihr schwerfällt, daß sie ein freundschaftliches Verhältnis zu ihm sucht –, da kommt von Widmann eine Zurechtweisung, die sie geradezu außer sich bringt. «Ihre Familienangelegenheit wäre einfach, wenn die Trennung nicht durch das kleine Herz des Kindes gehen müßte», schreibt er ihr am 31. Oktober 1906. «Nehme ich da hinzu, daß Sie dem Vater Ihrer Bussi doch eigentlich gut sind, ihm Freundschaft bewahren, so hätte es vielleicht nicht zur Trennung kommen müssen bei einiger Selbstüberwindung, auch wenn die alte Liebe mächtig ihr Recht verlangt, das aber – wenn ich recht berichtet bin – eine zweite Ehescheidung bedingt. Es fällt mir auch auf, wie wir Alle sonst im Leben niemals unser gegebenes Wort brechen möchten; nur über dieses eine Gelöbnis setzen wir uns merkwürdig rasch hinweg. Und noch Eines: da Sie in Ihrem literarischen Buche die Akten der deutschen Romantiker so gut und schön und wie eine große Richterin geschrieben haben, hätte auch die Erwägung, vor der Welt nicht hinabzusteigen zu diesen in ihren Eheirrungen ein klein wenig komisch erscheinenden romantischen Damen und Herren, auf Ihren Beschluß ferneren Ausharrens einigen Einfluß haben dürfen ...»

Der Hieb schmerzt vermutlich auch deshalb so, weil sie sich von Widmann auf eigene Bemerkungen verwiesen sieht: daß «die Liebe sich dem Leben einordnen muß und nicht des Lebens Zweck» ist, steht in ‹Ausbreitung und Verfall der Romantik› (Kapitel: Romantische Lebensläufe). Sie schreibt Widmann einen langen Rechtfertigungsbrief, in dem sie sich gegen das «von München ausgehende Gerede» verwahrt, und betont darin, daß sie Widmanns Tochter für dies Gerede selbstverständlich nicht verantwortlich mache – was sie in Wahrheit sehr wohl tut! Der Brief, in dem sie allen gängigen Vorurteilen gegen Scheidung beistimmt, nur die eigene durchaus wieder als Ausnahmefall betrachtet sehen möchte, ist so unwahrhaftig, wie ihr erster in seiner Ratlosigkeit echt war. Widmanns Entschuldigung ist kurz angebunden. Er hat sich auch gleich für zwei Fauxpas zu entschuldigen: in seiner inzwischen erschienenen Rezension von ‹Die Verteidigung Roms› hatte er d'Annunzio als einen der Huch Geistes- und Formverwandten gerühmt, und Ricarda Huch verabscheut diesen italienischen Ästheten, seit sie von Marie Herzfeld auf ihn hingewiesen wurde; das Italien, das ihr von Ceconi nahegebracht worden ist und mit dem sie sich beschäftigt, hat mit dem Italien d'Annunzios nichts gemein.

Und damit ist diese alte Freundschaft zu Ende. Widmann wird die Autorin Ricarda Huch weiterhin aufmerksam verfolgen und beifällig rezensieren, der Frau jedoch mochte er ihre Unvernunft nicht mehr verzeihen; auf spätere Versuche von ihr, wieder in Korrespondenz mit ihm zu kommen, hat er ausweichend reagiert. Es scheint, ihre Eheeskapaden haben ihn, der sie doch seit 1891 in Briefen und Rezensionen immer wieder mit den Frauenzimmern der deutschen Romantik, diesen Gegenbildern bürgerlicher Vernunft, in Beziehung gebracht hatte, endlich wirklich verstört: Von der Romantik mochte man wohl reden, schreiben – man lebte sie doch nicht!

Die inzwischen als Autorin sehr bekannt gewordene Ricarda Huch hätte im Zürich von 1906 eine «Celebrität» sein müssen. Doch außer den paar alten Freunden mag niemand von ihr Notiz nehmen. Sie ist im Gerede: eine frisch geschiedene Frau, die auf ihre Wiederverheiratung wartet – mit dem Mann der Schwester! Und der gewesene Ehemann soll ein Verhältnis mit der Tochter dieser Schwester haben! Die Zürcher Damen, dank ausgebreiteter Korrespondenzen über den Münchner Klatsch nur allzugut unterrichtet, erzählen sich davon beim Tee. Und sind noch einmal schockiert, als der gewesene Ehemann plötzlich eine ganz andere, eine ebenfalls geschiedene Frau, noch dazu eine «Berliner Jüdin» und Mutter von zwei Kindern, heiraten will.

Der vorgeblich so untröstliche «arme Manno» hat sich überraschend schnell getröstet. Vermutlich als seine Patientin hat er Lucie Oberwarth kennengelernt, die seit der Scheidung von dem Berliner Kunsthändler Paul Cassirer mit einem ihrer beiden Kinder in München lebt. Lucie Oberwarths Eltern, reiche Berliner Kaufleute, sind zunächst nicht einverstanden mit diesem zweiten, ganz unvermögenden Schwiegersohn, aber Ermanno Ceconi und Lucie Oberwarth werden noch vor Ricarda und Richard Huch, im März 1907, heiraten. Die Ehe wurde 1916 wieder geschieden. Arthur Holitscher, der Lucie Oberwarth als Paul Cassirers Frau kennenlernte, beschreibt sie in seiner Autobiographie als etwas gedrückte junge Frau, die unter den «ungezügelten Bohememanieren» (will heißen den Seitensprüngen) ihres Ehemannes beträchtlich litt. Möglich, daß Ceconi, der es wohl anfangs genoß, sich durch eine reiche Frau plötzlich in einen wohlgeordneten Haushalt von luxuriösem Zuschnitt versetzt zu sehen, nach einer Weile wieder in seinen alten Lebensstil, d. h. exzessive Arbeit, exzessive Kaffeehausbesuche und gelegentliche Amouren, zurückfiel, einen Lebensstil, den man aus großbürgerlicher Sicht wohl ebenfalls als bohemehaft ungezügelt bezeichnen könnte. Über Lucie Oberwarth, eine Jugendfreundin von Robert Musils Frau Martha, ist sonst wenig bekannt. Nach der Scheidung von Ceconi lebte sie als Übersetzerin in München und Berlin, 1933 emigrierte sie in die Schweiz. Ihr Sohn Peter Cassirer, der bei ihr in München aufwuchs, nahm sich 1919 unter ungeklärten Umständen in Berlin das Leben. Ihre Tochter Susanne Cassirer, die bis 1909 in Berlin beim Vater lebte, studierte Philosophie, emigrierte in die USA und heiratete dort Hans Paret; Peter Paret, der Geschichtsschreiber der Berliner Sezession, ist ihr Sohn. Für die Biographen Paul Cassirers war Lucie Oberwarth, im Gegensatz zu dessen zweiter Frau, der Schauspielerin Tilla Durieux, uninteressant. Und als Frau des Zahnarztes Ermanno Ceconi war sie es erst recht, ist doch auch der Name Ceconis nur dank seiner Ehe mit Ricarda Huch bekannt geblieben.

Ricarda Huch ist zurückhaltend mit ihren Äußerungen über Lucie Oberwarth, die ab Oktober 1906 als Ceconis «Verlobte» gilt und die ihr die Freunde aus München als eine überaus anziehende Person schildern, von der Ceconi ganz offenbar vergöttert wird. Will sie selber nicht auch, daß es dem «armen Manno», dem sie mit der Scheidung so zugesetzt hat, wieder gutgeht? Aber getroffen hat es sie schon, daß so schnell Ersatz für sie da war. Ein Ersatz freilich, so wollen ihr alle Münchner Freunde versichert haben, und so gibt sie es an Richard weiter, der sich mit ihr nicht messen kann – nie, das steht damals schon fest, wird die elegante, gesellschaftlich gewandte, dazu tüchtige – auch als Mutter und Erzieherin tüchtige – Lucie dem «armen Manno» die Seelengefährtin sein können, die Ricarda ihm war. Und so hat Ricarda Huch uns denn auch in ihren Erinnerungen an ‹Unser Mannochen› nichts über sie erzählt.

Ende September darf Bussi für ein paar Wochen nach München zum Vater und spart hinterher nicht mit Äußerungen darüber, daß sie in Zürich immer Sehnsucht nach ihrem Manno habe, in München aber nie welche nach ihrer Mima; daß sie Weihnachten wieder nach München wolle und dann nie wieder nach Zürich zurückkäme. Ricarda Huch ist dem gegenüber ganz hilflos, unfähig, diesen kindlichen Quälereien den richtigen Stellenwert zu geben. Sie widerspricht den Freundinnen, die davon reden, daß der Mann ihr das Kind wegnehmen wolle. Sie ist so fair, ihm ebenfalls Rechte zuzubilligen. Ja, mehr noch, wohl wissend, daß ihre Gefühle für das Kind mit denen für Richard in Konkurrenz geraten sind, muß sie sich eingestehen, daß sie in allem, was Bussi anlangt, im Moment lediglich einen «Pflichtstandpunkt» hat. Vielleicht liebt der Vater die Tochter wirklich stärker, als sie das tut? Vielleicht «gravitiert» Bussi doch mehr nach Ceconi? Vielleicht ist sie auch, was Richard ihr ebenfalls zu suggerieren sucht, eine unzulängliche, weil inkonsequente Erzieherin, wäre das Kind bei anderen besser aufgehoben?

Marie Baum, die die widersprüchlichen Gefühle der Freundin nur zu deutlich spürt, hat schon in einem Brief nach Zandvoort erwogen, ob sie Bussi nicht zu sich nehmen solle, falls Ricarda und Richard heirateten. Und Ermanno Ceconi macht im Herbst den Vorschlag, daß er bis zu Ricardas Wiederverheiratung Bussi in München behalten wolle, das beengte Pensionsleben in Zürich sei für Tochter und Mutter eine Zumutung. Der Vorschlag scheint durchaus freundlich und vernünftig. Ricarda Huch glaubt ihn ablehnen zu müssen, offenbar der Konvention zuliebe: sich von der Tochter zu trennen, das hieße ihrem Ruf noch mehr schaden.

Doch als Ceconi das Kind über Weihnachten bei sich zu haben wünscht, gibt sie nach, erklärt sich auch damit einverstanden, daß Bussi bis Ostern in München bleibt. Sie läßt sie sogar früher fahren, als eigentlich abgemacht war. Und ist Anfang Dezember erst einmal froh, daß sie nun Ruhe hat, ausschlafen kann, endlich richtig zu arbeiten anfangen wird. Es kommt auch ein wenig Geld, die ‹Süddeutschen Monatshefte› honorieren den Vorabdruck aus der ‹Verteidigung Roms› mit 2500 Mark, der Verlag Cotta (an den der Verlag von Wilhelm Hertz übergegangen ist) schickt 1000 Mark für eine Nachauflage der ‹Erinnerungen von Ludolf Ursleu dem Jüngeren›. Aber weder die Ruhe noch die momentane finanzielle Sicherheit wollen ihr so recht anschlagen. Sie ist krank, und Richard Huch reagiert darauf ziemlich unwirsch, wie schon auf ihre Krankenberichte aus Grünwald: Kranksein ist unerotisch.

Dabei ist auch in Richards Briefen inzwischen von Magenübeln die Rede. Hedwig Bleuler-Waser berichtet er hinter Ricarda Huchs Rücken sogar Schlimmeres, damit sie es ihrem Mann zur Begutachtung vorlege, und der diagnostiziert aus der Ferne eine «Erschöpfung des Gehirns». Da wir die an Hedwig Bleuler-Waser gerichteten Briefe nicht kennen, ist nicht ganz sicher, ob Richard Huch wirklich Eugen Bleulers Ferndiagnose wollte oder ob er nicht eher bei Hedwig, deren schwärmerische Verehrung für seine Person er kennt, Beistand vor der schwierigen Geliebten suchte. Von den «kritischen Jahren des Mannes» spricht Hedwig, die natürlich nicht für sich behalten kann, daß Richard sie ins Vertrauen gezogen hat, beruhigend mit der Freundin.

Darüber, daß Richard ihr verschwiegen hat, was er Hedwig beichtete, beschwert sich Ricarda Huch nur ganz sachte – als wolle sie nicht noch mehr aufrühren. Sie hat vorsichtig zu sein, ihre angstvollen Träume verraten es. Seit der gemeinsamen Osterreise von 1906 ist zwischen ihr und Richard hin und wieder von Gaus die Rede: als von einem Verehrer, der Lilly die isolierte Berliner Existenz erträglicher macht. Und bei dieser harmlosen Version beläßt sie es. Bis Richard seinen Zorn nicht länger im Zaum halten kann: im November 1906 verlobt sich der ihm zuwidere Gaus heimlich mit seiner Lieblingstochter Käte. Und Agnes, die andere Tochter, will in Tränen zerfließen – wohl nicht nur aus Mitleid mit Lilly, sondern weil auch sie in Gaus verliebt ist. Das Ganze ist eine überaus verworrene und heikle Geschichte – darf er diese Verlobung überhaupt gestatten? Und wenn er sie nicht gestattet, wird dann in Braunschweig nicht erst recht getuschelt werden? Und weiß eigentlich Käte von Gaus' Neigung zu ihrer Mutter? Und wenn sie davon weiß – wofür einiges spricht –, wie kann sie sich dann mit diesem Mann verloben? Und war nicht Roderich von Anfang an vertrauter mit den verwickelten Gefühlen seines Freundes Gaus, als er den Vater merken ließ? Richard Huch kennt sich in der eigenen Familie nicht mehr aus. Oder er sieht sich in die ihm peinliche Situation gebracht, endlich eingestehen zu müssen, daß sie ihm seit langem fremd geworden ist. Frau und Kinder tun, was sie wollen und was ihm mißfällt. Sein ungeratener Sohn Roderich hat gesiegt: Schwabing ist inzwischen überall, sogar in Braunschweig.

Sich moralisch zu entrüsten fällt Ricarda Huch nicht schwer. «Es ist merkwürdig, daß einem die Liebesangelegenheiten anderer Leute so selten sympathisch sind», resümiert sie bei der Gelegenheit. Zugleich aber muß sie achtgeben, daß sie Richards Selbstgefühl nicht allzusehr verletzt; sie ahnt, dieser Gaus ist eine schlimme Herausforderung für seine Eitelkeit – immerhin hat er ihm gleich drei Frauen abspenstig gemacht. Und sie ahnt: von der Familie nicht mehr ins Vertrauen gezogen zu werden, ist eine genauso schlimme Kränkung für ihn. Aber dann ist gerade sie es, die ihn ziemlich drastisch auf die Realitäten hinweist und Lillys Affäre mit Gaus erbarmungslos aus den sanften Gefilden des bloßen Flirts vertreibt. Als Richard die Befürchtung äußert, Lilly, nun ohne «Verehrer», könne ihr Einverständnis mit der Scheidung zurücknehmen, und wieder einmal davon redet, daß ihm und Ricarda ja dann noch der Ausweg bliebe, sich gemeinsam das Leben zu nehmen, als er wenig später gar Lilly bedauert, «die arme haltlose Pflanze», die sich ständig in Empfindungen hineinsteigere, die sie gar nicht habe, wird Ricarda Huch rabiat. Sie begeht eine grobe Indiskretion. Ceconi hat ihr von einem Brief Lillys berichtet, in dem er dringend um ärztliche Hilfe gebeten wurde, und von einem wenig später folgendem Telegramm, das ihm mitteilte, seine Hilfe sei nicht mehr notwendig – für ihn steht außer Frage, daß Lilly schwanger war. Er möchte nicht – so behauptet er jedenfalls –, daß Richard Huch davon erfährt, Lilly hat ihn um äußerste Diskretion gebeten. Ricarda Huch schreibt es Richard doch. Vorgeblich, um Gaus' «Ehrlosigkeit» so recht deutlich zu machen. In Wahrheit wohl, um durch die nun deutlich benannte Tatsache von Lillys Ehebruch – die ungeschickte Vokabel von den «geschlechtlichen Beziehungen» stolpert durch die Briefe – eventuelle Rückzugsmanöver der beiden Scheidungsparteien unmöglich zu machen. Denn dieses Unverzeihliche kann Richard natürlich nicht auf sich beruhen lassen, schon vor Ceconi nicht. Bei Männern sind dergleichen Beziehungen etwas anderes, auch Ricarda Huch, nach einigem Räsonnement über den ehrlosen Gaus, meint: «wenn ich ein Mann wäre, wäre ich vielleicht auch so, daß es mich reizte eine zu erobern, und nachher wäre es aus».

Der Verrat von Lillys Geheimnis mit Manno gibt ihr zum ersten Male Gelegenheit, Richard merken zu lassen, daß sie um die wahren Hintergründe seiner Scheidung weiß. Als er ihr einen traurigen Brief Lillys schickt und dazu schreibt, daß sie beide Lilly dankbar sein müßten, verursacht ihr das eher «so ein schweres, drückendes Gefühl», wie sie ihm gesteht, nein, «ein Empfinden des Dankes» kann sie Lilly gegenüber nicht haben. «Jetzt sehe ich doch so deutlich, daß sie Dich aus Liebe zu Gaus verließ.» Sie hat inzwischen begriffen: hätte Lilly nicht darauf bestanden, Richard hätte auch diesmal wieder keine Scheidung gewollt.

Kurz vor Weihnachten fährt Ricarda Huch nach Karlsruhe, auch um mit Marie Baum zu sprechen, die seit einiger Zeit in beruflichen Schwierigkeiten steckt. Die Gewerbeinspektorin der badischen Regierung hat einen Vorgesetzten, der ihr ihre Kompetenzen streitig macht und sie durchaus allen seinen männlichen Mitarbeitern untergeordnet sehen möchte. Marie Baum, nachdem sie sich lange und mit einiger öffentlicher Unterstützung zur Wehr gesetzt hat, wird diesen Dienst 1907 quittieren. Über die Weihnachtstage fahren Ricarda und Richard Huch von Karlsruhe aus nach Paris. Von der Reise wissen wir nur, daß Ricarda Huch sich in Paris einen Mantel gekauft hat, der dann später in München von der eleganten Lissy von Geyso, Mimi von Geysos Schwester, bewundert wurde, wobei die ebenfalls gern elegante Ricarda Huch bedauerte, nicht sagen zu dürfen, woher der Mantel stammte.

Die ersten Briefe, die sie nach der Reise aus Zürich schreibt, klingen munter, arbeitsfreudig, und dann plötzlich bricht sie zusammen. Als ein Zusammenbruch ist wohl zu verstehen, was sie Richard vorerst als einen besonders hartnäckigen Anfall ihres alten Magenübels beschreibt – «ich fing schon an melancholisch zu werden». Monate später erst wird sie ihm von verstörenden neurotischen Symptomen berichten: von regelrechten «Visionen».

Sie muß nun endlich doch zum Arzt und geht zu Anna Heer – daß sie 1899 schon einmal bei ihr in Behandlung war, will sie in dem Moment vergessen haben. In welch aufgelöster, trostbedürftiger Verfassung sie sich befindet, zeigt die Schilderung von Anna Heer, die sie Richard gibt: die erste Frau, «der gegenüber ich wirklich die Empfindung hatte, so müßten Engel sein ... Du glaubst nicht, wie klug und sympathisch sie ist: ältlich und häßlich, aber einfach zum lieben.» Von einer Magensenkung, auch einem Katarrh ist in den Berichten über Anna Heers Befunde die Rede, vor allem aber von hochgradiger Nervosität. Ricarda

Huch wird diese Diagnose akzeptieren, dann wieder anzweifeln, sie insgeheim doch akzeptieren – insgeheim. Man spürt, diese Nervosität oder Neurasthenie ist ihr unheimlich; ja fatal, wenn sie an die Mutmaßungen der Freundin Hedwig über die Ursprünge ihres Übels denkt, an die ihr ridikülen, gar degoutanten Auslassungen Eugen Bleulers über die Theorien des Wiener Professors Freud, von denen er fasziniert ist, wenn er ihnen auch nur mit Vorbehalten zustimmt. Ricarda Huch lehnt es ab, sich mit diesen Theorien zu beschäftigen, sie widersprechen ihrem Ideal von der selbstbestimmten, harmonischen Persönlichkeit. Etwas an diesen Theorien mag sie sogar an ihre Beschreibungen des romantischen Charakters erinnern, dem sie auf gar keinen Fall gleichen will. Sie will über diese Nervosität nicht zu lange nachdenken. Mit den Folgen von Diätfehlern lebt es sich unproblematischer. Und so wird sie denn auch weiterhin eine Diät nach der anderen probieren.

Anna Heer rät zur Ruhe, Ricarda Huch liegt eine Weile im Bett und liest Kriminalromane, fährt dann mit den Reiffs ins Gebirge. Hermann Reiff, der sich allein mit seiner Frau schnell langweilt, lädt sie sogar ein, von Teufen aus mit ihnen weiter nach St. Moritz zu reisen, doch Ricarda Huch kehrt nach Zürich zurück, für die Rolle der geistvollen Gesellschafterin fehlt ihr momentan jeder Nerv, sie will endlich wieder arbeiten.

In Zürich begreift sie bald, daß sie wieder nach Grünwald muß, in die Nähe der Tochter – es ist auch das schlechte Gewissen ihretwegen, das sie krank macht. Und Grünwald ist ihrer beider Zuhause – warum eigentlich soll sie in der Verbannung leben? Das Haus ist glücklicherweise nicht verkauft worden, wie damals, als sie so eilig wegging, beschlossen worden war – vorübergehend hatte sich Thomas Mann dafür interessiert. In den Briefen Marianne Plehns ist auch von einem Makler die Rede, ob er wirklich beauftragt wurde, bleibt ungewiß – es könnte sein, daß Ricarda Huch die Angelegenheit eher nachlässig und mehr zum Schein für Richard betrieb. Sie hängt an Grünwald, wie sehr, das merkt sie in Zürich.

Sie fragt bei Ceconi an, ob er etwas dagegen habe, wenn sie nach Grünwald käme. Und es trifft sich gut, Ceconi braucht sie um Ostern ohnedies als Kindermädchen, er heiratet im März und will anschließend mit seiner Frau nach Italien fahren. Ricarda Huch kündigt das Logis in Zürich, ohne Richard vorher um Erlaubnis zu fragen. Falls er etwas dagegen habe, fände sie leicht ein anderes Zimmer bei Frau Walder, schreibt sie beruhigend, als sie ihn vor vollendete Tatsachen stellt. Aber hat er nicht gesagt, sie müßte von Grünwald fort, solange Ceconi unverheiratet sei? Grünwald wird ihr von Richard gestattet – zunächst für die Dauer von Ceconis Abwesenheit.

Bussi muß allerdings bis nach Ostern auf die Mima warten, vorher treffen sich Richard und Ricarda Huch noch einmal in Lindau – «wo Du mich immer auf dem Bahnhof herumschlepptest, ganz überflüssigerweise, um den Moment des Alleinseins hinauszuschieben», wie Ricarda Huch sich später erinnert. Sie ist eine sehr genaue Beobachterin solcher Situationen, nur mag sie deren Bedeutung dann nie analysieren. Vom Bodensee aus fahren sie für ein paar Tage nach Vorarlberg. Die Atmosphäre dieser Urlaubstage scheint – dank der erleichternden Aussicht auf Grünwald? – entspannter gewesen zu sein als die in Zandvoort.

Wenn abends der Hahn kräht –
die letzten Monate in Grünwald

In München sind Marianne Plehn, Lucie Oberwarth und Bussi mit Blumen am Bahnhof. Das Kind kommt Ricarda Huch fremd vor, ganz «berlinisch» geworden und wohlerzogen – *ihr* Kind ist nicht wohlerzogen! Und Lucie Oberwarth, selbstsicher und gutaussehend, «mit einem aparten Einschlag von Greta Garbo», macht sie ein wenig befangen – was sie ebenfalls ärgert. Daß sie sich so schnell schüchtern werden fühlt, ärgert sie. Es ist noch immer wie 1891 während ihres ersten Besuchs im Berner «Leuenberg», als die frischgebackene Dr. phil. und von Joseph Viktor Widmann mit Vorschußlorbeeren bedachte Dichterin sich vor dessen junger, bildhübscher Tochter «geradezu erbärmlich» vorkam.

In den nächsten Monaten werden die beiden Frauen ein freundliches Verhältnis zueinander finden. Lucie Oberwarth ist geschickt genug, Ricarda Huch nicht als die gewesene Frau Ceconis zu behandeln, deren mütterliche Gefühle nach der Scheidung etwas in die Krise geraten sind, sondern als von ihr geschätzte Schriftstellerin, die der diskreten Unterstützung im Praktischen bedarf. Sie hat ihre Tochter bei Paul Cassirer in Berlin lassen müssen und mag sogar erleichtert darüber gewesen sein, daß der Sohn Peter in Marietta eine neue Spielkameradin findet. Und Ricarda Huch, nach einigen moderaten Ausfällen gegen das «jüdische Berlin W», gegen eine «Herrschaftskinder»-Erziehung mit englischer Gouvernante und Privatunterricht, baut ihre

Vorurteile gegen Ceconis neue Frau vorerst weitgehend ab; weil sie spürt, daß sie Bussi wohl will, weil sie ihr pädagogisches Geschick schätzt, ihre Tüchtigkeit – die beruhigenderweise nirgends mit ihren eigenen Talenten in Konkurrenz tritt; weil sie Frauen von einiger Lebenserfahrung – zehn Ehejahre, zwei Kinder, siebenmal abortiert, wie sie an Richard schreibt – mit neugieriger Anteilnahme betrachtet. Und – weil sie Lucie braucht!

Denn es dauert nicht lange, bis sie auch in Grünwald die ihr aus Zürich bekannte Unruhe wieder spürt, das Zusammensein mit dem Kind hilft dagegen nicht, im Gegenteil, dieses ständige Zusammensein wird ihr bald wieder lästig. Sie ist heilfroh, als die Ceconis aus Italien zurück sind und sie sich mit ihnen in die Erziehung der Tochter teilen kann. Die Woche über ist Bussi nun in München, am Wochenende draußen in Grünwald, meist zusammen mit dem kleinen Peter Cassirer. Und da Ricarda Huch im Umgang mit Kindern mehr Spielkameradin als Autoritätsperson ist – «noch so schön kindisch», sagt Peter –, hängt der Junge bald an ihr und nennt sie ebenfalls «Mima». Auch Bussi ist zufrieden damit, jetzt zwei Mütter zu haben, nur ist sie leider nicht bereit, auch zwei Väter anzuerkennen. «Oh nein, einen zweiten Mann gibt es nicht!» hatte sie erklärt, als Ricarda Huch während der ersten Tage in Grünwald mit der Tochter davon zu sprechen versuchte, daß sie vielleicht mit dem «Brüderchen» (wie Richard vorsichtigerweise genannt wird) in Braunschweig zusammenleben werde. Wobei sich herausstellte – und damit erweisen sich die Grenzen von auch Lucies pädagogischem Geschick –, daß Bussi, die doch deshalb allein mit der Mutter in Grünwald zusammen war, weil der Vater sich auf Hochzeitsreise befand, noch gar nicht wußte, daß ihr Mannochen und Lucie mehr als gute Freunde sind.

Ricarda Huch entschuldigt diesen Mangel an Klarheit mit Ceconis Feigheit, die sie nur zu begreiflich findet. Und obwohl sie Richards Vorbehalte gegen ihre Tochter inzwischen zur Genüge kennt, kann sie es nicht lassen, ihm all diese neuen Schwierigkeiten mit Bussi sofort und im Detail zu erzählen. Wie sie auch nicht davon abläßt, weiterhin viel zu viel von Ceconi zu reden, Spekulationen darüber anzustellen, was die neue Ehe ihm bedeute, ob die behäbigen Verhältnisse, in denen er nun lebt, ihm überhaupt gemäß seien und ihn nicht bald ungeduldig machen würden, Befürchtungen darüber zu äußern, daß die sympathische Lucie ihm doch nicht werde sein können, was sie, Ricarda, ihm war: die einzige Frau, die er immer wieder wählen würde. Nach wie vor will sie sich ihm gegenüber schuldig fühlen: «Ach Gott, warum mußte ich mir nur diesen Manno auf die Seele laden!» Vielleicht meint sie tatsächlich, Richard nichts verheimlichen zu dürfen, vielleicht ist es ein unglückseliger Rückfall in die Gewohnheiten ihrer Jugendjahre, in denen sie glaubte, ihm, dem Erwachseneren, alles «herrabbeln» zu müssen. Oder hofft sie noch immer, ihn an sich binden zu können, indem sie ihn eifersüchtig macht? Daß sie ihn verletzt, indem sie ihn ständig auf ihre Verbundenheit mit Ceconi hinweist, auf die Weigerung des Kindes, ihr nach Ceconi noch einen anderen Mann zu gestatten, kann ihr unmöglich entgangen sein. Denn sie selbst ist schrecklich eifersüchtig, gerät außer sich, wenn sie liest, er sei mit seiner Tochter Käte Hand in Hand durch die Straßen geschlendert, und entschuldigt sich dann heftig, wenn er ihr bedeutet, sie möge ihn nicht dauernd zwängen, sich nicht dauernd in sein Leben mischen. Sie möchte, daß er in Berlin, wo er häufig zu tun hat, Luise von Kehler besucht, teilt ihm deren neue Adresse mit und verbringt doch den Tag, an dem er, wie sie weiß, bei der Freundin ist, in schrecklicher Unruhe. Sie könne es durchaus nicht ertragen, schreibt sie ihm, daß er jemanden, den sie kennt und mag, reizend findet, daß er selbst reizend gefunden wird – er gehört ihr, nur ihr allein. Und wie sie ahnt, wie sie spürt, «gehört» er ihr immer weniger. Das ist das eigentliche Dilemma dieser letzten Monate in Grünwald.

Luise von Kehler ist eine anmutige und damenhafte Erscheinung und – durch ihre Herkunft aus einer Berliner Offiziersfamilie und ihr wechselvolles Wanderleben – die gesellschaftlich gewandteste unter den Freundinnen Ricarda Huchs. Der Herr Professor Bleuler in Zürich, der über den Einfluß der Mitgift in Liebesdingen offenbar nicht nachdenkt – immerhin hat er selbst eine vermögenslose Frau gewählt –, kann nicht begreifen, daß diese anziehende und unterhaltsame Person nicht schon längst «weggeheiratet» worden ist. Richard Huch lernt sie im Januar 1907 kennen und wird schnell vertraut mit ihr – sie und Hedwig Waser sind die Freundinnen Ricarda Huchs, die auch er duzt. Und da er Luise von Kehler in Berlin häufiger sieht, gesteht er ihr wohl noch mehr, als er Hedwig Waser gesteht. Luise von Kehler weiß bald um seine Schwierigkeiten mit Ricarda Huch, auch um seine insgeheime Scheu vor der Ehe mit ihr, wie ein Brief ahnen läßt, den sie ihm am 28. Mai 1907, also kurz vor seiner Scheidung von Lilly, geschrieben hat: «Wäre es nicht das Gescheidteste Du kämest her, da Du zu Ricarda noch nicht gleich darfst («willst» hatte sie zuerst geschrieben) und ließest Dich hier etwas zerstreuen? ... Gut, daß Ricarda nicht so genau Bescheid weiß wie Du – ich muß fortwährend an sie denken.» Luise von Kehler mag es, seitdem sie Richard Huch kennt, um den Roman der Freundin etwas bange gewesen sein. Doch wie hätte sie ihr das sagen können? Nur das Huch-Wort «niedlich» – «dies gräßliche Wort» – hat Luise von Kehler unerschrocken einmal zu kritisieren gewagt; das war noch am Anfang ihrer Freundschaft, 1891 in Zürich, als sie die zwar schon von der märchenhaften Aura ihrer heimlichen Liebe umgebene, aber noch nicht berühmte Ricarda Huch kennenlernte, durch Marianne Plehn, Rose Plehns Schwester, mit der zusammen sie im Münchner Atelier Herterich studiert hatte. Inzwischen ist Luise von Kehler, wie alle anderen auch, befangen vom Respekt vor dem Ruhm der Freundin. Dazu hat sie, als Malerin nicht eben bedeutend, Ricarda Huch einiges zu verdanken: die Bekanntschaft mit dem reichen Ehepaar Reiff, die ihr zu Porträtaufträgen, sogar zu Ausstellungsmöglichkeiten in Zürich verholfen hat; die Bekanntschaft mit der Bremer Familie Gildemeister, für die sie in italienischen Museen verschiedenes kopiert. Das «Kehlchen» steckt ein wenig in der Klemme zwischen Ricarda, mit der sie nicht offen sprechen kann, und Richard, der vermutlich nur allzu offen mit ihr spricht. Und Ricarda Huch hat Angst vor jedem Besuch Richards bei der Freundin, sie ist eifersüchtig, und vielleicht ahnt sie sogar, daß Richard sie verrät, wenn sie diese Ahnung auch besser versteckt als ihre Eifersucht.

Ricarda Huchs Briefe an Richard Huch aus Grünwald ab Ostern 1907 erzählen viel Amüsantes über die Ereignisse in München-Schwabing, über das Sommerleben in Grünwald mit dem jungen Alexander von Bernus und seiner Frau, mit der Scheve und ihrem dandyhaften Grafen. Aber all das ist nur Füllsel, fast ungeduldig erzählt, auch deutlich für Richard erzählt, das heißt, der Münchner Klatsch wird nach Braunschweiger Moralansprüchen zensiert, das unbekümmerte Benehmen der Scheve zum Beispiel, das bereits Ceconis Mißbilligung fand und nun auch Richards Stirn kraus ziehen könnte, wird ein wenig frisiert. Der eigentliche Inhalt dieser Briefe, der nie richtig zur Sprache kommt – Tränen und Verzweiflungsausbrüche haben immer durchaus nebensächliche Bemerkungen Richards zum Anlaß – und doch deutlich ablesbar bleibt, ist ihr desolates Verhältnis zu Richard, ihre Angst. Liebt er sie auch wirklich? Mag er sie auch wirklich heiraten? Wird er, als demnächst geschiedener Mann, ihr nicht doch noch offenbaren, daß er sie gar nicht will? Sie spürt alle seine Vorbehalte gegen eine feste Bindung mit ihr, seinen tiefen Verdruß über die Scheidung von Lilly, die seine seit 1897 so mühsam wieder restaurierte gesellschaftliche und berufliche Stellung in Braunschweig beeinträchtigt. Sie stellt dauernd Fragen, deren wahrheitsgemäße Beantwortung sie in Verzweiflung stürzen würde, und reagiert, wenn sie auch nur andeutend wahrheitsgemäß beantwortet werden, damit, daß sie seine Antworten ignoriert oder mit Absicht mißversteht. Doch ihre Träume von seiner Lieblosigkeit strafen sie Lügen. Was bedeuten diese Träume wohl?, fragt sie ihn. Und gibt die Antwort gleich selbst: vermutlich das Gegenteil, wie der Volksmund behauptet. Mit ähnlichen Betrugsmanövern hatte sie sich schon in Bremen über die Angst hinwegzuretten versucht – sie müßte diese Angst eigentlich wiedererkennen. Zumal sie langsam das Haus durchtränkt, auf die treue Margaret abfärbt, die schlotternd in der Küche steht, weil sie abends den Hahn krähen gehört hat, was unfehlbar Unglück bringt; elfmal hat der Hahn zur Unzeit gekräht.

Sie will nicht verstehen, was Richard ihr sagt, und zeigt durch ihre Angst doch, daß sie ihn nur zu gut versteht. «Daß Du mich heiratest, kann ich verlangen», hatte sie ihm bald nach ihrer Scheidung in einem Anfall von Panik geschrieben. Und er hat sich darein resigniert, schließlich ist auch er ein Ehrenmann und damit verpflichtet, die Konsequenzen seines Tuns zu tragen. Aber hinter den Floskeln der liebenden Ungeduld («Wenn du nicht endlich kommst, komme ich!») ist er ständig bemüht, sie zu entmutigen. Bis zum Schluß gibt er vor, am günstigen Ausgang seines Scheidungsprozesses zu zweifeln – nach wie vor darf sie also nicht direkt mit ihm korrespondieren, die Briefe, die sie in seine Wohnung schickt, müssen an die Tochter Agnes adressiert sein. Er versucht, ihr Braunschweig zu verleiden, indem er ihr die gesellschaftliche Isolation, die sie beide dort erwartet, fast genüßlich ausmalt; indem er ihr auch klarmacht, daß sie in Braunschweig als Hausfrau eigentlich überflüssig ist – seine Tochter Agnes versieht dies Amt zu seiner Zufriedenheit. Er will nicht einmal ausschließen, daß er sich eines Tages gezwungen sehen könnte, in der neuen großen, sich über zwei Etagen erstreckenden Wohnung, die er inzwischen bezogen hat, mit ihnen beiden zu hausen: mit ihr und der «armen» oder «verwirrten» Lilly, deren neue Existenz in Berlin er mit Sicherheit scheitern sieht. Bevor Ricarda Huch von Grünwald nach Zürich ging, hatte er ihr schon einmal Angst einzujagen versucht, indem er ihr vorschlug, sie sollten in Braunschweig besser in zwei getrennten Wohnungen leben.

Sie überhört seine Bemerkungen, was den gemeinsamen Haushalt mit Lilly angeht. So wie sie nun auch seine gelegentlichen Bemerkungen über Lillys «Verrücktheiten» einfach nicht zur Kenntnis nimmt, obwohl sie deutlich bösartiger sind als die von Hans Hähn: als einer der Vettern Huch in Verwirrung fällt, äußert Richard die Vermutung, auch bei Lilly mache sich die in der Familie liegende Disposition zur Geisteskrankheit bemerkbar. Und was immer Richard ihr von Braunschweig erzählen mag: sie behauptet, sich inzwischen nach Braunschweig geradezu zu sehnen.

Es ist ein verstohlenes und einigermaßen groteskes Duell, das sie sich in den Briefen kurz vor der Eheschließung liefern. Er bemüht sich nach Kräften, sie zu treffen, nur will ihm das partout nicht gelingen, weil sie ihm nicht ihre Person darbietet, sondern einen übermäßig mit Liebesbeteuerungen und Demut gepolsterten Popanz, an dessen elastischen Rundungen jeder Stich abprallt. Nur einmal, kurz vor Schluß, verläßt sie für einen Moment lang beide die Fassung: er ficht nicht mehr, sondern haut einfach zu, sie läßt erschrocken all ihre Schutzhüllen fallen.

Als er Ende Mai 1907 sein Scheidungsurteil erhält und begreift, daß er nun ohne weiteren Aufschub zur Ehe mit ihr verurteilt ist, schreibt er ganz ungeschminkt von seinem Entsetzen bei der Aussicht, mit ihrer Tochter zusammenleben zu müssen. Sie läuft sofort nach Erhalt des Briefes zur Grünwalder Post, um ein empörtes Telegramm aufzugeben: «das ist ja alles unsinn freche ausdruckerei, entschuldige mit telegrafischer kürze ricarda». Um ihm dann später am Tag einen langen Brief zu schreiben, in dem sie wegen ihrer Heftigkeit um Verzeihung bittet und zugleich seine schockierenden Äußerungen mit der durch das Warten auf die Scheidung hervorgerufenen Nervenanspannung entschuldigt. Selbstverständlich, so versichert sie, werde sie versuchen, jede Störung durch Bussi von ihm fernzuhalten. Sie glaube zwar, Bussi werde lieber in München beim Vater bleiben wollen, halte es aber für ihre «Pflicht», wenigstens zu versuchen, ob sie nicht doch mit ihnen kommen wolle, und deshalb schlage sie vor, im Sommer ein paar Wochen gemeinsam in Grünwald zu verbringen, damit er und Bussi Gelegenheit bekämen, einander kennenzulernen. Auf diesen Brief hin will ihm nichts Rechtes mehr einfallen. Allerdings versucht er, den von ihr in Aussicht genommenen gemeinsamen Urlaub mit der

Tochter von vornherein zu begrenzen: er freue sich, daß Bussi und der kleine Peter sie während ihres Aufenthaltes in Grünwald manchmal besuchen würden, schreibt er.

Und sie, als sie erfährt, daß sie bereits zur Trauung nach Braunschweig kommen soll, weil er zu dem von ihm bestimmten Termin in der Kanzlei unabkömmlich ist, gesteht ihm plötzlich, welche panische Angst sie vor Braunschweig hat. Ja, daß sie, unfähig, lange vorauszudenken, sich ihr künftiges Zusammenleben eigentlich nie anders als auf Reisen oder eben in Grünwald habe vorstellen können. Er erklärt ihr auf diesen Brief hin kühl, er könne zur Trauung auch kurz nach Grünwald kommen und werde dann eben für die vier Wochen bis zum Beginn seines Urlaubs allein nach Braunschweig zurückzukehren. Was sie so entsetzt, daß sie sich schnell wieder zurücknimmt: Nein, nein, sie käme selbstverständlich nach Braunschweig! Um dann in den folgenden Briefen immer wieder um Verzeihung für ihre dumme Auflehnung zu bitten. Er ist ihr «Regent» – so lautet eine neue Vokabel im Repertoire ihrer Demutsgesten, nachdem Anfang Juni 1907 ein Herzog von Mecklenburg die Regentschaft in Braunschweig angetreten hat: «Braunschweig und ich bekommen also ungefähr gleichzeitig einen Regenten. Welcher von beiden wohl aimabler regieren wird?»

Braunschweig sei in der Tat der geeignetere Trauungsort, stellt er befriedigt fest, er wolle ihren Bruder Rudolf und seinen jüngsten Bruder William zu Trauzeugen bitten, in Grünwald ständen dem Standesamt dafür wohl nur der Nachtwächter und der Totengräber zur Verfügung. Denn wenn sie zwei Freunde aus München kommen ließe, würde es unhöflich sein, nicht ein Frühstück oder so was anzuschließen, «und das möchte ich nun gar nicht». Allein der Gedanke an die süßsauren Mienen der beiden von ihm vorgesehenen Zeugen wird sie haben frösteln lassen, hatte er ihr doch kurz zuvor noch mitgeteilt, Rudolf habe auf die Nachricht von der erfolgten Scheidung hin den «Sang eines Raben» gesungen. Sie antwortet, sie habe an Marianne Plehn und Friedrich Huch als Trauzeugen gedacht und sei überzeugt, die beiden wären auch ohne Frühstück wieder nach München zurückgefahren – aber er solle es nun bei Braunschweig lassen: sie brauchten sich ja «den Tag nicht künstlich poetisch zu machen».

Nachdem so geklärt ist, daß er ihren Hochzeitstag – von dem sie vermutlich seit ihrem neunzehnten Lebensjahre hin und wieder geträumt hat – als lästige Beiläufigkeit zu inszenieren gedenkt, veranlaßt er das Aufgebot, das sie, nun doch wieder ganz entzückt, im Aushangkasten am Grünwalder Spritzenhäuschen betrachtet.

Eine Woche vor der Hochzeit faßt sie sich endlich ein Herz und sagt Bussi, daß sie wieder heiraten will, ist aber, nach eigenem Eingeständnis, zu feige, ihr auch noch zu sagen, daß sie dann nicht mehr in Grünwald, sondern in Braunschweig leben wird.

Die Ehe mit Richard Huch

In Wien 1898 hatten Dr. med. Ermanno Ceconi und Dr. phil. Ricarda Ceconi, geb. Huch, ihre Eheschließung bekanntgegeben, am 6. Juli 1907 in Braunschweig zeigen Dr. Richard Huch und Frau Ricarda, geb. Huch, ihre Vermählung an. (Es ist auch die «Frau Notar Dr. Huch», der die Stadtbibliothek Braunschweig eine Lesekarte ausstellt.) Eine der Reaktionen auf die Vermählungsanzeige hat sich erhalten: Richard Meyer, Professor für Chemie an der Herzoglich Technischen Hochschule in Braunschweig, der Ricarda Huch anläßlich eines Vortrages in Bremen kennengelernt hatte und ihren Urslen-Roman schätzt, antwortet nicht etwa mit Glückwünschen, sondern mit dem Ausdruck der Empfindungen, die ihn und seine Frau, eine Bekannte von Lilly, «angesichts der neuen Sachlage» bewegen, «es schmerzt uns wieder einmal zu sehen, wie grausam das Leben ist». Die Epistel kündigt an, was ihr Richard schon in seinen Briefen mit einer gewissen sadistischen Lust ausgemalt hatte: die gesellschaftliche Isolation.

Das von Ricarda Huch gewünschte Zusammensein mit Bussi in Grünwald wird zur Katastrophe. Die achtjährige Marietta mag sich nach den halben und verspäteten Wahrheiten, die ihr in den vergangenen Monaten zugemutet worden sind, wieder einmal benommen haben wie ein «kleines Gräuel». Und Richard Huch äußert seine Abneigung gegen sie ganz unverhohlen: dieses Kind werde immer zwischen ihnen stehen, denn er könne es nicht lieben, erklärt er. Ricarda Huch empört sich heftig gegen diese Worte – und nimmt sie schließlich doch hin. Das

Kind ist der Preis für die Ehe mit Richard, sie weiß das seit langem. Marietta kommt nicht mit nach Braunschweig. Freilich erfährt vorerst niemand von den Grünwalder Ereignissen und Kämpfen im August 1907, Ricarda Huchs Briefe berichten nur etwas von plötzlich aufgetretenen «Nervendepressionen» Richards, die das neue Glück hin und wieder ein wenig trüben, doch nicht ernsthaft beschädigen. Das darf auch nicht sein – wie stände sie da vor sich und den Freundinnen, die noch immer dabei sind, ihre Wiedergeburt in der Liebe zu feiern! Bei ihrer engsten Vertrauten mag noch anderes hinzugekommen sein: Marie Baum, erschöpft von den beruflichen Querelen, auch von einer privaten Enttäuschung, steckt damals selbst in einer depressiven Krise. Und nun ist es zwar so, daß das Glück der Freundin sie, die Einsame, auch peinigt, aber deren Unglück täte es weit mehr. Es ist noch immer, wie es schon in Zürich war: Ricarda Huch lebt stellvertretend für sie alle. Und deshalb hat, was im Sommer 1907 geschah – und was Richard später als den Anfang vom Ende ihrer Ehe bezeichnen wird –, einfach ignoriert zu werden.

In den nächsten beiden Jahren trifft sich Ricarda Huch mit der Tochter in Grünwald, vornehmlich während der Osterferien; der kleine Peter Cassirer ist stets mit von der Partie. Sie genießt «dies lärmende Leben, das von Kindern ausgeht», und zugleich strengt es sie an: sie ist jedesmal krank von Braunschweig, wenn sie nach Grünwald kommt, und dort wieder gilt es, Mariettas nicht nachlassende Eifersucht zu ertragen, ihre stichelnden Bemerkungen über Richard, über den Umgang der Mutter mit ihm. «Bussi hielt mir einen Vortrag, sie könnte es nicht mit ansehen, daß wir uns immer ‹knutschten›, es wäre ihr unerträglich, man könnte wohl Kinder knutschen, aber Erwachsene untereinander, das wäre nicht schön, Manno und Lucie täten es auch nicht ... Das Ganze berührte mich sehr empfindlich. Ich glaube, es ist jedenfalls notwendig, daß wir Nachthemden tragen, solange wir hier sind», schreibt Ricarda Huch vor Ostern 1908 an Richard, der auf ein paar Tage in Grünwald erwartet wird. Immer wieder ertappt sie sich auf ambivalenten Gefühlen dem Kind gegenüber, die ihre Briefe auch ganz ungeschützt verzeichnen. Im Frühsommer 1907 war sie noch betört vom Liebreiz der Tochter, vielleicht sogar etwas zu empfänglich für derlei Eindrücke, wie sie damals an Richard schrieb, nun mißfällt ihr Mariettas Aussehen oft, sie ist ihr zu dick, zu bleich, zu kurzatmig – vielleicht ist sie gar krank? Die Mutter macht sich Sorgen, insgeheim wohl auch wegen der eigenen Empfindungen: das Kind ist vorübergehend zur Fremden geworden. Die Abschiede von Grünwald sind nichts Schmerzliches mehr. Und es ist anzunehmen, daß auch Marietta die Mutter ohne allzu großes Bedauern wieder ziehen sieht, sind doch deren Aufenthalte in Grünwald ohnedies nur kurze Zwischenstationen: den Ferientagen mit den Kindern folgt jedesmal eine längere Reise nach dem Süden, nach Italien oder dem Tessin, zu der Richard sie abholt.

Daß Grünwald vorerst in Ricarda Huchs Besitz bleibt und weiter von den Liedolls verwaltet wird, mag ein Zugeständnis sein, das Richard durch die Aufregungen vom August 1907 abgenötigt wurde. Insgeheim denkt er wohl schon an ein anderes Ferienhaus, weit weg von München. Doch zunächst dehnt sich seine «Regent»schaft auch auf das von ihm nur selten besuchte Häuschen im Isartal aus. Eine neue Heizung wird installiert, für Ricarda Huchs Flügel, der in München geblieben war und nun von Richard in Grünwald gebraucht wird, muß angebaut werden. Grünwald wird komfortabler, aber nicht gemütlicher. Es gibt verstimmende Auseinandersetzungen mit der treuen Margaret über den angeblich zu hohen Koksverbrauch. Das Drehorgelspiel Alwins stört den Musikpuristen Richard, das plebejische Instrument muß nach München zurückgebracht werden und wird dann doch wieder von Alwin eingeschmuggelt, zum Entzücken der Kinder und Ricarda Huchs. Als sie Richard im Frühjahr 1909 von diesem Entzücken zu berichten wagt, liegt allerdings schon Abschiedsstimmung über ihrem Grünwalder Idyll, denn ab Herbst soll, wie inzwischen abgesprochen worden ist, das Haus an die Ceconis vermietet werden. Richard Huch hat in der Lüneburger Heide sein eigenes Ferienhaus zu bauen begonnen, und Ricarda Huch hat sich ihm offenbar wieder einmal gefügt.

Vom Leben der beiden in Braunschweig wissen wir nur wenig, Ricarda Huch wird – geht es nicht um Arbeitsbelange – eine immer unwilligere Briefschreiberin. Es gibt aus Braunschweig auch nicht viel zu berichten, besser gesagt nicht viel, worüber die so energisch zum Glücklichsein entschlossene Ricarda Huch vorerst berichten möchte. Anfang 1908 will sich Hedwig Bleuler-Waser mit Herrn Reiff zusammen «fast krankgelacht» haben darüber, daß Ricarda zum «Kränzchen mit ihren alten Schulfreundinnen» war: «was so aus Menschen wird – vor allem aus Frauen!» Und im Herbst des gleichen Jahres reagiert Marianne Plehn betroffen auf einen Zustandsbericht der Freundin aus Braunschweig: «Ich wußte nicht, daß ihr so ganz einsam lebt!» Richards «Depressionsgefühle», nach denen sich alle Korrespondenzpartnerinnen immer wieder besorgt erkundigen, werden anfangs sogar mit seinem – nun auch seinem! – Widerwillen gegen Braunschweig in Verbindung gebracht, seinen Geldsorgen. Möglicherweise ging nach der Heirat mit Ricarda Huch seine Praxis zurück; über deren Nachlassen hatte er schon während des Scheidungsprozesses mit Lilly geklagt. Ganz sicher aber fühlte er sich geniert durch die von seiner Braunschweiger Umgebung nicht angenommene neue Ehefrau.

Auch für den Huchschen Haushalt gilt, was Richards Briefe vorausgesagt hatten: er wird von seiner Tochter Agnes mit Hilfe von zwei Dienstmädchen vorbildlich besorgt, eine neue Hausfrau wird nicht gebraucht. Doch das stört Ricarda Huch nicht, im Gegenteil, sie hat zum ersten Mal in ihrem Leben viel Zeit. Und dank der ihr eigentümlichen Konzentrationsfähigkeit, die es ihr ermöglicht, nach Angstzuständen, emotionalen Katastrophen, heftigen Disputen immer wieder sofort arbeiten zu können, nutzt sie sie auch. Der Roman über ‹Das Leben des Grafen Federigo Confalonieri› entsteht – aus späteren Briefen an Marie Baum erfahren wir, daß Ricarda Huch sich in der Braunschweiger «Gefangenschaft» an die Atmosphäre auf der Festung Spielberg erinnert fühlte; ‹Der große Krieg in Deutschland› wird vorbereitet; gelegentlich schreibt sie wohl auch für die regionale Presse, kulturhistorische Miniaturen, in denen sich ihre späteren Städtebilder vorbereiten. Und von Ende 1907 bis Mitte 1908 arbeitet sie an einem Buch über Zürich, Hedwig Bleuler-Waser gibt ihr Hinweise, setzt sich deswegen mit Hermann Escher, dem Leiter der Stadtbibliothek, in Verbindung, der Literatur bereitlegen will. Die Freundin Hedwig ist ziemlich gespannt auf dies «Zürcherbuch» oder «Buch über Zürich», kommt in ihren Briefen immer wieder darauf zurück, wie auf eine bereits ziemlich fortgeschrittene Arbeit. Auch Marianne Plehn erwähnt es, als eine Veröffentlichung, die vermutlich Geld einbringen werde; ein Hinweis auf einen möglichen Verlag fehlt allerdings. Das Vorhaben wird aus unbekannten Gründen aufgegeben. «Meine Arbeit über Zürich ruht noch, bis ich einmal wieder dagewesen sein werde», schreibt Ricarda Huch im November 1909 an Hermann Escher.

Es scheint, daß sie sich mit immer neuen Aufgaben geradezu überbürdete – das erinnert an ähnliche Situationen in Zürich. Die Arbeit wird zur Flucht, je mehr sie tut, desto weniger muß sie nachdenken. Möglicherweise ist dies Übermaß an Arbeit auch etwas, was sie Richard schuldig zu sein glaubt: sie will ihm Geld verdienen helfen, denn Geld, und daß das Geld nicht reiche, bleibt eine seiner Hauptsorgen. Mit Geld, so glaubt sie vielleicht, kann sie ihn versöhnen, da sie es doch mit Gedichten nicht mehr vermag. Im Dezember 1907 sind ‹Neue Gedichte› von ihr im Insel Verlag erschienen; das Bändchen enthält, was in den Jahren 1894–1897 entstanden ist, dazu die Gedichte von 1905/06. Seither aber gibt es keine mehr, bleibt sie ihrem hohen Herrn den Tribut schuldig. Das ist ein arges Zeichen. Dazu mag die Sammlung von 1907 Richard weniger lieb gewesen sein als ihre früheren. Diese neuen Gedichte kommen zumeist ohne romantischen Aufputz daher, sie sind mitreißend sinnlich – also auch etwas peinlich: vor Braunschweig. Und damit für Richard.

Wahrscheinlich im Sommer 1909 und ziemlich schnell entsteht ‹Der letzte Sommer. Eine Erzählung in Briefen›, in der die Hintergründe und die Durchführung eines Bombenattentates anarchistischer Studenten im zaristischen Rußland um die Jahrhundertwende geschildert werden. Das Thema, dazu die bereits ziemlich ausführlich skizzierte Geschichte («die ich einmal zu schreiben dachte»), hatte Ricarda Huch dem Bruder Rudolf zur Verfügung gestellt, als der im November 1906 nach einem Stoff suchte. Nun schreibt sie sie doch selbst, provoziert durch Bemerkungen der Braunschweiger Familie, die ihre Vorliebe für Kriminalromane kennt, aber meint, für so Spannendes und

Lukratives habe sie kein Talent. Seit der ersten Lektüre von Anna Katharina Green, deren ‹The Case of Leawenworth› sie 1896 aus London mitbrachte, ist Ricarda Huch eine passionierte Leserin von Kriminalgeschichten geblieben. Schon 1895 hatte Edward Bulwers ‹Eugene Aram›, ein «höherer Detektiv-Roman», ihr Lust gemacht, einmal so etwas Ähnliches zu schreiben – auch wegen des Geldes, das sich mit solchen Büchern verdienen ließ. Doch scheint das Verfassen dieser Art von Literatur ihr (oder ihren Verlegern?) für eine richtige Dichterin ein wenig ehrenrührig geblieben zu sein. Einen «Schmarren» nennt sie die bis heute spannend gebliebene Erzählung ‹Der letzte Sommer› noch, als sie bei Lesern und Kritikern längst Erfolg gehabt hat; und den Roman ‹Der Fall Deruga› bezeichnet sie später gar als «Schundgeschichte» – wie sehr solche Urteile auf den Adressaten des jeweiligen Briefes berechnet sind, zeigt, wenn sie den Roman vor einem anderen Briefpartner als das ihr «liebste» ihrer Bücher verteidigt.

Die Fabel für den ‹Letzten Sommer› verdankt sie vermutlich den Begegnungen mit russischen Anarchisten während der Studienzeit in Zürich. Doch für die russische Gouverneursfamilie, die ihre Erzählung schildert, hat ganz eindeutig die Familie Huch in Braunschweig Modell gestanden: sie, Richard, seine drei erwachsenen Kinder: das Hausmütterchen Agnes, die Studenten Roderich und Käte. Die Erzählung ist auch eine Wunschphantasie, in ihr sieht Ricarda Huch das Braunschweiger Familienleben heiter, das Verhältnis des Ehepaares harmonisch. Im Porträt der um ihren Mann allzu besorgten, ihm allzu zärtlich ergebenen Gouverneursgattin zeigt sie sogar einige Selbstironie – etwas, das ihr im realen Zusammenleben fehlte. Der in der Erzählung als so liebe- und rücksichtsvoll geschilderte Umgangston des Ehepaares mag in Wirklichkeit überanstrengt gewirkt haben. Ein Indiz dafür könnte Bussis wütende Reaktion darauf sein, die wohl nicht nur kindliche Eifersucht war, sondern ebenso kindlicher Zorn auf etwas Übertriebenes, nicht Stimmiges.

Der auch in den wenigen Briefen aus der Ehezeit zur Schau gestellte Gefühlsüberschwang trügt; vor allem bei Richard scheint an die Stelle von Lust bald Erschöpfung getreten zu sein und demzufolge Angst vor dem ständigen Anspruch der Geliebten. Seine Briefe an Ricarda Huch verweisen auch ironisch auf eine Diskrepanz zwischen versprochenem und tatsächlichem Liebesvermögen bei ihr. Da nicht vorhanden ist, was sie wünschen, suchen sie sich künstlich hineinzusteigern und exaltieren sich dabei, versichern sich ständig, sie könnten nicht mehr ohne einander sein. Ricarda Huch begleitet ihren Mann sogar auf seinen Geschäftsfahrten in die Umgebung, die mit dem Fahrrad unternommen werden – nur mit dem Tandem will es ihnen beiden bezeichnenderweise nicht glücken. Und Richard Huch, als er seiner Frau nachreist, die sich für ein paar Tage zur Beobachtung in eine Berliner Klinik begeben hat, behauptet, er könne nicht im Hotel, er müsse in ihrem Klinikzimmer übernachten. Ihr Aufeinanderangewiesensein bekommt etwas Zwanghaftes. Beide sind ununterbrochen krank. Ricarda Huch konsultiert wegen ihres nun seit Ende 1905 andauernden Magenleidens immer wieder neue Ärzte, ohne daß sich am Befund – nervöse Störungen durch Überarbeitung – etwas änderte. Auch Richard ist nun magenleidend, braucht regelmäßig Kuren, auch er konsultiert einen Spezialisten nach dem anderen, wohl auch wegen seiner Depressionen.

Einige der allein unternommenen Reisen Ricarda Huchs, so die nach Düsseldorf, wo Marie Baum inzwischen arbeitet, sind ganz deutlich Fluchten aus Braunschweig, das zeigen die brieflichen Bitten um Vergebung für ihre Heftigkeit, die Äußerungen der Eifersucht auf Richards Familie, das Versprechen von mehr «Folgsamkeit», gar das Anerbieten, länger fernbleiben zu wollen, wenn ihr Fernbleiben ihm guttue. Diese Briefe beweisen, daß die liebevolle Unterwürfigkeit in Braunschweig ihr durchaus nicht gelingen will. Doch die Briefschreiberin Ricarda Huch sucht nun deutlich zu verharmlosen, läßt nur selten Ängste und Aggressionen zu. Sie vermeidet die Auseinandersetzung, und manchmal weiß man nicht mehr: will sie Richard nach dem Munde reden, oder redet sie selbst inzwischen wie er. Im Mai 1908 besucht sie mit Luise von Kehler die Ausstellung der Berliner Sezession und findet durchweg abscheulich, was sie da sieht – früher hatte sie sich oft über den allzu konservativen Kunstgeschmack Richards mokiert. Besonders empört sie ein Bild, das ihrer Beschreibung nach nur ‹Die Gebärende› von Charlotte Berend-Corinth sein kann, das damals Sensation machte; Else Lasker-Schüler hat ihm unter dem Titel ‹Die schwere Stunde› einen bewundernden Aufsatz gewidmet. «Ein großes Bild stellte eine Entbindung vor. Ich konnte es mir nicht genau ansehen, es ist zu grauenerregend. Wie sehr berechtigt ist das Bestreben polizeilich die Ausstellung unsittlicher Kunst zu verhindern ...» schreibt Ricarda Huch, bei der im Sommer 1900 der Neffe Roderich Huch in einem Brief aus «diesem schrecklichen Braunschweig» noch Beistand zu finden gehofft hatte: «Denk Dir nur, daß meine Eltern und Geschwister für die lex Heinze schwärmen». – Die «Lex Heinze» wurde im Juni 1900 als Nachtrag ins Reichsstrafgesetzbuch aufgenommen, sie ergänzte und verschärfte die Strafvorschriften über Kuppelei, Zuhälterei und die Verbreitung unzüchtiger Schriften. Anlaß für die Novelle war der Prozeß gegen den Berliner Zuhälter Heinze, der eine Prostituierte ermordet hatte. Der Gesetzentwurf von 1899 wurde berüchtigt als Versuch des wilhelminischen Staates, die Zensur zu verschärfen.

Seit Ende Dezember 1907 hat Ricarda Huch – zum Erschrecken der Freundinnen – auch wieder persönlichen Kontakt zu Lilly, mit deren Zukunftsplänen sie bereits seit einiger Zeit befaßt ist: Anfang 1907 gibt ihr Marie Baum ausführlich Auskunft über die Abiturchancen der Schwester. Es ist zu vermuten, daß die Begegnung mit Lilly von Richard gewünscht war, daß sie zu den subtilen Torturen gehört, die er sich mit Vorliebe für seine neue Ehefrau ausdenkt. Als sie ihm im Oktober 1908 von einem Logierbesuch bei Lilly in Berlin berichtet und davon, daß sie sich ausgesprochen hätten, äußert sie lediglich Gemeinplätze, wie daß man sich fortwährend unrecht tue – als wäre es um die Beilegung eines vorübergehenden Mißverständnisses gegangen. Lilly, so schreibt sie, sei gerade durchs Abitur gefallen (sie wird es später im zweiten Anlauf bestehen), und Friedrich Gaus, mit dem die beiden Damen die Abende verbringen, habe der Gekränkten ausreden müssen, gegen diesen Prüfungsbescheid Beschwerde einzulegen. Ironie ist nicht zu spüren, wenn Ricarda Huch dergleichen erzählt; Lillys später und forcierter Aufbruch in die Selbständigkeit ist ebenso tabu wie ihre heikle Beziehung zu Friedrich Gaus, vor kurzem noch ihr Liebhaber, inzwischen ihr zukünftiger Schwiegersohn. Daß sie mit der Schwester ins Kaufhaus Wertheim fahren wird, erzählt sie, die selber gern durch große Warenhäuser schlendert, dort gibt es diesen Herbst Mäntel mit nur einem Ärmel, die Lilly unbedingt sehen will. – So hätte Richard sie wohl gerne, die beiden schwierigen Schwestern, einträchtig vor Wertheims Schaufenstern! Und der angestrengt um Anpassung bemühten Ricarda Huch passiert es denn in der Eile auch, daß sie nicht das gewohnte «R.» unter einen Brief aus

Berlin nach Braunschweig setzt, sondern mit «Deine L.» unterzeichnet.

Im Spätherbst 1909 kommt Bussi für einige Monate nach Braunschweig; geplant ist wohl, daß sie von nun an die Hälfte des Jahres bei der Mutter, die andere Hälfte beim Vater in München leben wird. Bussi hat mindestens das Weihnachtsfest 1907 bereits in Braunschweig verbracht – nach den mißglückten Augusttagen in Grünwald mag das nicht sehr fröhlich gewesen sein, denn im Herbst 1908 schreibt sie der Mutter, sie möchte dieses Weihnachten nicht wieder nach Braunschweig kommen, lieber in Grünwald mit ihr zusammen sein – «Du hast es mir versprochen». Im August 1909 war sie gemeinsam mit Ricarda und Richard Huch in Bad Kissingen, wurde aber vorzeitig wieder nach München gebracht, weil Richard ihre Gegenwart nicht ertragen konnte, wie Ricarda Huch viel später in ihren Erinnerungen (‹Die Ehe mit Richard›) erzählt. Aus einem Brief von Richards Schwester Hedwig Teltscher, die mit ihnen in Kissingen war, geht hervor, daß es damals, ähnlich wie im August 1907, tatsächlich zu Auseinandersetzungen wegen Bussi gekommen ist: Ricarda Huch hat sich in heftigen Szenen wieder einmal dagegen verwahrt, daß sie zwischen Mann und Tochter wählen soll – und es schließlich doch getan, indem sie Bussi nach München zurückbrachte. Daß sie überhaupt Szenen gemacht hat wegen einer Angelegenheit, die Richard ein für allemal zu seinen Gunsten entschieden glaubte, ist für ihn ein Verstoß gegen die Abmachung ihrer Ehe. Und diese Meinung hat er offenbar auch anderen suggeriert. Hedwig Teltscher will in Kissingen beobachtet haben, daß Ricarda ihn nicht so liebte, «wie es unter euren Umständen nötig gewesen wäre» – hätte sie das getan, dann hätte sie nicht das Gefühl gehabt, «Opfer» zu bringen. Und ein Brief Luise von Kehlers an Ricarda Huch vom September 1909 liest sich wie eine verstohlene Warnung. Von einer Scheidung, deren Zeuge Luise von Kehler geworden sei, ist da die Rede: «Die Frau hat entsetzlich gelitten, aber obgleich sie gewiß moralisch und nach allen menschlichen und göttlichen Gesetzen recht hat, – tut mir doch auch der Mann schrecklich leid, der ihr Wesen nun einmal nicht ertragen konnte.»

Trotz dieses erneuten Urlaubsdebakels Bussi nach Braunschweig zu holen, ist reichlich kühn. Wollte Ricarda Huch unbedingt etwas durchsetzen? In den Aufzeichnungen, in denen sie später die Hintergründe ihrer Scheidung zu erklären versucht, steht, daß sie nicht länger ohne die Tochter zu leben vermochte. Mitverantwortlich für den Entschluß dürfte auch die Rücksichtnahme auf die Meinungen im Bekanntenkreise gewesen sein: es fehlt nicht an Mahnungen, Ricarda Huch möge sich das Kind nicht ganz entfremden lassen, scheint sie doch jetzt bereits an mütterlichem Einfluß verloren zu haben: sie ist die «Mima» geblieben, Lucie aber wird von Bussi, wie von dem kleinen Peter Cassirer, «Mutter» genannt. Es ist der Klatsch in München, der schließlich auch das zwar natürlicherweise distanzierte, aber doch spürbar von gegenseitiger Sympathie getragene Verhältnis zwischen der großzügigen Lucie Ceconi-Oberwarth und Ricarda Huch, die diese Großzügigkeit während ihrer ersten Jahre mit Richard durchaus zu schätzen weiß, 1911 endgültig beschädigen wird: Lucie Ceconi-Oberwarth reagiert empfindlich auf ihr hinterbrachte Bemerkungen, daß sie sich zwischen Mutter und Kind zu drängen versuche.

Möglicherweise wollte sogar die leidenschaftliche und eigensinnige Bussi plötzlich nicht mehr bei den Ceconis in München bleiben: im April 1909 wurde ihre Stiefschwester Marianna Ceconi geboren. – Die Eifersucht spielt eine wichtige und nicht zu übersehende Rolle in den Huchschen Gefühlsdramen, ihr vermutlich dürfen wir es auch zugute halten, daß Marianna Ceconi uns in den autobiographischen Schriften Ricarda Huchs nicht begegnet.

Bussis Geduld mit Braunschweig hält allerdings nicht lange vor: Ende Februar 1910 erklärt sie, doch lieber wieder in München leben zu wollen. Diesmal kommt es zu heftigen Szenen zwischen Mutter und Tochter, Ricarda Huch fordert, die Tochter solle bleiben – oder sie sei ihre Tochter nicht mehr. Marietta besteht auf München und muß von Richard Huch dorthin zurückgebracht werden. So jedenfalls schreibt es Richard Huch am 28. Februar 1910 an Marie Baum, die er um Beistand und baldiges Kommen bittet. «Ricarda ist gänzlich zerbrochen, gänzlich, ihr Kind ist gestorben und sie ist zu feige sich das Leben zu nehmen.» Richards Briefe in der Angelegenheit an Marie Baum – nach Erwähnungen in diesen Briefen hat er auch an Luise von Kehler geschrieben – verraten, er ist am Ende der Geduld mit seiner schwierigen Gattin, ihrem ihm letztlich unbequemen, ins Idealische gesteigerten Liebesbegriff, ihren verwickelten Gefühlen der Tochter gegenüber. Er wahrt sogar vor Marie Baum, die doch Ricarda Huchs engste Vertraute ist, nur mühsam den Schein. Es ist anzunehmen, daß er an Luise von Kehler ganz unverhüllt boshaft geschrieben hat.

Das Boshafte bis Bösartige gehört zu Richard Huchs Waffen in diesem Ehekrieg; andere werden ihm von der ohne viel Umschweife agierenden Ricarda Huch, die zudem dauernd die großen, naiven Versicherungen ihrer Liebe vor sich herträgt, mit denen sie jede Verstimmung kurieren zu können glaubt, auch einfach aus der Hand geschlagen. Und gegen seine Bosheiten ist Ricarda Huch bemerkenswert unempfindlich, sie sind von jeher an ihr abgeprallt. Sie verfügt über ein reichhaltiges Repertoire an Szenen, hochmütigen Gesten, spontanen Erpressungsversuchen, Kurzschlußreaktionen – «ihre Handlungen sind zumeist nicht Ausfluß einer Überlegung, sondern Ausfluß einer leidenschaftlichen Aufwallung, der sie sich widerstandslos überläßt», schreibt Richard Huch am 8. März 1910 an Marie Baum –, nachtragend und boshaft, gar heimtückisch ist sie nicht. Sie scheint dafür auch kein Sensorium zu haben. Denn nur das macht erklärlich, warum sie so lange nicht merkte, daß sie nicht einen liebe- und verständnisvollen, sondern einen nur widerwillig gehorchenden, hinter ihrem Rücken gegen sie stichelnden Ehemann neben sich hatte. Diese partielle Blindheit entspringt auch ihrer Egozentrik. Sie ist so sehr mit ihrem Tun beschäftigt, daß sie alles, was sie und damit ihre Arbeit stören könnte, abwehrt, zumindest schnell vergißt. Schon Ermanno Ceconi geriet in Aufregung wegen des zerstreuten und gedankenverlorenen Wesens, das seine Frau auf den Münchner Straßen und in der Münchner Gesellschaft oft an den Tag legte. Doch insgeheim war der hitzköpfige Ceconi sogar stolz auf diese, wenn auch lästige Eigenart: für ihn war sie ein Ausdruck ihrer Persönlichkeit. Richard Huch fühlt sich durch diese Eigenart nachhaltig irritiert. Sie verstärkt sein Unterlegenheitsgefühl ihr gegenüber, das er seit dem Ursleu-Roman zu kompensieren hat, was ihm während des Braunschweiger Zusammenlebens zunehmend schwerer fällt.

Die Scheidung von Richard Huch

Mit Bussis Weggang aus Braunschweig, Ricarda Huchs Versuchen, sie zurückzuholen oder wenigstens mit den Ceconis eine neue Vereinbarung über regelmäßige Aufenthalte der Tochter in Braunschweig zu treffen, Versuche, die von Richard Huch nur pro forma unterstützt werden, beginnt auch die Fassade dieser Ehe zu verfallen. Richard will nicht mehr – und gibt das nun sehr deutlich zu verstehen. Er spielt seine alte Familie gegen die neue Ehefrau und deren «ganz und gar gemütloses Kind» aus, seine berufliche Position in Braunschweig gegen ihr Unbehagen an Braunschweig. Hatten sie anfangs geplant, Braunschweig eines Tages zu verlassen, so mag er jetzt nichts mehr davon hören. Er hat nichts gegen eine erwogene zweite Wohnung in Blankenburg, wo sich Ricarda Huch durch einigen freundschaftlichen Umgang wohler fühlt als unter den frostigen Braunschweigern, läßt aber keinen Zweifel daran, daß er diese Wohnung nicht als gemeinsame, sondern als die ihrige betrachten wird. Und im Sommer 1910 erklärt er unvermittelt, er wolle diesmal allein nach Bad Kissingen fahren – ihre Gegenwart mache ihn nervös! Für sie ist das unbegreiflich, trotz der Szenen des vergangenen Sommers. Sie sind viel gereist in den letzten Jahren, und es waren gerade diese gemeinsamen Reisen, ihre gemeinsamen Abwesenheiten von Braunschweig, die sie an frühere Tage erinnerten, die ihr immer wieder das Gefühl gaben, es sei doch alles in Ordnung zwischen ihnen beiden. Sein Vorhaben führt zu schrecklichen Auseinandersetzungen. Doch er fährt wirklich allein nach Kissingen. Sie geht mit Bussi nach Blankenburg. Und dort erscheint am 18. Juli, ihrem sechsundvierzigsten Geburtstag, nicht etwa ein zerknirschter, durch das Alleinsein gelangweilter und sehnsüchtiger Ehemann, es kommt ein Telegramm von Richard und der Tochter Agnes, mit der er sich unterwegs getroffen hat, und darin steht: «zwei bekannte huchsche stimmen gratulieren bussis mimmen.» Das mag sogar weniger Bosheit als vielmehr Hilflosigkeit gewesen sein, gratulieren muß er, zärtlich sein kann und will er nicht mehr, also weicht er ins Humorige aus. Er hatte schon kurz zuvor aus Kissingen nicht an Ricarda Huch, sondern spaßig plaudernd an Marietta geschrieben.

Für Ricarda Huch ist dieses Telegramm einfach eine Kränkung. Nur haben die Szenen, die sie ihm deswegen in Briefen und Begegnungen macht, keineswegs seine Entschuldigung zur Folge, im Gegenteil: er besteht nun auf der Scheidung. Und er besteht darauf mit einer Rücksichtslosigkeit, die ahnen läßt, wie sehr er sich zuvor von ihr genötigt fühlte. Er fordert ihre Abreise nach München, die er vor Braunschweiger Bekannten damit erklärt, daß sie in der Nähe der Tochter leben wolle, und droht ihr mit einem Skandalprozeß, falls sie nicht bereit sei, in die damals am einfachsten zu erreichende und daher oft praktizierte Trennung nach böswilligem Verlassen einzuwilligen. Er arbeitet diesem Prozeß sogar vor: in Braunschweig verbreitet sich nach ihrer Abreise das Gerücht, Ricarda Huch sei «gemütskrank». Angesichts der Huchschen Familiengeschichte hat das Gerücht alle Chancen, geglaubt zu werden. Und die hochmütige Dame von anrüchiger Vergangenheit, mit der außer ein paar ehemaligen Schulfreundinnen wie Anna Klie (inzwischen eine verheiratete Schultz-Klie) und Etta Wernicke niemand verkehren will, zählt in der Stadt ohnedies nicht viel, da hilft selbst der Autorenruhm nichts.

Ja, es scheint, Ricarda Huchs Weggang aus Braunschweig kam dem gesellschaftlichen Ansehen Richard Huchs sogar zugute. «Ich glaube auch hinzufügen zu sollen, daß nicht nur ich, sondern auch die allgemeine Meinung hier am Ort ihrem Entschluß sich von mir zu trennen, ein wohlwollendes Verständnis entgegenbringt», schreibt Richard Huch an Hermann Reiff. Ricarda Huch hingegen hatte angenommen, daß der Rechtsanwalt und Notar Huch sich eine zweite Scheidung keinesfalls würde leisten können! Sie wußte seit ihrem Weggang nach Zürich, daß sie für das enge Braunschweig eine «Hexe» war, aber offensichtlich vergaß sie das sogar in Braunschweig immer wieder.

Trotz Richards unmißverständlicher Entschlossenheit zur Trennung versucht Ricarda Huch diese Entschlossenheit vorerst zu ignorieren. Sie ist von diesem Mann so oft aufgegeben worden, er hat so viele Selbstmordankündigungen überlebt, so viele wilde Szenen haben sich schließlich in Wiedersehen, Umarmung und neuen Liebesschwüren beruhigt, daß sie, nun auch noch die ihm gesetzlich angetraute Gattin, an den Ernst der Lage nicht glauben kann. Ihre grandioseste Erfindung, diese so mühsam gegen ihre Erfahrungen und Einsichten, ihr Unbewußtes und die daraus aufsteigenden Träume, ja, gegen ihre eigenen Dichtungen (vom ‹Ursleu› über den ‹Armen Heinrich› und das ‹Lügenmärchen› bis zur ‹Maiwiese›) verteidigte Fiktion einer «Liebe, die ich immer für unabänderlich gehalten habe» (wie es noch in ihren Aufzeichnungen über die Scheidung heißt) darf so nicht enden. Im Bemühen, ihr Phantasiegebilde zu retten, sucht sie überall Beistand, selbst bei Leuten, von denen sie wissen müßte, daß sie ihr nicht unbedingt freundlich gesonnen sind, und hat schließlich doch nur die kränkende Empfindung, daß alle gegen sie sind. Sie erschöpft alle Verwandten bis zum Überdruß –

wozu allerdings nicht viel gehört. Während der Scheidung wird deutlich, wie sehr sie auch in der Familie noch immer als Außenseiterin gilt. Der einzige, der sich zwar nicht gerade zu ihrem Bundesgenossen macht, aber zwischen ihr und Richard zu vermitteln und der Aufgeregten geduldig und diplomatisch einiges zu sagen versucht, ist der ihr einst so unsympathische Friedrich Gaus, der inzwischen Käte geheiratet hat und beim deutschen Konsulat in Genua arbeitet. Die Frauen der Familie waren ihr nie so recht grün, vor allem die prüde Marie Huch nicht. Selbst Richards Schwester Hedwig Teltscher, die noch am ehesten mit ihr sympathisiert (auch sie macht Verse) und sich über diese «unharmonische» Scheidung grämt, glaubt, sie wegen nicht ausreichender Liebe schuldig sprechen zu müssen. Und Lilly, was immer sie empfunden haben mag, äußert ein paar konventionelle Worte des Bedauerns über das unerwartete Ende einer «so wunderbaren Liebe» und dürfte vor allen Dingen Angst vor Richards Entscheidungen *nach* Ricarda gehabt haben – auf die Loyalität der Schwester in Gelddingen konnte sie sich verlassen. Der plaudersüchtige und bislang stets zu Vermittlung und Intrige bereite Roderich, von dem Ricarda Huch in der Münchner Zeit sagte, sein Charakter bestehe darin, keinen Charakter zu haben, zieht sich achselzuckend zurück, als er merkt, daß sein Vater die Trennung um jeden Preis will. Hans Hähn hat seit den Ereignissen von Ende 1905 Lilly und sie zu verrückten Weibsbildern erklärt und jetzt auch keine Skrupel, Richard im Scheidungsprozeß als Anwalt zu vertreten. Und Friedrich Huch, dem wohl von jeher unpassend erschien, daß «eine Huch» ihre Privatgeschichten auf den literarischen Markt trug, vermerkt nun in seinem Tagebuch, was immer geschehen möge, Ricarda werde nicht verfehlen, ihre Version der Geschichte dem Publikum wenig später in einem Buche mitzuteilen. Womit er diesmal irrte: zum Ende ihrer Geschichte mit Richard fiel Ricarda Huch keine Geschichte mehr ein. Sie überwirft sich – vorübergehend – mit allen ihren Freundinnen (sogar dem treuen «Bäumchen»), weil sie Verrat wittert, wo die zur Besinnung mahnen und vorsichtig auf das Aussichtslose ihrer Position hinweisen. Denn daß ihre Position aussichtslos ist, wird ihnen bei Richards Verhalten nur allzu bald klar, obwohl sie, die so lange an das Märchen von Ricarda und Richards Liebe geglaubt haben, die Katastrophe merklich nicht recht begreifen. Am einfachsten ist es noch für Hedwig Waser, sich von ihrer «Lieblingsvorstellung» zu verabschieden: Richard ist krank geworden und eben deshalb nicht mehr Richard – hat er ihr in seinen Briefen nicht immer wieder von bedenklichen Symptomen berichtet? Sie glaubt, die Freundin werde am besten tun, wenn sie diese bedauerliche Tatsache akzeptiere.

Auch von Hermann Reiff fühlt Ricarda Huch sich verraten, als der, wenn auch sehr contre cœur (immerhin hatte er an diese Liebe geglaubt wie an das Evangelium, wie er Ricarda Huch schreibt), sich von Richard zum Übermittler einiger juristischer Überlegungen machen läßt. Sie weigert sich sogar, die Formalien dieser Scheidung zu verstehen. Als Richard sie, die ihn angeblich verlassen hat, im schönsten Amtsdeutsch auffordert, binnen einer bestimmten Frist zurückzukehren, anderenfalls er Klage auf Rückkehr gegen sie einleiten werde, wonach ihm, falls sie schließlich einem Urteil auf Rückkehr ein Jahr lang nicht Folge geleistet hat, «ein Recht erwächst, auf Scheidung unserer Ehe zu klagen», erklärt sie, daß sie auf seine Bitte hin selbstverständlich bereit sei, zu ihm nach Braunschweig zurückzukommen. Ihre Reaktion versetzt Richard in regelrechte Panik: «schon der Gedanke Dir begegnen zu können, macht mich ganz fassungslos, und ich bin vor Angst gar kein Mensch mehr ... Wenn Du Dich zu einer Scheidung nicht entschließen kannst, so flehe ich Dich an, mache keine Versuche eines Wiedersehens. Ich bin von der Correspondenz mit Reiff noch ganz erschöpft und kraftlos ... Ich wüßte garnicht, wie ich Deine Gegenwart ertragen sollte, Du kennst ja meine Zustände der Angst und der Verzweiflung. Ich denke an Dich wie an eine fremde Frau, ohne Haß aber ohne Liebe. Ich flehe Dich an, laß mir meine Ruhe und komm nicht.» So schreibt er am 1. Mai 1911. Damit sie seine Absage auch wirklich erhält, schickt er einen zweiten Brief des Inhalts (dazu ein Telegramm) an die Adresse von Marianne Plehn, und noch einen dritten Brief an eine weitere Adresse, die seine Tochter Agnes ihm genannt hat – Ricarda Huch, die nicht nach Grünwald kann, denn das Haus wurde ja an die Ceconis vermietet, ist in diesen Monaten unruhig von einer Freundin zur anderen unterwegs.

«Armer Richard, mein hoher Herr», so redete Ricarda Huch den Geliebten einmal an – er war mehr armer Richard als hoher Herr und viel zu schwach für sie, am Schluß hatte er nur noch Angst vor ihr. Die Angst, doch wieder überrumpelt zu werden, hatte ihn ja bereits während der Kölner Trennungsszene von 1897 so brüsk und hinterrücks reagieren lassen. Friedrich Gaus hat in einem seiner diplomatischen Briefe vom Herbst 1910 eine zutreffende Vokabel für Richard Huchs Verhalten gefunden: es sei «eine Art Notwehr», schreibt er an die damals noch «Sehr verehrte gnädige Frau», die er später auch «Liebe Tante Ricarda» nennen wird. Aber vermutlich hat sie, was er ihr damit sagen wollte, gar nicht verstanden. Für sie war das Verhältnis zwischen ihr und Richard kein Kampf (wie Gaus' Beobachtung andeutet), und Richards Weigerung, dies Verhältnis fortzusetzen, konnte nur ein schrecklicher Irrtum, eine momentane Verirrung sein – welche banalen Gefahren den Gefühlen anderer auch immer drohen mochten, ihrer beider Liebe blieb «unabänderlich»! Sie wußte tatsächlich nicht um die Wirkung ihrer Person auf den labilen Richard Huch, ebensowenig wie um die Auswirkungen ihres Richard-Kultes auf die eigene Psyche. Wohl schildert sie in ihren Aufzeichnungen über die Scheidung und in ihren nachgelassenen Erinnerungen auch Szenen, die Richards Angst vor ihr zeigen, doch die Schlußfolgerungen, die sie aus ihren Beobachtungen zieht, daß nämlich Richard krank, hysterisch gewesen sei, sind falsch. Was Richard mit der Zeit wie wahnsinnig reagieren ließ, das war die seltsame Mischung von schmelzender (weiblicher) Willfährigkeit und unnachgiebiger (männlicher) Egozentrik bei ihr.

Die Ehe wird 1912 geschieden, Ricarda Huch lebt damals bereits wieder in München. Das Urteil fällt für sie ungünstig aus, Richard Huch denkt nicht daran, noch einer zweiten Frau Unterhalt zu gewähren. Er rechnet ihr momentanes Konto auf, verweist auf die Mieteinnahmen für das Haus in Grünwald, auf ein Jahresstipendium von 2000 Mark, das der Berliner Literaturwissenschaftler R. M. Meyer als Anonymus am 1. April 1909 Ricarda Huch ausgesetzt hatte, das sie aber, als der Geber ihr bekannt wurde, nach zwei Zahlungen ablehnte. Vor allem Marie Baum und Hermann Reiff, die beide nur allzugut um die Unsicherheiten ihrer Existenz wissen, versuchen sie dazu zu bewegen, wenigstens minimale Unterhaltszahlungen zu fordern. Ricarda Huch mag, als sie einmal in die Scheidung eingewilligt hat, darum nicht kämpfen. Sie verzichtet (um Richard nicht zu ruinieren, ihn nicht zum wieder einmal von ihm angedrohten Selbstmord zu treiben!) auch darauf, ihrerseits einen Skandalprozeß anzustrengen und Richard die Schuld zuzuweisen, indem sie ihn wegen Ehebruchs verklagt. Denn was sie endlich in die Scheidung einwilligen ließ, war das Gerücht, die junge Geigerin Else Grundner, die schon, als Ricarda Huch noch in Braunschweig lebte, regelmäßig mit Richard Huch musiziert hatte, sei inzwischen seine Geliebte – tatsächlich wurde sie 1913 seine dritte Frau. Die Schuld am Mißlingen der Ehe von Ricarda und Richard Huch aber trägt sie wohl nicht: Ricarda Huchs gefährlichste Feindin in dieser Ehe war sie selber. Richard hat ihr das wiederholt gesagt. In einem Brief aus Kissingen vom Juni 1910 datiert er den Beginn (!) der Zerrüttung ihrer Ehe auf den ersten Grünwalder Aufenthalt mit Bussi im August 1907, «wo ich erfuhr, daß meine Geliebte und meine Frau zwei ganz verschiedene Wesen sind, die eine die weiche, in ihrem Geliebten aufgehende Frau, die andere die Enkelin ihrer Großmutter, die Frau mit der Wieterschen Härte, der Wieterschen Kälte und dem Wieterschen Trotz». Ricarda Huch zog daraus die sie beleidigende Ahnung, daß sie ihm zwar als Geliebte, nicht aber als Ehefrau recht gewesen war, und begriff das übrige nicht: Hatte er diese Großmutter denn nicht außerordentlich geliebt und verehrt? Und hatte sie selbst sich nicht alle Mühe gegeben, ihren Widerspruchsgeist abzulegen, «hingebend», «folgsam» zu sein?

Sie hat die Gründe für diese Scheidung nicht verstanden, damals nicht und – wie zu vermuten – auch später nicht, oder: sie hat sie aus Selbstschutz nicht verstehen wollen. Deutlich wird das aus ihrer sonst eher verwirrenden ‹Darstellung der Scheidung› im handschriftlichen Nachlaß, für die sie Auszüge aus ihren und Richard Huchs Briefen, dazu aus Briefen Dritter zusammenstellte und mit einem Kommentar versah. Deutlich wird das auch noch aus ihren Frag-

Ricarda Huch 1912

ment gebliebenen Erinnerungen an ‹Die Ehe mit Richard›, die etwa 1937 entstanden und postum aus dem handschriftlichen Nachlaß veröffentlicht wurden. Ihre Briefe zeigen, daß diese Erinnerungen keineswegs verläßlich sind. Es scheint, als habe sich Ricarda Huch während der Niederschrift an die Ereignisse dieser Ehe nicht mehr erinnern können oder nur unter Überwindung großer innerer Widerstände; der fragmentarische Text ist auch auffallend kurz geblieben, und er ist auffallend wenig offenherzig im Vergleich zu dem doch von derselben, nur jüngeren Person redenden Erinnerungsfragment ‹Richard›, das vermutlich im gleichen Jahr niedergeschrieben wurde.

Ihre ‹Darstellung der Scheidung› entstand unmittelbar nach der Scheidung, sie ist damit authentischer im Detail – und bleibt dennoch verwirrend: weil Ricarda Huch darin ganz ungeschützt, ja unvorsichtig zitiert, ohne Rücksicht auf die eigene Person, besessen nur davon, sich von einem ganz bestimmten Makel zu reinigen, dem, eine «pflichtvergessene» Ehefrau gewesen zu sein; weil sie Richard zwar eine «Schuld» zuweisen möchte, nicht nur von «Gemütskrankheit», sondern auch «von empörender Brutalität und Grausamkeit» seines Verhaltens ihr gegenüber spricht, zugleich aber von ihren unveränderten Gefühlen ihm gegenüber, wie sie all seinen nachdrücklichen Trennungswünschen mit der Hoffnung begegnet sei, «meine Liebe und Hingebung würden ihn umstimmen». Die Darstellung soll offenbar dem ihr unerträglichen Verdacht wehren, sie wäre von sich aus gegangen, wie das Urteil «wegen böswilligen Verlassens» sagte. Ein Verdacht, der den Zeugen des Dramas, an die ihre Darstellung sich hätte wenden können, ohnedies nicht gekommen wäre – vermutlich diente das Dokument vor allem der Selbstrechtfertigung.

Hatte sie sich vorher als Inbegriff der Liebenden gesehen, so wurde sie sich nun zum Inbegriff der schuldlos Verlassenen. Die von ihr erschaffene Liebesgeschichte war immer eine außergewöhnliche gewesen, erst eine schicksalhaft unauflösliche – das Paar verbunden auch durch seine «gemeinsame Schuld der Leidenschaft» –, nun eine tragische.

Es ist kaum vorstellbar, daß ihr, der früher bereits Anreden unterliefen, wie die bereits zitierte «Armer Richard, mein hoher Herr», in den drei Ehejahren nicht der Verdacht gekommen sein sollte, dieser Mann mit seiner ihr fremden «Anlage zum Bourgeoisen», seinen heimtückischen Strafmaßnahmen Lilly und auch ihr gegenüber habe ganz einfach das Format nicht, das ihre Phantasie ihm so ausdauernd zugeschrieben hatte, in dem sie das Vorbild für die (nach Lou Andreas-Salomé) «übermenschlich hoheitsvolle Gestalt» des Ezard Ursleu und die großmütige, edel entsagende des Michael Unger gesehen hatte. Doch dieser Verdacht dürfte nicht dauerhaft aufkommen. Sie war – auch in ihrer Liebe – von einem Ehrgeiz, der keine Schlappe vertrug. Und sie konnte nicht loslassen. ‹Mein Herz, mein Löwe, hält seine Beute fest›, so beginnt eines ihrer späten Gedichte, das gern politisch interpretiert wird, das aber sicher auch private Bezüge hat. Wenn sie gesagt hätte, jetzt reicht es mir, dies mittelalterliche Braunschweig, deine durch nichts gerechtfertigten Herrenallüren, ich bin Ricarda Huch! – es wäre nicht mehr ihr Roman gewesen, sondern ein ganz anderer, ähnlich vielleicht den von ihr geringgeschätzten Tendenzromanen der Zeit. – Es ist wirklich zu fragen, ob Ricarda Huch, so wie sie das Opfer ihrer eigenen Fiktion wurde, nicht schließlich auch reagierte wie eine fiktive Figur. Im Gerede der Zeitgenossen waren die Geschicke der Autorin und die ihrer Heldinnen ohnedies längst eins geworden – man denke nur an Franziska zu Reventlows Tagebuchnotiz: ergreifend «wie ein Ursleukapitel».

Und natürlich reagierte sie auch nach den Vorgaben ihrer Erziehung. Trotz aller gelebten Rebellion dagegen behalten die Maximen der Großmutter ihre Gültigkeit. Sie verkünden das weitgehend unreflektierte Gebot, dem Ricarda Huch sich verpflichtet fühlte. Diese große Ungehorsame – sie sei heute der einzige Mann, die einzige mutige Stimme!, sagte Alfred Döblin nach ihrem unerschrockenen Austritt aus der Preußischen Akademie der Künste im Jahre 1933 – ist in einem Teil ihres romantischen Herzens doch immer auch eine gehorsame Tochter geblieben. Als Liebende versuchte Ricarda Huch einem Frauenbild ähnlich zu werden, dem ähnlich zu werden sie noch weniger Chancen hatte als die Schwester Lilly: dem Kleistschen Käthchen, das seinem Herrn wie ein Hundchen folgt – zumindest verbal versuchte sie das. Die bemerkenswerte Emilie Hähn gab ein Beispiel für mancherlei; neben ihren pädagogischen Sentenzen dürfte die Großmutter auch die heimliche Einsicht vermittelt haben, daß sie immer da zu herrschen verstand, wo sie sich vorbehaltlos zu unterwerfen vorgab – wie weit die Enkelin diese Einsicht nicht auch vor sich selbst verheimlichte, mag dahingestellt bleiben.

Was sie fürs erste von Richard Huch erlöste, war sein Tod im Januar 1914. Marie Baum, die einen neuen Zusammenbruch der Freundin fürchtet, schickt sofort ein Telegramm: «liebe katze bist du sehr erschüttert durch r's tod? willst du zu mir kommen?» Ricarda Huchs Antwort ist, nach all dem Vorangegangenen, erstaunlich gelassen: Richard sei längst gestorben für sie, schreibt sie an Marie Baum. Die Nachricht von Richards Tod mag in ihr ähnliche Gefühle ausgelöst haben wie – bald nach der Wiederbegegnung mit Richard – die Nachricht vom plötzlichen Sterben der beiden Zeugen ihrer Trennung von Richard im Februar 1897; Gefühle, die sie damals nur sehr unzulänglich artikulieren konnte oder wollte. «Daß Onkel Hans und er, die ich an dem schrecklichen Tage gesehen habe und dann nie wieder so schnell hintereinander sterben mußten – es ist zu wunderbar, nicht? Es macht mir so merkwürdige Vorstellungen, die mir selbst momentan noch nicht ganz übersichtlich sind, und von denen ich daher auch nichts schreibe.» So heißt es in ihrem Brief an Richard vom 10. November 1905, unmittelbar nach Max Aronheims Tod; der Onkel Johannes Hähn war im Oktober 1905 gestorben.

Wie sehr nur verdrängt, wie wenig verarbeitet die Richard-Katastrophe war, zeigt der erste ihrer philosophischen Texte, der im Frühjahr 1914 entstand: ‹Natur und Geist als die Wurzeln des Lebens und der Kunst›, in dem sie sich unter anderem in einer dubiosen Psychologie der Geschlechter, weiblich = Natur = positiv, männlich = Geist = negativ, versucht.

Doch 1914 entstand auch der (von Ullstein allerdings erst 1917 veröffentlichte) Kriminalroman ‹Der Fall Deruga›, in dessen Titelfigur sie ein Porträt Ermanno Ceconis zeichnete. Nach allem, was wir aus ihren Briefen über Ermanno Ceconi wissen, ist dieser Deruga-Ceconi das genaueste und einfühlsamste Porträt, das Ricarda Huch je von einem Menschen ihrer Umgebung gegeben hat. Es ist frei von Verklärung und Überhöhung, voller Ironie, gar etwas maliziös, und doch geprägt von Verständnis und Sympathie für einen ganz unbürgerlichen Menschen, einen Anarchisten, Romantiker, Melancholiker, einen wilden und oft verletzenden Spötter, einen Verächter der Reichen und der gesellschaftlichen Spielregeln, einen launischen, in seiner Mitmenschlichkeit jedoch verläßlichen Charakter. Dieser Deruga ist als Porträt ihres ersten Ehemannes wahrhaftiger in seiner Mischung von Gut und Böse, Liebe und Spott als die etwas betuliche und pietätvolle Charakteristik, die sie in den (etwa 1933 niedergeschriebenen) Erinnerungen an ‹Unser Mannochen› von Ermanno Ceconi gab.

Nach 1918 kam sie wieder in ein freundschaftliches Verhältnis zu Ermanno Ceconi, der seit 1915 in Italien lebte und praktizierte. Seine zweite Ehe war seit 1916 geschieden, Lucie war verschwunden, auch Marianna blieb es. Nach Ermanno Ceconis Tod im Jahre 1927 wurde er «mein verstorbener Mann» in Ricarda Huchs Briefen. Auf einem späteren Amtspapier hat sie als ihren Familienstand nicht «geschieden», sondern «verwitwet» eingetragen.

Personenregister

Agnes – s. Huch, Agnes
Andreas-Salomé, Lou 99 f., 137, 302
Annunzio, Gabriele d' 256 f.
Ariosto, Lodovico 189
Arnim, Bettina von, geb. Brentano
 88 f., 110, 189
Aronheim, Max, 1849–1905, Rechtsanwalt in Braunschweig 170 f., 173, 176, 304
Avenarius, Richard, 1843–1896, 1877–1896 Ordinarius für Philosophie der Universität Zürich 28 f., 43

Bahr, Hermann, 1863–1934, Mitbegründer der Wiener Zeitschrift ‹Die Zeit› 111, 114
Baum, Georg, 1836–1896, Chirurg, seit 1876 Leiter des städtischen Krankenhauses in Danzig, Vater von Marie Baum; verheiratet mit Baum, Florentine, geb. Lejeune Dirichlet; die Mutter von Marie Baum war eine der Leiterinnen des 1889 auch in Danzig entstandenen Vereins ‹Frauenwohl›, den Minna Cauer 1888 in Berlin gegründet hatte; der Danziger Verein bot u. a. ‹Realkurse› (nach dem Muster von Helene Lange) an, in denen sich Mädchen auf das Abitur vorbereiten konnten; Marie Baum meldete sich nach zweijährigem Besuch dieser Kurse im September 1893 zur ‹Fremdenmaturität› in Zürich 137, 161
Baum, Marie, «Bäumchen», 1874–1964, studierte 1893–1897 Mathematik und Chemie am Polytechnikum in Zürich, 1897–1899 Assistentenstelle: Leiterin des Übungslabors für Chemie; 1899 Promotion zum Dr. rer. nat.; bis 1902 Arbeit als Chemikerin bei der Agfa, Berlin; Wechsel zu sozialpolitischer und -pädagogischer Tätigkeit: 1902–1907 Gewerbeinspektorin der badischen Regierung in Karlsruhe, 1907–1916 Geschäftsführerin des Vereins für Säuglingsfürsorge im Regierungsbezirk Düsseldorf, 1916–1919 (gemeinsam mit Gertrud Bäumer) Leitung der sozialen Frauenschule in Hamburg; nach der Einführung des Frauenstimmrechts im Oktober 1918 einige Monate Mitglied der Nationalversammlung; im Sommer 1819 erneut Berufung durch die badische Regierung in Karlsruhe: Referentin für Wohlfahrtspflege; 1928 Lehrauftrag der Universität Heidelberg, der ihr im Sommer 1933 entzogen wurde – Marie Baums Großmutter Rebecca Lejeune Dirichlet, 1811–1858, war eine geborene Mendelssohn-Bartholdy, eine Enkelin des Moses Mendelssohn; im Januar 1946 Wiederaufnahme der Lehrtätigkeit an der Universität (Sozial- und Staatswissenschaft) 58, 78, 102, 113, 117 f., 126, 129, 131 f., 138 ff., 143, 157 ff., 161 f., 164 f., 173, 179, 182, 185 ff., 189, 191 ff., 196, 198 f., 202, 210 f., 219 ff., 234, 240, 254, 260, 263 f., 278, 281, 284, 286, 289 f., 297, 303
Begas, Reinhold 186
Berend-Corinth, Charlottte, 1880–1967, Schülerin und (seit 1903) Frau des Malers Lovis Corinth; seit 1906 Mitglied der Berli-

ner Sezession, dort 1908 Ausstellung des Gemäldes «Die Gebärende» (ein nie zuvor gemaltes Thema) 285
Bernus, Alexander Freiherr von, 1880–1965, Schriftsteller und Übersetzer, Studium der Philosophie und Literaturgeschichte in München; verheiratet mit Adelheid von Sybel-Bernus 271
Bettina – s. von Arnim, Bettina 88 f., 110, 189
Beust, Wilhelm von, 1856–?, Dr. phil., Pädagoge, Nachfolger seines Vaters Friedrich von Beust in der Leitung der Fröbelschen Privatschule in Zürich 27, 251
Bischoff, Theodor von, 1807–1882, Anatom und Physiologe an der Münchener Universität; sein Buch ‹Das Studium und die Ausübung der Medicin durch Frauen›, München 1872, mit dem er die «geistige und körperliche Inferiorität des Weibes und seine specielle Unfähigkeit zum Studium der Medicin» zu beweisen gedachte, wurde noch Jahrzehnte nach seinem Erscheinen heftig diskutiert 58
Bismarck, Otto Fürst von 16
Blei, Franz, 1871–1942, studierte seit dem Herbst 1890 in Zürich Philosophie und Nationalökonomie, Promotion 1894 in Bern 29, 41, 114
Bleuler, Eugen, 1857–1939, seit 1898 Professor für Psychiatrie an der Universität Zürich und Direktor der Kantonalen Heilanstalt und Psychiatrischen Universitätsklinik Burghölzli, 1901 heiratete er Hedwig Waser 245, 253 f., 261, 265, 270
Bleuler-Waser, Hedwig – s. Hedwig Waser
Bluhm, Agnes, 1862–1944, aus Berlin, studierte 1884–1889 in Zürich Medizin, Promotion; 1890 ließ sie sich als dritte Ärztin neben Franziska Tiburtius und Emilie Lehmus an der ‹Klinik für weibliche Ärzte› in

Berlin nieder; seit 1905 in der Forschung tätig, Mitarbeiterin von Alfred Plötz (Erbforschung und «Rassenhygiene»), wurde zur Nationalsozialistin 8, 12, 261, 273, 281, 283, 292, 296
Böcklin, Arnold 186
Bodmer, Hans, 1863–1948, Dr. phil., gründete 1883, gemeinsam mit seinem Bruder Hermann, den ‹Lesezirkel Hottingen›, dessen langjähriger (seit 1900 festbesoldeter) Präsident; Sekretär der 1905 gegründeten Schweizerischen Schillerstiftung; Herausgeber und Essayist 85, 91, 108, 128
Böhlau, Helene 206
Brahms, Johannes 136
Brandes, Georg, 1842–1927, dänischer Literaturwissenschaftler und Essayist 140, 155
Bülow, Frieda von, 1858–1909, Schriftstellerin, eng befreundet mit Lou Andreas-Salomé 99, 101, 137, 211
Bulwer, Edward George, Lord Lytton, 1803–1873, englischer Schriftsteller und Staatsmann; sein ‹Eugene Aram› erzählt die Geschichte des gleichnamigen engl. Lehrers und Philologen, der 1760 wegen Mordes gehängt wurde 133, 283
Bürger, Gottfried August 22
Bussi – s. Marietta Ceconi; Bussi oder Busi ist ein schweizerdeutsches Kosewort für Kätzchen

Cassirer, Paul, 1871–1926 (Freitod), Kunsthändler und Verleger in Berlin; in erster Ehe mit Lucie Oberwarth verheiratet, zwei Kinder; ab 1910 mit der Schauspielerin Tilla Durieux 258, 267
Cassirer, Peter, 1901–1919 (Freitod), Sohn von Lucie und Paul Cassirer 258, 268, 278, 288
Cassirer, Susanne, Tochter von Lucie und Paul Cassirer, Studium der Philosophie bei Ernst Cassirer in Ham-

burg, Emigration in die USA, heiratete dort Hans Paret; Mutter von Peter Paret, dem Geschichtsschreiber der Berliner Sezession 258

Ceconi, Antonio, 1835–1900, Händler in Florenz, Vater von Ermanno Ceconi 193

Ceconi, Ermanno, 1870–1927, Dr. med., Zahnarzt, praktizierte bis 1898 in Wien, 1898–1900 in Triest, ab 1900 in München, ab 1915 in Padua; 1898–1906 mit Ricarda Huch verheiratet, 1899 Geburt der Tochter Marietta; 1907–1916 zweite Ehe mit Lucie Oberwarth, 1909 Geburt der Tochter Marianna 191 f., 194 ff., 199 f., 202, 205, 211 f., 217, ff., 222, 224, 227 ff., 258 ff., 277, 290 304 f.

Ceconi, Lucie – s. Lucie Oberwarth

Ceconi, Marianna, 1909–?, Tochter von Ermanno Ceconi und Lucie Ceconi-Oberwarth 210

Ceconi, Marietta, 1899–1978, Tochter von Ermanno Ceconi und Ricarda Huch, heiratete 1926 den Juristen Franz Böhm (1895–1977) 199, 211, 216, 219, 224, 230, 235, 238, 240, 244–248, 251 f., 254 f., 259 f., 266–269, 274–278, 284, 287 ff., 291 f., 298

Confalonieri, Federigo, Graf, 1785–1846, wegen seiner Teilnahme an der ital. Unabhängigkeitsbewegung des Risorgimento 1824 zu lebenslänglicher Haft auf der Festung Spielberg bei Brünn verurteilt, 1836 freigelassen; verfaßte Memoiren 252, 281

Cromwell, Oliver, 1599–1658, Lord-Protektor von England, Schottland und Irland seit 1653 159

Davies, Mary, Engländerin, die eine Zeitlang in Zürich lebte 50

Diesser, Gottlieb, 1871–?, aus Großsteinheim in Hessen, studierte vom Sommersemester 1891 bis zum Wintersemester 1891/92 in Zürich, Dr. chem.; 1897 heiratete er Salomé Neunreiter; Direktor eines chemischen Laboratoriums in Zürich 57, 61, 73

Diesser-Neunreiter, Salomé – s. Neunreiter, Salomé

Du Bois-Reymond, Lucy, 1858–1915, Berliner Malerin, Tochter von Emil Du Bois-Reymond 160

Duensing, Frieda, 1864–1921, aus München, 1897–1903 Studium der Rechte in Zürich, Arbeit in der Jugendfürsorge, seit 1919 Leiterin der Münchener Frauenschule 211

Du Prel, Carl Freiherr von, 1839–1899, Veröffentlichungen auf dem Gebiet der Psychologie, des Hypnotismus, Somnambulismus und Spiritismus 174

Durieux, Tilla 258

Duse, Eleonora 191

Eggers, Hermann, 1867–1947, Dr. jur., seit 1896 Referendar, später Rechtsanwalt und Notar in Bremen; seit August 1906 verheiratet mit der Bremerin Lydia Dreyer (1879–1917) 182, 185–188, 193

Elberskirchen, Johanna 114

Engell-Günther, Juliane, 1819–1910, deutsche Lehrerin, Schriftstellerin, Publizistin, lebte mit ihrem Mann, dem Ingenieur Günther, eine Zeitlang in Brasilien, arbeitete anschließend als Redakteurin des ‹Bazar› in Berlin, 1883–1889 als Sprachlehrerin (an einem internationalen Erziehungsinstitut für Knaben) in Zürich, danach in Ascona, starb in Basel 24, 27

Escher, Hermann, 1857–1939, Historiker, seit 1887 erster Bibliothekar der Stadtbibliothek in Zürich; nach der Vereinigung der Kantons- und Stadt- zur Zentralbibliothek Zürich (1916) deren erster Direktor 67, 71 f., 109, 281 f.

Etta – s. Wernicke, Elisabeth
Eysoldt, Anna, 1868–1913, aus Pirna, Sachsen (die Schwester der Schauspielerin Gertrud Eysoldt), studierte vom Sommersemester 1887 bis zum Wintersemester 1890/91 in Zürich Medizin, kein Abschluß; 1892 heiratete sie den Rechtsanwalt Ernst Aebi in Bern, die Ehe wurde 1905 geschieden; 1907 veröffentlichte sie, gemeinsam mit der Schriftstellerin und Frauenrechtlerin Johanna Elberskirchen, ‹Die Mutter als Kinderärztin› bei Ernst Reinhardt in München 42, 114

Freud, Sigmund 265
Freudenberg, Ika 209
Fritzsche, Fridolin, 1812–1896, dt. Theologe, 1836 Privatdozent an der Universität Halle, 1837–1893 Ordinarius an der Universität Zürich, Oberbibliothekar der Kantonsbibliothek, wurde 1887 Ehrenbürger von Zürich 43 ff., 74

Garbo, Greta 267
Garibaldi, Giuseppe, 1807–1882, ital. Freiheitskämpfer; volkstümlichste Gestalt des italienischen Risorgimento der Jahre 1848–1870 9, 215, 229, 246, 254 f.
Gaus, Friedrich, Jurist, seit 1910 beim Auswärtigen Amt tätig; heiratete im September 1910 Käte Huch 231, 286, 294, 296
George, Stefan 205
Gerstäcker, Friedrich, 1816–1872, lebte seit 1869 in Braunschweig 8
Gerstäcker, Margarethe, 1871–1965, Konzertsängerin, Gesangspädagogin, Tochter Friedrich Gerstäckers aus zweiter Ehe, Halbschwester von Marie Huch, lebte seit 1882 in Hannover 61
Geyso, Lissy Freiin von, Schwester der Malerin Mimi von Geyso 264
Geyso, Mimi Freiin von, gest. 1941, Malerin (auch Schriftstellerin: anfänglich unter dem Pseudonym Guy de Soom) aus München, studierte bei Herterich an der Schule des Münchner Künstlerinnenbundes, seit daher eng befreundet mit Rose Plehn 87, 196, 210, 264
Gildemeister, Dorothea, «Dora», 1866–1953, Tochter von Heinrich, Nichte von Otto Gildemeister, im September 1901 heiratete sie den Musiker J. Kruse. 146 ff., 151 f., 155, 160 ff., 178
Gildemeister, Heinrich, 1835–1904, Kaufmann und Schiffsreeder in Bremen 147, 152, 154, 163
Gildemeister, Martha, geb. Volkart (aus Winterthur), 1861–1932, zweite Frau von Heinrich Gildemeister 148
Gildemeister, Otto, 1823–1902, Mitglied des Bremer Senats, wiederholt Bürgermeister der Hansestadt, Publizist, Essayist, Übersetzer aus dem Italienischen und Englischen 147
Gorey, James 158
Graf – meint den ital. Freund von Sophie von Scheve 215
Green, Anna Katharina, 1846–1935, amerikanische Kriminalautorin 157, 283
Grob, Johan Caspar, 1841–1901, Pädagoge, Kantons- und Stadtrat, seit 1891 zuständig für das Zürcher Schulwesen 117
Großmama – s. Hähn Emilie
Großmama oder Grom – s. Hähn, Emilie, geb. Wieter
Grundner, Else, 1881–?, Geigerin aus Braunschweig, seit August 1913 dritte Frau von Richard Huch 298
Grünwald, Zimmervermieterin in Zürich 143, 186
Günther, Reinhold, 1863–1910, Schriftsteller und Publizist, Studium der Geschichte und Kunstgeschichte in Zürich, 1893 Promotion, danach Eintritt in die schweiz. Armee; Sohn von Juliane Engell-Günther; seine

Frau hörte ebenfalls an der Universität in Zürich, war aber nicht immatrikuliert 27

Haessel, Hermann, 1819-1901, Leipziger Verleger 91, 95f., 100, 137
Hähn, Anna, geb. Huch, 1848-1894, Schwester von Richard Huch, seit 1867 Frau von Johannes Hähn, Kinder: Hans, Agnes, Anna, Margarete (verh. Huch), Siegfried
Hähn, Emilie, geb. Wieter, 1811-1901, Großmutter von Ricarda Huch, Frau von Johann Justus Hähn, drei Kinder: Emilie (die Mutter von Ricarda Huch), Johannes und Justus (1838-1887), Freitod, Kaufmann, in Braunschweig, seit 1875 verheiratet mit Richard Huchs Schwester Agnes 10, 19, 28, 47, 53, 102, 167, 195, 303
Hähn, Hans, «Hänschen», 1870-?, Vetter von Ricarda Huch, Sohn von Anna und Johannes Hähn, studierte seit 1891 Jura, zumeist in München, Promotion 1896 in Erlangen, seit 1901 Angestellter der Braunschweiger Staatsanwaltschaft, später Teilhaber der Anwaltskanzlei von Richard Huch 76, 84, 111, 173, 217, 233ff., 273,294
Hähn, Johann Justus, 1806-1876, Polizeirat in Braunschweig, der Großvater von Ricarda Huch, Mann von Emilie Hähn, geb. Wieter 170
Hähn, Johannes, «Onkel Hans», 1836-1905, Fabrikdirektor in Wolfenbüttel, verheiratet mit Richard Huchs Schwester Anna 92, 167, 304
Hans oder Onkel Hans – s. Hähn, Johannes
Hänschen – s. Hähn, Hans
Hedwig – s. Waser, Hedwig
Heer, Anna, 1863-1918, Schweizer Ärztin (aus Olten), Chirurgin, Gynäkologin, studierte 1881-1888 an der Medizinischen Fakultät, danach (als

erste Frau) Assistentenstelle an der Frauenklinik der Züricher Universität, 1892 Promotion; Praxis in Zürich, daneben Mitbegründerin und (bis zu ihrem Tod) Chefärztin der 1901 eröffneten Schweizerischen Pflegerinnenschule mit Frauenspital in Zürich 134, 198, 264f.
Hegner, Ulrich, 1759-1840, Schweizer Schriftsteller 253
Heinrich der Löwe, 1129-1195, der letzte Herzog von Sachsen, liegt im Dom von Braunschweig begraben 78
Henckell, Karl, 1864-1929, aus Hannover, ging 1886 zum Studium nach Zürich und blieb dort bis 1902; seine Gedichte waren während der Zeit des Sozialistengesetzes in Deutschland (1878-1890) verboten; in den 90er Jahren Verlagsbuchhändler in Zürich, neben eigener Lyrik gab er verschiedene Anthologien heraus 41 f.
Herbig, Molly, 1863-1928, aus Königsberg, studierte seit Herbst 1888 Medizin in Zürich, 1894 Promotion, praktizierte eine Zeitlang in Zürich, 1900 heiratete sie den Basler Arzt Moritz Bessermann 113
Herterich, Ludwig, 1856-1932, Maler, seit 1884 Lehrer (1898 Professor) an der Münchner Akademie; er unterrichtete an der Schule des Münchner Künstlerinnenbundes – zu seinen Schülerinnen gehörten Käthe Schmidt (spätere Kollwitz), Maria Slavona, Rose Plehn, Luise von Kehler, Mimi von Geyso 271
Hertz, Hans Adolf, 1848-1895, Verleger in Berlin, seit 1875 Teilhaber seines Vaters Wilhelm Hertz 87, 90
Hertz, Wilhelm, 1822-1901, Verleger in Berlin, der 1850 von ihm gegründete ‹Verlag von Wilhelm Hertz (Bessersche Buchhandlung)› ging 1901 an Cotta in Stuttgart über 74, 83f., 87-90, 95f., 100, 260

Herzfeld, Marie, 1855–1940, österr. Literaturkritikerin, Essayistin, Übersetzerin von skandinavischen und italienischen Autoren 100, 144, 179, 191, 195, 206, 257
Holbein, Hans d. J. 41
Holitscher, Arthur 258
Huch, Agnes, «Mimi», 1882–1964, Tochter von Lilly und Richard Huch; ließ sich nach 1913 zur Bibliothekarin ausbilden, lebte mit ihrer Mutter in Berlin 8, 12, 261, 273, 281, 283, 292, 296
Huch, Eduard, 1818–1879, Kaufmann, lernte in einem Hamburger Tuchhaus, war dann lange Jahre in Rio de Janeiro angestellt, 1846 gründete er die Firma Huch & Co., die ihm und seinen Brüdern ein Vermögen einbrachte, das er, mehr und mehr vom «Erfindungsteufel» besessen, wieder verlor; er lebte seit 1852 als «Particulier» in Braunschweig, seit 1851 war er verheiratet mit Amalie Erhardt (1828–1902), einer ehemaligen Sängerin aus Braunschweig, aus dieser Ehe dreizehn Kinder 8 f., 181
Huch, Else – s. Grundner, Else
Huch, Emilie geb. Hähn, 1842–1883, seit 1858 mit Richard Huch (1830–1887) verheiratet, Mutter von Lilly, Rudolf und Ricarda Huch 10 f.
Huch, Ferdinand, 1823–1899, Kaufmann, Teilhaber der Firma Huch & Co., seit 1855 verheiratet mit Emilie Rosenthal (1830–1878), acht Kinder 9
Huch, Friedrich, 1873–1913, Sohn von William und Marie Huch, studierte seit 1893 in München, zeitweise auch in Berlin, Philologie, vornehmlich Anglistik, 1900 Promotion in Erlangen, danach Hauslehrer in Hamburg; seit 1903 lebte er als freier Schriftsteller in München 8 f., 205, 217, 229, 232 f., 276, 294

Huch, Heinrich, 1788–1858, Großvater Ricarda Huchs, seit etwa 1818 Besitzer der Hagenschänke am Hagenmarkt in Braunschweig; er starb, selbst mittellos (und verwirrt), bei seinen reichgewordenen Söhnen in Porto Alegre; seit 1816 verheiratet mit Elisabeth, geb. Banks (1796–1861), der Ehe entstammten 5 Kinder: William (geb. 1817), Eduard, Bertha, spätere Sommermeyer, Ferdinand und Richard (geb. 1830) 7
Huch, Käte, 1884–1971, Tochter von Lilly und Richard Huch, studierte Medizin, 1910 heiratete sie Friedrich Gaus 217
Huch, Lilly, geb. Huch, 1859–1947, die Schwester von Ricarda Huch, war 1879–1907 mit Richard Huch verheiratet, drei Kinder: Roderich, Agnes, Käte; nach der Scheidung holte Lilly H., die vor ihrer Heirat das Lehrerinnenseminar in Braunschweig besucht hatte, 1910 in München das Abitur nach, studierte in Berlin, Freiburg und Heidelberg, wo sie 1917 zum Dr. der Staatswissenschaften promovierte; ihre Dissertation, ‹Nationalökonomie im Kantischen Sinne›, wurde 1917 in Berlin veröffentlicht; 1917 erschien noch: ‹Der Begriff Wissenschaft im Kantischen Sinne›, ebenfalls in Berlin (Selbstverlag); weitere schriftstellerische und publizistische Versuche; Tätigkeit als Hauslehrerin 12, 38, 218
Huch, Marie, «Mady», geb. Gerstäcker, 1853–1934, Tochter Friedrich Gerstäckers aus erster Ehe, seit 1870 zweite Frau von William Huch (1817–1888), fünf Kinder: darunter die Schriftsteller Friedrich und Felix Huch 11 f., 15, 19, 82, 294
Huch, Richard, 1830–1887, Kaufmann, Teilhaber und seit etwa 1878 alleiniger Geschäftsführer der Firma

Huch & Co., seit 1858 verheiratet
mit Emilie, geb. Hähn, Vater von
Lilly, Rudolf und Ricarda Huch 9 f.
Huch, Richard, 1850–1914 7, 12, 15 f.,
19, 22 f., 25, 29, 38, 41, 44, 46 f.,
79, 83 f., 95, 131, 155, 157 f., 166 f.,
169, 175 f., 182, 196, 206, 212,
217–220, 223, 231 f., 234, 251 f.,
258, 260–264, 270 f., 277, 280,
284, 287, 289 ff., 293, 296 ff., 303
Huch, Robert, 1854–1906, Sohn von
Eduard Huch, Musikpädagoge und
Komponist 181
Huch, Roderich, «Rodi», 1880–1944,
Sohn von Lilly und Richard Huch,
studierte ab 1899, vornehmlich in
München, Verkehr im Kreis um Stefan George, Karl Wolfskehl, Ludwig
Klages; 1906 Promotion zum Dr.
jur., Rechtsanwalt und Syndikus in
Braunschweig 12, 202, 205, 212
Huch, Rudolf, 1862–1943, der Bruder
von Ricarda Huch, Jurist (1887
Gerichtsassessor in Braunschweig,
ab 1888 Rechtsanwalt und Notar in
Wolfenbüttel, später in Harzburg)
und Schriftsteller, vornehmlich
Erzähler; 1894 heiratete er seine
Cousine Margarete Hähn,
1871–1963, eine Tochter von Anna
und Johannes Hähn; vier Kinder
11, 16, 104, 175
Huch, William, 1817–1888, Freitod,
Rechtsanwalt und Notar in Braunschweig, in erster Ehe verheiratet
mit Agnes, geb. Schwerin,
1827–1867: Mutter von Richard
Huch, Anna Hähn, Hedwig Teltscher, Agnes Hähn und William
Huch; in zweiter Ehe mit Marie
geb. Gerstäcker 8
Huch, William, 1861–1928, Sohn des
vorigen aus erster Ehe, Jurist, zuletzt
Oberlandesgerichtsdirektor in
Braunschweig 16
‹Huch & Co.›, die Firma, in Porto Alegre, Brasilien, und Hamburg niedergelassen, handelte mit Tuchen, die
sie in Deutschland ein- und in Brasilien verkaufte; sie wurde 1846
gegründet, von dem Franzosen
Mefredy und Eduard Huch, der
nach einigen Jahren seine Brüder
Richard (den Vater Ricarda Huchs)
und Ferdinand als Teilhaber aufnahm; 1888 machte die Firma
bankrott 9, 33, 118
Hugo, Richard, Pseudonym von
Ricarda Huch (und von Richard
Zoozmann!) 55, 60

Joachim, Joseph, 1831–1907, Violinvirtuose, Primarius des von ihm
gegründeten Joachim-Quartetts 147
Johann Albrecht, Herzog von Mecklenburg, seit 28. Mai 1907 Regent
des Herzogtums Braunschweig 275

Käte – s. Huch, Käte
Kehler, Luise von, «Kehlchen»,
1863–1942, Malerin aus Berlin,
Ausbildung an der Schule des
Münchner Künstlerinnenbundes bei
Ludwig Herterich, seit daher
befreundet mit Käthe Schmidt
(Kollwitz) und Rose Plehn 210 f.,
248, 251, 269 ff., 285, 287 ff.
Keller, Gottfried 89
Kempin, Emilie, geb. Spyri,
1853–1901, promovierte 1887 zum
Dr. jur. an der Universität Zürich;
nach vergeblichen Bemühungen um
die Habilitation oder eine Advokatur ging sie mit Mann und drei Kindern nach New York, dort Mitbegründerin des First Women Law
College; 1891 Rückkehr nach
Zürich, zweite Bewerbung um die
Habilitation; sie las als Privatdozentin für Römisches, Amerikanisches
und Englisches Recht vom Sommersemester 1892 bis zum Sommersemester 1896, allerdings mit wenig
finanziellem Erfolg, da die Studenten ausblieben, daneben Vortragsreisen; 1896 eröffnete sie in Berlin

ein Auskunftsbüro für Englisches und Amerikanisches Recht; 1899 Zusammenbruch, sie starb als Patientin einer Nervenheilanstalt 134

Kempter, Lothar, 1844–1918, Komponist, Kapellmeister am Zürcher Stadttheater, Lehrer an der Musikschule Zürich

Kippenberg, Anton, 1874–1950, seit Juli 1905 Geschäftsführer und Gesellschafter, später Inhaber des Insel-Verlages in Leipzig 62

Klages, Ludwig 205, 210

Kleist, Heinrich von 47, 303

Klie, Anna, 1858–1913, Jugendfreundin von Lilly und Ricarda Huch; Zeichen- und Handarbeitslehrerin an der Städtischen höheren Mädchenschule in Braunschweig; Lyrikerin, Jugendschriftstellerin; 1897 heiratete sie den Gymnasiallehrer Hans Martin Schultz, publizierte von da an unter A. Schultz-Klie 20 ff., 29, 38 f., 48, 92, 112 f., 155 f., 292

Kruse, Johann, 1859–1927, Geiger, Schüler von Joseph Joachim in Berlin; 1892 als Konzertmeister in das Bremer Philharmonische Orchester berufen, aus dem er 1895 auf eigenen Wunsch wieder entlassen wurde, vorübergehend Mitglied des Joachim-Quartetts in Berlin, 1897 ging er als Konzertmeister (Kammerkonzerte) nach London, seit 1901 in zweiter Ehe mit Dora Gildemeister verheiratet 147, 154, 178

Kurz, Isolde 63

Lange, Helene, 1848–1930, deutsche Lehrerin, Publizistin, Frauenrechtlerin; erstmals Aufsehen machte 1887 ihre Einleitung zur sogenannten ‹Gelben Broschüre›, einer Petition Berliner Frauen an das Preußische Kultusministerium, die eine Verbesserung der Mädchenschulbildung forderte; im Herbst 1889 begründete sie (unterstützt von Franziska Tiburtius) in Berlin die (dreijährigen) ‹Realkurse für Frauen›, deren Lehrplan sich nach den Anforderungen der Fremdenmaturität in Zürich richtete, sie wurden 1893 in (vierjährige) ‹Gymnasialkurse› umgewandelt; seit 1893 (bis zu ihrem Tod) Herausgeberin der Monatszeitschrift ‹Die Frau› 100, 146

Lasker-Schüler, Else 285

Liedoll, Margaret, Haushälterin von Ricarda Huch in Grünwald; auch ihr Mann, Alwin oder Albin L., hielt sich an den Wochenenden in Grünwald auf 211, 279

Lilly – s. Huch, Lilly

Lucie – s. Oberwarth, Lucie

Ludwig, Otto 135

Mädge, Wilhelm, Jurist, gehörte zum Bekanntenkreis der jungen Ricarda Huch in Braunschweig 20

Mady – s. Huch, Marie

Mama – s. Huch, Emilie

Mann, Thomas 202, 265

Manno – s. Ceconi, Ermanno

Margaret – s. Liedoll, Margaret

Marianne – s. Plehn, Marianne

Marmier, Edouard, 1870–vor 1932; Sohn eines Advokaten, Politikers und Druckereibesitzers aus Sévaz, Kt. Freiburg; studierte in Zürich Chemie, im Januar 1897 Promotion, danach verschiedene Anstellungen, schließlich Direktor der Aluminiumfabrik von Neuhausen, Kt. Schaffhausen 76 f., 82, 136

Max – s. Aronheim, Max

Mérimée, Prosper 122

Meyer, Richard E., 1846–1926, Professor der Chemie an der Herzoglich Technischen Hochschule Braunschweig, verheiratet mit Johanna, geb. Bernstein 277

Meyer, Richard M., 1860–1914, Literaturhistoriker, seit 1886 Dozent, seit

1901 Professor an der Universität Berlin, verheiratet mit Estella, geb. Goldschmidt 297

Meyer, Victor, 1848–1897, Chemiker, seit 1889 (als Nachfolger Bunsens) Professur an der Universität Heidelberg; verheiratet mit Hedwig, geb. Davidson 96, 100, 177

Meyer von Knonau, Gerold, 1843–1931, Schweizer Historiker, 1872–1920 Ordinarius für allgemeine, mittlere und neuere Geschichte an der Universität Zürich, 1896–1898 deren Rektor; verheiratet mit Bertha, geb. Held, aus Thorgau 68, 72 f.

Milan, Emil, 1859–1917, begann als Schauspieler und Spielleiter in Köln und Meiningen, reiste dann als Rezitator von vorwiegend zeitgenössischer Dichtung; seit 1903 Lehrer für Vortragskunst an der Universität Berlin 137

Mimi – s. Huch, Agnes

Minckwitz, Johanna, 1868–?, aus Leipzig, studierte seit dem Wintersemester 1891 in Zürich Romanistik, promovierte 1894, ihre Dissertation ‹Beiträge zur Geschichte der französischen Grammatik› wurde 1897 veröffentlicht 151, 160

Möbius, Paul, 1853–1907, Psychiater in Leipzig, wurde bekannt durch einige Schriftsteller-«Pathographien»; besonders angefeindet wurde seine Darstellung der Wesensart der Frau: ‹Über den physiologischen Schwachsinn des Weibes› (1900) 209

Mörike, Eduard

Morawitz, Lucia, 1870–1958, aus Wien, kam im Sommersemester 1895 zum Studium der Medizin nach Zürich, promovierte dort 1900; verschiedene Anstellungen, Wien, Zürich, Überlingen; Engagement in der Abstinenzbewegung, 1913 heiratete sie in Berlin den Zürcher Bürger Hans Sommerhoff (1877 geb.), der in Zürich Chemie studiert hatte, die Ehe wurde 1930 in Zürich geschieden; Morawitz starb in Lugaggia, Tessin 139 f., 143, 211

Müller, Hans, 1867–1950, aus Rostock, studierte 1888–1893 in Zürich, Genf und Bern Nationalökonomie, Staatswissenschaften und Philosophie; 1893 Promotion in Bern; 1899 erwarb er das Bürgerrecht in Basel; während seiner Studienjahre ein engagierter Sozialdemokrat; später wandte er sich der Gewerkschafts- und Genossenschaftsbewegung zu, zahlreiche einschlägige Publikationen; ab 1914 Professor für Wirtschafts- und Sozialpolitik, speziell Genossenschaftswesen, an der Universität Zürich 40 f., 44

Neumann, Carl, Kunsthistoriker 160

Neumann, Clara, 1863–1895, aus Görlitz, Preußen, studierte seit dem Wintersemester 1888/89 an der Universität Zürich, zunächst an der philosophischen Fakultät, ab 1889 Medizin; Freitod 114

Neunreiter, Salomé, geb. Bausch, 1841–?, Geschäftsfrau in Straßburg, die Mutter von Salomé Neunreiter

Neunreiter, Madeleine Salomé, «Salomé», 1865–?, aus Straßburg, sie studierte vom Sommersemester 1887 bis zum Wintersemester 1891/92 und dann noch einmal vom Wintersemester 1894/95 bis zum Wintersemester 1895/96 in Zürich Medizin, ohne Abschluß; im Dezember 1897 Heirat mit Gottlieb Diesser, 1905 immatrikulierte sich Salomé Diesser-Neunreiter als stud. oec., kein Abschluß 48, 50, 53, 57, 77, 81, 87, 112 f., 143

Nietzsche, Friedrich 80, 88 f., 100

Oberwarth, Emil, Kaufmann in Berlin, Vater von Lucie Oberwarth
Oberwarth, Helene, geb. Aron, Mutter von Lucie Oberwarth
Oberwarth, Lucie, 1874–1950, in erster Ehe verheiratet mit Paul Cassirer, zwei Kinder: Susanne und Peter Cassirer; in zweiter Ehe (1907–1916) mit Ermanno Ceconi, eine Tochter: Marianna Ceconi; lebte seit etwa 1920 wieder in Berlin, als Übersetzerin und Funkredakteurin; Emigration in die Schweiz 258f., 267, 288
Oechsli, Wilhelm, 1851–1519, Schweizer Historiker, 1879–1894 Lehrer an der höheren Töchterschule der Stadt Zürich, 1887 Professor am Polytechnikum, ab 1894 Ordinarius für Schweizergeschichte der Universität Zürich 108
Orell, Füssli und Co., 1760 in Zürich eingetragene Verlagsbuchhandlung, hervorgegangen aus der 1517 von Christoph Froschauer in Zürich gegründeten Buchdruckerei; seit Ende 1890 firmierte der Verlag als: Artistisches Institut Orell Füssli, Inhaber war eine A.G. 49, 55, 60

Paret, Hans 258
Paret, Peter 258
Pierson, E., ‹E. Pierson's Verlag, Dresden und Leipzig›, 1872 gegründeter Kommissionsverlag 60
Platter, Julius, 1844–1923, aus Tirol, Nationalökonom, seit 1884 Professor für Staatswissenschaften am Polytechnikum in Zürich 40
Plehn, Albert, 1861–1935, Tropenmediziner (wie sein Bruder Friedrich Plehn, 1862–1904); 1894 bis 1903 Regierungsarzt in Kamerun, danach Habilitation an der Berliner Universität, Arbeit am städtischen Krankenhaus St. Urban
Plehn, Marianne, 1863–1945, aus Lubochin, Kreis Drieczmin im ehemaligen Westpreußen, studierte ab 1890 Zoologie, in den Nebenfächern Botanik und Geologie am Polytechnikum in Zürich, 1893 Staatsexamen für Fachlehrer naturwissenschaftlicher Richtung, 1893–1896 Assistentin am Zoologischen Institut der Universität Zürich, 1896 Promotion, danach Lehrerin in Bremen; seit 1898 Assistentin an der Biologischen Versuchsstation des Deutschen Fischereivereins an der Tierärztlichen Hochschule in München, seit 1914 Professor; zahlreiche Publikationen; sie gilt als die Begründerin der Fischpathologie 58, 64, 76, 86f., 92, 113, 118, 126, 129, 137, 148, 151, 153f., 156f., 159–163, 171, 179f., 196, 201, 210f., 244f., 266f., 271, 276, 280f., 296
Plehn, Rose, 1865–1945, Malerin, studierte in München bei Ludwig Herterich, lebte später, gemeinsam mit der Malerin Mimi von Geyso, vor allem in Lubochin, auf dem Familiengut der Plehns, längere Aufenhalte in München 210, 271
Puschkin, Alexander 122

Rassow, Christiane, geb. Grave, 1862–1906, Frau von Gustav R.; drei Kinder: Fritz Rassow, 1882–1916, der spätere Schriftsteller, die Zwillinge Mathilde, «Tilda», und Leo R. 147, 160f., 163–166, 173, 178, 182, 185f., 189, 191, 195, 238f.
Rassow, Gustav, 1855–1944, Überseekaufmann (Petroleum) und Senator in Bremen, Förderer des Musiklebens der Hansestadt, seit 1890 gehörte er zum Vorstand der Philharmonischen Gesellschaft Bremens; in erster Ehe verheiratet mit Christiane Rassow 147, 152
Reiff, Emma, «Emmi», geb. Franck, 1866–1927, Tochter des württem-

bergischen Industriellen Heinrich Franck, Begründer der Franckschen Kaffeezusatz-Fabriken (Vaihingen), 1886–1914 verheiratet mit Hermann Reiff; zwei Adoptivtöchter: Annemarie (geb.1904) und Senta Reiff 105, 133, 172 f., 186, 191, 211

Reiff, Hermann, 1856–1938, Kaufmann (Seidenfabrikant) und Kunstmäzen in Zürich, langjähriger Präsident der Tonhallegesellschaft; in erster Ehe verheiratet mit Emma Reiff-Franck, ab 1914 mit der Pianistin Lilly Sertorius (1866–1958) 104 f., 110, 118, 133, 156, 166, 169, 185, 198, 210, 265, 293, 295, 297

Reuter, Gabriele 206

Reventlow, Franziska zu 221, 227, 303

Rhyner, Emma, aus Stäfa am Zürichsee, promovierte 1895 in Zürich zum Dr. med. 51

Rodi – s. Huch, Roderich

Rosenzweig, Elisabeth von 1867–1894, aus Bad Harzburg, studierte vom Wintersemester 1888/89 bis zum Wintersemester 1892/93 in Zürich Medizin; Freitod 112 ff.

Rosenzweig, Luise von, geb. Milde, 1838–1921, Mutter der Elisabeth von Rosenzweig, Witwe eines nicht näher bekannten Baron von R., Mätresse des Herzogs Wilhelm von Braunschweig-Wolfenbüttel 112

Saitschick, Robert, 1867–1965, Literatur- und Kulturhistoriker, kam aus Litauen, promovierte 1890 in Bern, 1889–1895 Privatdozent an der Berner Universität, Lehrer in Neuenburg; 1895–1914 Privatdozent und Titularprofessor für moderne Literaturgeschichte, slawische Literatur und russische Sprache am Polytechnikum in Zürich, 1899 Bürger von Zürich; 1914–1925 Professor für Philosophie und Ästhetik in Köln; lebte nach dem Rücktritt vom Lehramt im Tessin und am Zürichsee 117, 121–125, 127, 129, 139

Scheve, Sophie von, 1855 (lt. Thieme Becker: 1869) in Schwerin geboren, Malerin, lebte und arbeitete bis etwa 1915 in München, danach Stiftsdame im Kloster Dobbertin, Mecklenburg, starb dort zwischen 1924/1928. – Ihr italienischer Freund, in Ricarda Huchs Briefen nur der «Graf» genannt, hieß nach Briefen anderer Waletzki oder Walewski 215

Schmujlow-Claassen, Ria, 1868–1952, Rezitatorin, Publizistin, lebte (und studierte) 1894–1897 in Zürich, danach in München, seit 1900 mit Ricarda Huch befreundet 200 f., 209

Schottky, Frl., Freundin der Mary Davies 50

Schultz, Hans Martin, 1865–1932, Gymnasiallehrer in Braunschweig, heiratete 1897 Anna Klie

Sommermeyer, Bertha, geb. Huch, 1821–1900, Schwester von Ricarda Huchs Vater; seit 1847 verheiratet mit dem Anglisten und Sprachlehrer Dr. August Sommermeyer (1810–1908), das Ehepaar ging mit den Kaufleuten Eduard, Richard und Ferdinand Huch nach Porto Alegre, 1852 Rückkehr nach Braunschweig; sechs Kinder 9

Stendhal 22

Stern, Alfred, 1846–1936, deutscher Historiker, Spezialist für die europäische Geschichte des 19. Jahrhunderts, 1873 wurde er Ordinarius in Bern, von 1888 an lehrte er am Polytechnikum in Zürich 65, 254

Stern, Maurice Reinhold von, 1859–1938, aus Livland, der nach einer wechselvollen Biographie (russischer Offizier, Arbeiter in Nord-

amerika) für eine Weile in Zürich seßhaft wurde; Lyriker, Publizist, Verlagsbuchhändler, gab 1892–1899 die Monatsschrift ‹Stern's Literarisches Bulletin der Schweiz› heraus 41
Stierlin, Konrad, 1810–?, «Particulier» in Zürich-Hottingen, Wirt von Ricarda Huch 46
Susemihl, Franz, 1867–1927, Kaufmann und sächsischer Konsul in Bremen, seit 1888 verheiratet mit der Tochter Otto Gildemeisters: Lissy Susemihl-Gildemeister (1862–1944), sie gab 1922 ‹Briefe› von Otto Gildemeister heraus
Sutermeister-Rahn, Marie, Pensionsinhaberin in Zürich 61

Teltscher, Hedwig, geb. Huch, 1852–?, Schwester von Richard Huch, seit 1873 verheiratet mit dem Kaufmann Edmund Teltscher, lebte mit ihm in Porto Alegre, seit 1887 in Hamburg, später in Berlin 287, 294
Turgenjew, Iwan 122

Vogeler, Heinrich, 1872–1942, gehörte seit 1894 zur Künstlerkolonie Worpswede bei Bremen 165 f.
Vögelin, Salomon, 1837–1888, ursprünglich Theologe (Pfarrer in Uster), seit 1870 Professor für Kultur- und Kunstgeschichte an der Universität Zürich 41

Walder, Sophie, geb. Feldtmann, Pensionsinhaberin in Zürich mit wechselnden Adressen, verheiratet mit dem Kaufmann Daniel Walder 73, 76 f., 113, 216, 245 f., 266
Wanner, Louise, geb. Schoch, erste Wirtin Ricarda Huchs in Zürich, Gemeindestraße in Hottingen; verheiratet mit dem Gymnasiallehrer Stefan Wanner 26, 28 f., 43, 69, 76, 116

Waser, Elisabeth Maria, «Marie», 1863–nach 1926, Schwester Hedwig Wasers
Waser, Hedwig, 1869–1940, studierte 1889–1894 Germanistik (vornehmlich bei Jakob Baechtold) und Geschichte an der Universität Zürich; nach der Promotion Tätigkeit als Literaturwissenschaftlerin, Rezensentin und Herausgeberin; ab Herbst 1896 Lehrerin für Deutsch an der höheren Töchterschule der Stadt Zürich; 1901 heiratete sie Eugen Bleuler und gab das Lehramt auf, kurz darauf auch den Plan, sich in Zürich als Privatdozentin zu habilitieren; 1902 Begründerin des Bundes abstinenter Frauen, dessen langjährige Präsidentin; vielfältige literarische Tätigkeit: Essayistik, Jugendschriften; ab 1901 publizierte sie unter dem Namen Hedwig Bleuler-Waser; fünf Kinder 58, 96, 101, 112, 121, 129, 132, 134 f., 137 f., 148, 151 f., 165, 173, 197, 211, 221, 245, 252 f., 261, 270, 280 f., 295
Waser, Maria, geb. Monhard, 1840–vor 1911, Witwe des Zürcher Kaufmanns Jakob Heinrich Waser (1825–1882), dessen Geschäfte sie weiterführte; drei Töchter, darunter Hedwig und «Marie» Waser
Waser, Otto, 1870–1952, Archäologe, 1894 Promotion an der Universität Zürich; Vetter Hedwig Wasers, bis 1900 mit ihr verlobt; 1902–1919 Redakteur der seit 1897 in Zürich bestehenden Literatur- und Kunstzeitschrift ‹Die Schweiz›, ab 1904 gemeinsam mit seiner Frau, der Schriftstellerin Maria Waser, geb. Krebs (1878–1939) 101
Wedekind, Frank, 1864–1918, der Schriftsteller lebte (und studierte) 1886–1888 in Zürich 41
Weitbrecht, Karl, 1847–1904, Schriftsteller und Pädagoge, 1886–1893

317

Rektor der höheren Töchterschule der Stadt Zürich, Lehrer für Deutsch und Pädagogik, im Herbst 1893 wurde er als Professor für deutsche Literatur und Ästhetik an die technische Hochschule in Stuttgart berufen 108

Wernicke, Alexander, 1857-1915, Gymnasial- und Hochschulprofessor (Mathematik und Philosophie) in Braunschweig, seit 1895 Direktor der städtischen Oberrealschule 24, 28

Wernicke, Elisabeth, «Etta», geb. Hünicken, 1864-1932, Frau von Alexander Wernicke, Schulfreundin von Ricarda Huch 30, 48, 253, 292

Wetli, Ida, 1865(?)-1912, Lehrerin; gemeinsam mit ihren Schwestern Mathilde W., 1862(?)-1907, und Elisabeth W. seit 1892 Besitzerin einer Privatschule für Mädchen in Zürich-Hottingen 75

Wick, Johann Jakob, 1522-1588, Pfarrer, zuletzt Archidiakon am Großmünster in Zürich 110

Widmann, Johanna, 1871-1943, Malerin, Tochter von J. V. Widmann, heiratete im September 1897 Dr. Schäfer, einen deutschen Arzt, und lebte mit ihm in München

Widmann, Joseph Viktor, 1842-1911, Schweizer Schriftsteller, Publizist und Literaturkritiker, 1880-1911 Feuilletonredakteur der Berner Tageszeitung ‹Der Bund› 54, 71, 74, 267

Widmann, Sophie, verwitwete Brodbeck, geb. Ernst, 1836-1911, war seit 1865 mit J. V. Widmann verheiratet

Wildenow, Klara, aus Bonn, Preußen, studierte vom Sommersemester 1884 bis zum Wintersemester 1887/88 in Zürich Medizin, Promotion 1893 in Bern, praktizierte später in Zürich 28, 113

Wilhelm II., 1859-1941, 1888-1918 Deutscher Kaiser und König von Preußen 119

Wilhelm von Braunschweig-Wolfenbüttel, 1806-1884, regierender Herzog von Braunschweig 1830-1884, er starb unverheiratet, mit ihm erlosch die ältere Linie des Welfenhauses 112

Wolfskehl, Karl 205, 240

Woolf, Virginia 39

Wyss, Georg von, 1816-1893, Schweizer Historiker, seit 1870 Ordinarius für Schweizer Geschichte an der Universität Zürich 67

Wyss, Wilhelm von, 1864-1930, Altphilologe, 1888 Promotion in Zürich, seit 1889 Lehrer für Latein und Griechisch am städtischen Gymnasium, 1892-1895 auch Lateinlehrer am Lehrerinnenseminar der höheren Töchterschule, 1889-1907 zugleich zweiter Bibliothekar der Stadtbibliothek, seit 1911 Rektor der höheren Töchterschule der Stadt Zürich, seit dem Sommer 1890 verheiratet mit Elisabeth Barbara geb. Schindler, 1866-? 66f., 72

Zaeslin, Emanuel, 1862-1932, Basler Kaufmann, Dramatiker 91-94, 105, 124, 186

Quellennachweis

Benutzt wurden vor allem die Briefe von und an Ricarda Huch im umfangreichen handschriftlichen Nachlaß der Schriftstellerin im Deutschen Literaturarchiv in Marbach a. N.

Ricarda Huchs Briefe an Richard Huch von 1887–1897 wurden von der Autorin nach dem handschriftlichen Nachlaß ediert: Ricarda Huch, ‹Du, mein Dämon, meine Schlange›, Wallstein Verlag, Göttingen 1989 (Veröffentlichungen der Deutschen Akademie für Sprache und Dichtung). Darin ausführliche Kommentare und Literaturhinweise. Zu diesen Briefen fehlen Richard Huchs Gegenbriefe.

Für die Briefe von Ricarda Huch an Richard Huch von 1905–1910, deren Veröffentlichung vorbereitet wird, haben sich Richards Gegenbriefe erhalten.

Die Erinnerungen Ricarda Huchs (‹Jugendbilder›, ‹Frühling in der Schweiz›, ihre Erinnerungen an Ermanno Ceconi, ‹Unser Mannochen›, die Erinnerungsfragmente ‹Richard› und ‹Die Ehe mit Richard›) finden sich in Bd. 11 ihrer ‹Gesammelten Werke›, 1974.

Zum handschriftlichen Nachlaß gehört ihre ‹Darstellung der Scheidung›.

Einige Schreiben Josef Viktor Widmanns an Ricarda Huch, die für den Text Verwendung fanden, sind in der Ausgabe des Briefwechsels (Widmann, ‹Briefwechsel mit Henriette Feuerbach und Ricarda Huch›, Artemis Verlag Zürich und Stuttgart 1963) nicht enthalten. So die beiden Briefe Widmanns vom Oktober 1906 – sie liegen in der Burger-Bibliothek, Bern.

An Erinnerungen von Mitgliedern der Familie Huch ist für diesen Text noch nachzutragen:
Huch, Roderich, ‹Erinnerungen an Kreise und Krisen der Jahrhundertwende in München-Schwabing›, Castrum Peregrini Presse, 1973 (ein ausführlicheres Manuskript im Nachlaß).

Des weiteren werden im Text noch direkt oder indirekt zitiert:
Arthur Holitscher, ‹Lebensgeschichte eines Rebellen›, 1924
Robert Musil, ‹Tagebücher›, hg. von Adolf Frisé, neu durchgesehene und ergänzte Auflage Rowohlt, Hamburg 1983
Reventlow, Franziska zu, ‹Tagebücher›, hg. von Else Reventlow, Frankfurt 1976 (Fischer Taschenbuch Bd. 1794)
Schmujlow-Claassen, Ria und Hugo von Hofmannsthal, ‹Briefe, Aufsätze und Dokumente›, hg. von Claudia Abrecht, mit einem Nachwort von Martin Stern, Marbach am Neckar 1982
Virginia Woolf, ‹Augenblicke, Skizzierte Erinnerungen›, Fischer Taschenbuch Verlag, Frankfurt a. M. 1894

Bildnachweis

S. 13 Zentralbibliothek Zürich
S. 17 Schiller-Nationalmuseum, Deutsches Literaturarchiv, Marbach a. N.
S. 31 Zentralbibliothek Zürich
S. 35 Schiller-Nationalmuseum, Deutsches Literaturarchiv, Marbach a. N.
S. 51 Privatbesitz (Lukas Handschin, Zürich)
S. 97 Schiller-Nationalmuseum, Deutsches Literaturarchiv, Marbach a. N.
S. 141 Privatbesitz (Ursula Hildbrand, Zollikon)
S. 149 Zentralbibliothek Zürich
S. 183 Damals Privatbesitz (Mathilde Hähn, Bremen). Nach: Weber, Brigitte: Ricarda Huch 1864–1947, Städtische Volksbüchereien Dortmund, 1964
S. 203 Schiller-Nationalmuseum, Deutsches Literaturarchiv, Marbach a. N.
S. 207 Nach: Ricarda Huch, Autobiographische Schriften, Gesammelte Werke, B. 11, Verlag Kiepenheuer & Witsch, Köln, 1974
S. 213 Nach: Ricarda Huch, Autobiographische Schriften, Gesammelte Werke, B. 11, Verlag Kiepenheuer & Witsch, Köln, 1974
S. 225 Schiller-Nationalmuseum, Deutsches Literaturarchiv, Marbach a. N.
S. 241 Schiller-Nationalmuseum, Deutsches Literaturarchiv, Marbach a. N.
S. 249 Schiller-Nationalmuseum, Deutsches Literaturarchiv, Marbach a. N.
S. 299 Schiller-Nationalmuseum, Deutsches Literaturarchiv, Marbach a. N.